老年大学培训教材系列丛书

老年教育心理学

主　编　姚若松　蒋海鹰

副主编　蔡　冰　卢育红

北京师范大学出版集团
BEIJING NORMAL UNIVERSITY PUBLISHING GROUP
北京师范大学出版社

图书在版编目(CIP)数据

老年教育心理学/姚若松主编. —北京：北京师范大学出版社，2018.11
　ISBN 978-7-303-24240-5

　Ⅰ.①老…　Ⅱ.①姚…　Ⅲ.①老年教育－教育心理学
Ⅳ.①G777

中国版本图书馆 CIP 数据核字(2018)第 240339 号

营　销　中　心　电　话　010-58805072　58807651
北师大出版社高等教育与学术著作分社　http://xueda.bnup.com

出版发行：北京师范大学出版社　www.bnup.com
　　　　　北京市海淀区新街口外大街 19 号
　　　　　邮政编码：100875
印　　刷：天津中印联印务有限公司
经　　销：全国新华书店
开　　本：787 mm×1092 mm　1/16
印　　张：18.5
字　　数：260 千字
版　　次：2018 年 11 月第 1 版
印　　次：2018 年 11 月第 1 次印刷
定　　价：45.00 元

策划编辑：郭兴举　　　　责任编辑：齐　琳
美术编辑：李向昕　　　　装帧设计：李向昕
责任校对：段立超　　　　责任印制：马　洁

"老年大学培训教材"
编 委 会

序

习近平总书记指出，要积极看待老龄社会，积极看待老年人和老年生活。老年是仍然可以有作为、有进步、有快乐的重要人生阶段；要为老年人发挥作用创造条件，引导老年人保持老骥伏枥、老当益壮的健康心态和进取精神，发挥正能量、做出新贡献。老年教育是继续教育的重要组成部分，是积极应对人口老龄化、建设学习型社会的重要举措。老年大学是老年教育的重要载体，提高办学质量关键在于提高教师的教学水平。2016 年 10 月国务院颁发的《老年教育发展规划（2016—2020 年）》，明确要求建立老年教育教师岗位培训制度，支持老年教育机构教师、技术和管理人员的专业发展。

从 2014 年起，广东省老干部大学联合广东省老年大学协会每年组织开展全省老年教育师资培训活动，通过邀请广州大学、广东第二师范学院的教育学、心理学教授，做专题讲座、案例分析、示范教学、座谈交流等形式，5 年来培训了 550 多名老年教育工作者，有力推进了全省老年教育的科学发展。但在师资培训的实践中，由于缺乏培训教材，培训达不到理想效果。为贯彻落实党的十九大精神，落实《老年教育发展规划（2016—2020 年）》的要求，广东省老干部大学与广州大学教育学院合作，持续推进编写老年教育师资培训系列教材。本书是系列教材中的一本。

老年教育心理学是一门关于老年人的教育学和心理学的新型交叉学科，值得研究探讨。本书结合老年教育实际，紧扣国内外老年教育的新理论新成果，围绕老年人的学习心理、教师教学心理、群体心理等，就课程设置、教学管理和教学研究等进行了深入具体的探索和阐释。希望本书的出版能够对老年教育教学有所裨益。

最后，感谢广东省委省政府和有关部门对老年教育的大力支持，坚信在习近平新时代中国特色社会主义思想的指引下，我们的老年教育事业越来越好、更加蓬勃发展！

广东省老干部大学校长：张炳美

2018 年 6 月

目 录

第一章　老年教育心理学概述

本章提要

　　当前我国已进入老龄化社会，人口老龄化要求社会给予老年人更多的积极关注。为积极应对老龄化，发展和完善老年教育是我国当前的重要工作。我国《老年教育发展规划（2016—2020 年）》，对加快发展老年教育、扩大老年教育供给、创新老年教育体制机制、提升老年教育现代化水平做出部署。为促进老年教育的研究和发展，老年教育心理学的研究日益凸显其重要性。本章简要介绍我国老年教育的发展历程、老年教育心理学的研究对象、老年教育心理学的研究方法等相关内容，探讨我国老年教育心理学的基本内容。

第一节　我国老年教育的发展

一、老龄化与老年教育

"人口老龄化"作为人均寿命不断延长与人口生育率不断下降相互作用的产物，已成为世界性难题。国际上关于人口老龄化国家的标准为：一个国家60岁以上的老年人占总人口的10％以上或65岁以上的老年人占总人口的7％以上。我国《老年教育发展规划（2016—2020年）》明确提出："当前我国已进入老龄化社会，2015年年底我国60岁以上老年人口已达到2.22亿，占总人口的16.1％，预计2020年老年人口将达到2.43亿，未来20年我国人口老龄化形势将更加严峻。"人口老龄化常被认为是劳动适龄人口的负担，还会带来劳动力减少、老年抚养系数上升、社保基金支出剧增和老年人口占用各项社会资源的份额增加等诸多问题。例如，据统计欧盟成员国的社保平均每年花费其国内生产总值的1/4，其中大部分用于老年人的养老金、健康和长期护理。

虽然老龄化有时被认为是威胁，但也有学者认为它是我们社会最大的成就。对老龄化的担忧忽视了健康老年人的宝贵技能和经验，老年人群能够对社会做出重大贡献，并可以使年轻人获益。促进老年人保持积极和独立，继续为社会做贡献，是应对人口老龄化挑战的关键。由此，成功老龄化、健康老龄化以及积极老龄化理念应运而生。

老年人口的持续显著增长要求全社会给予老年群体更加密切的关注，以及针对老年群体的实际需求提供更多投入。在积极行动的决定因素之中，追求教育是重要的因素之一：不仅因为教育是人们就业和提升社会经济地位的关键，而且因为教育和终身教育影响健康。为了实现"积极老龄化"，就需更多地关注和重视老年教育。

老年教育是成年教育的重要组成部分，是终身教育的最终阶段。它指以退休期的老年人为教育对象，以满足老年人求知、进取、康乐、有为的需求为教育目的，从而增进老年人的社会参与、实现价值、提高生活质量与生命质量的教育过程。

二、我国老年教育的发展历程

(一)我国老年教育的开创形成时期(20世纪80年代)

我国老年教育始于20世纪80年代，最初形式是开设老年大学。1983年，中国第一所老年大学——山东省红十字老年大学成立，标志着我国老年教育的开始。1985年，在北京召开的全国老年大学经验交流会上，中央领导指出，"把老人组织起来，让他们学他们愿意学的东西，我们党和国家应该给予支持"。国家对老年大学这一新生事物给予了充分的肯定，促使各地政府加强对老年大学的领导与建设。截至1990年，全国老年学校已达到2300多所，初步形成全国老年教育网络。

(二)我国老年教育的快速发展时期(20世纪90年代)

为了更有效地推动老年教育的发展，国家积极制定了一系列政策和法规。1994年，中央国家机关十个部委联合制定《中国老龄工作七年发展纲要(1994—2000年)》(以下简称《纲要》)，提出在全国开展老年教育的预定目标。《纲要》指出："老年大学、老年学校是老年教育的重要形式，它业已成为老年人老有所学、老有所为、老有所乐的重要场所。"1995年，《中华人民共和国教育法》颁布实施，规定在全国"建立和完善终身教育体系"。1996年颁布的《中华人民共和国老年人权益保障法》规定："老年人有继续接受教育的权利。"1999 年，全国老龄工作委员会成立。当前，我国老年教育已形成政府、企业、社会团体组织、个人等多渠道多层次的办学格局，初步形成了老年教育体系。

(三)我国老年教育的创新完善时期(21 世纪以来)

进入 21 世纪，随着我国学习型社会建设的发展，我国老年教育被赋予了新的时代特点：老年教育成功与否的检验标准从能否弥补老年人生活空虚，发展到能否促进老年人身心健康和谐发展和激发老年人的潜能。结合新时期老年教育的发展特点，我国政府提出了新的规划目标。2006 年，《中国老龄事业发展"十一五"规划纲要(2006—2010 年)》提出："大力发展老年教育，到 2010 年老年大学和老年学校在现有基础上增加 1 万所。完善老年教育网络。积极发展老年远程教育，开办老年电视大学，老年网上学校，倡导社区办学等多种形式的老年教育。"同年，国务院新闻办发布了《中国老龄事业的发展》白皮书，指出"国家重视保障老年人受教育权利，加大投入，积极扶持，推动老年教育事业迅速发展。各级政府、有关部门和企事业单位创办了一批示范性老年大学，同时依托省、市、县各级现有群众文化设施多渠道、多层次发展老年教育，努力实现'县县有老年大学'的目标并逐步向社区、乡镇延伸。目前已初步形成多层次、多形式、多学制、多学科的老年教育体系"。该白皮书对老年教育发展状况的高度概括，标志着我国老年教育进入了一个全新的发展阶段。

国务院办公厅 2016 年 10 月印发《老年教育发展规划(2016—2020 年)》(以下简称《规划》)，对加快发展老年教育、扩大老年教育供给、创新老年教育体制机制、提升老年教育现代化水平做出部署。该《规划》指出，老年教育是我国教育事业和老龄事业的重要组成部分。要坚持"保障权益、机会均等，政府主导、市场调节，优化布局、面向基层，开放便利、灵活多样，因地制宜、特色发展"的原则。到 2020 年，基本形成覆盖广泛、灵活多样、特色鲜明、规范有序的老年教育新格局；老年教育法规制度逐步健全，职责明确、主体多元、平等参与、管办分离的管理体制和运行机制得到完善；老年教育基础能力有较大幅度提升，教育内容不断丰富，形式更加多样；各类老年教育机构服务能力进一步提升，全社会关注支持老年教育、参与举办老年教育的积极性显著提高；以各种形式经常性参与教育活动的老年人占老年人口总数的比例达到20%以上。

三、我国老年教育机构及实施方式

老年教育的有效实施，有赖于老年教育机构的成立。由于受到政治、经济、文化等方面因素的影响，世界各国老年教育机构的类型呈现出多元化的特征，我国具有代表性的老年教育机构有如下类型。

(一)社区老年教育

依托社区开展老年教育是我国应用最广泛、最普遍的一种老年教育形式。其优势在于：首先，社区作为一个居民自治的基层单位，更加贴近居民的日常生活，借助社区组织网络开展各类教育活动，能够满足社区成员多样化的学习需求，尤其是社区里的老年群体，社区老年教育丰富了老年人的退休生活，有助于他们过上充实、幸福的晚年。其次，相对于老年大学，社区学校里的很多课程都是由社区志愿者担任授课教师，老年人参加社区学习活动成本比较低，只需象征性缴纳学费甚至是免费，大大减轻了他们的经济负担。最后，到了晚年老年人的身体机能大不如前，行动不便的老年人就读所在社区的老年学校是比较明智的选择。

目前，我国的社区教育实验区、示范区都已建成城区社区学院、街道社区学校、居委会社区学习点三级教育学习网络，其中均包含了老年教育的内容。部分试验区还专门建立了社区老年学校，为老年人提供各类课程、讲座及咨询服务。

(二)老年大学

老年大学是我国开展老年教育的主体及重要形式。我国老年大学的名称一般参照行政区的划分,区(县)级及以上的叫"大学",以下的叫"学校",其内部按学习层次划分为初级班、中级班、高级班和研修班。

自从 1983 年山东省建立第一所老年大学以来,我国老年大学已经走过了 35 年的发展历程,并取得了丰硕的成果。老年大学开设的课程形式多样、寓教于乐、应用性强,如琴棋书画、医疗保健、花卉栽培、声乐舞蹈、文学、饮食、摄影、体育等。通过学习,一方面,老年人的兴趣得到发展,潜力得到开发,知识结构得到更新与完善,不仅增加了锻炼身体的机会,而且发展了兴趣,挖掘了自身的潜能;另一方面,老年人在相互的合作与交流中,逐渐走出封闭的内心世界,摆脱孤独感与空虚感的困扰,消除对死亡的困惑与恐惧,提高主观幸福感。

(三)老年广播电视教育及网络教育

20 世纪 90 年代,北京、上海等大城市相继开办了空中老年大学,充分发挥电视、广播跨越时空、覆盖面广的优势,聘请名师、专家授课,最大限度地方便了老年人接受教育和进行学习,他们可以足不出户在家收听收视自己感兴趣的教育节目。以北京电视老年大学为例,1997 年成立时报名人数达到 2000 人,播出第一周实际收视观众近 10 万人次。近些年来,随着网络在教学中的广泛应用,老年教育的教学手段更为多元化和现代化,各省市利用现代化远程教育手段创办了空中老年大学、网上老年大学和远程老年大学,通过电脑多媒体技术、网络技术等科技,制作网络教学软件,开展网络教育,使得老年学习者享受到了更为优质的教学资源,这种教学模式具有广阔的发展前景。

(四)其他类型的老年教育

在建设学习型社会的大背景下,我国一些企事业单位和民间组织也积极加入到发展老年教育的行列当中。图书馆、博物馆、文化活动中心、展览中心、剧院及其他营利或非营利的公共文化机构也利用自身资源优势，为当地老年人提供学习机会，大大丰富了老年人的文化生活。这些都成为我国有效发展老年教育的重要补充形式。

第二节　老年教育心理学的研究对象

随着老龄化进程的加快，老年人数量不断增加，对老年教育资源的需求不断增长。迅速发展的老年教育事业需要更规范的发展和管理指导，在老年教育的发展中，教育质量、教师水平、教学互动的管理需要得到更多的重视和研究。

一、老年教育心理学的研究对象

教育心理学是研究学校情境中教与学的基本心理规律的科学，它是教育学和心理学的交叉学科，属于应用心理学范畴，但是这并不意味着它只是一般心理学原理在教育中的应用。教育心理学拥有自身独特的规律、研究方法、研究内容，其主要探讨学校环境中教与学的相互作用过程，以提升教学过程的有效性。教育心理学的目标在于理解学习者的学习心理，如学习的实质、动机、过程和条件等，以及根据这些理解创设有效的教学情境，如学习资源的利用、学习活动的安排、师生互动过程的设计与学习过程的管理等，从而提升教育和学习的有效性。

老年教育心理学，顾名思义，是研究老年教育教学过程中的教育心理规律，为老年教育教学服务的学科。由于老年人在身心特点上具有独特性，因此老年教育心理学的研究，既有一般教育心理学的共性，也有老年教育的独特性，具有鲜明的特点。如老年人的学习不以获取生产知识技能为主要目标，而主要是以满足老年人的个体发展需要、完善人生目标、实现积极老龄化为目的，因此在学习内容上与一般学习有明显差异。由于老年人身心发展的特点，身体机能有所下降，因而老年教育在教学方法上对教师提出了新要求。老年人拥有丰富的社会阅历和相关知识技能，教师需要在教学过程中更尊重老年学习者，利用老年学习者的知识经验做共享等。这些差异，正是老年教育心理学研究中需要重点考虑和注意的方面。

为达到更好地为老年教育服务的目标，老年教育心理学应关注如下研究内容。

其一，老年教育心理学应以老年教育教学过程中的心理现象及规律为研究对象，而不是研究一切教育领域中的心理现象。教育作为一种社会实践活动，除了学校教育还包括家庭教育和社会教育。虽然这三种教育存在一些共同的基本规律，但又各有其特殊性。老年教育心理学主要研究老年学校教育条件下的心理现象。

其二，教与学是学校教育活动中的主要内容。学校教育情境中的学生学习不同于人类的一般学习，它是人类学习的一种特殊形式。即学生的种种学习活动是在教育者有意识地指导下进行的，他们的意向和认识都受教育者所施加于他们的各种各样的外部条件和手段的影响，同时又以积极主动的态度来接受这些影响并进行心理活动。所以说，教育教学活动是师生的双边活动，既有学生的学，又有教师的教，教与学相辅相成。学生的学有其特定的心理内涵，教师的教当然也有其自身的心理内涵。所以，教育心理学对两者都要进行研究。

其三，在学与教的心理活动中，老年教育心理学应当以老年学员的学习活动及其心理发展变化规律为研究主体。这是因为在教与学的活动中，活动的主要方面是学生的学，教师的教服务于学生的学，教育教学过程要围绕学习过程进行。老年学员有效地学习知识、发展技能和能力、形成良好的素质，是老年教育的最高目标，也是教师的教所要达到的最终目的。教师的教包括教育教学目标的确定、教材的设计、教学任务的分析与评定，教师的一切教育行为必须以学生的学习心理规律为依据才能有收效，否则将事与愿违。这就决定了老年教育心理学的研究对象应以老年学员的学习特点为主线，围绕老年学员学的心理规律，探讨老年大学教的心理学规律和教育过程中的心理现象及其变化规律。

其四，要密切结合教育过程来探讨、揭示学与教的基本心理规律。学与教是教育过程中两个不可分割的方面，无论是学习中的心理活动还是教学中的心理活动都是在教育过程中发生和发展变化的，同时也表现在教育过程中，离开了教育过程就无从对其进行理解和研究。但是，教育心理学不是研究教育活动本身，也不仅仅是了解教与学的过程及促进这一过程的方法，而是着重研究学习与教学活动中的心理学问题，否则无法与教育学、教学法等学科相区别。

其五，作为一门学科，老年教育心理学不能仅对学与教中的心理现象进行描述，还要通过这些现象去揭示其中的基本心理学规律，并把它运用到实际活动中。

二、老年教育心理学的研究内容

教育心理学是心理学科的一个分支，它研究与人的学习和教学有关的心理过程和行为规律。教育心理学探讨学习的本质，有效教学的特征以及课堂的性质如何影响学习。老年教育心理学需要更侧重围绕老年学员的学习心理、教师教学心理、教学过程互动、群体心理，合理有效地安排和组织教学、管理学习过程和教学研究。

老年教育心理学的研究内容主要包括以下方面。

(1)教育心理学的基本理论和一般规律，主要涉及学科性质和特点。

(2)学习心理是教育心理学的重心。其建立在学习理论的基础上，主要有行为主义、认知观点和人本主义的学习理论，老年教育心理学要突出老年学员的身心特点和学习特点。

（3）群体心理也是老年教育心理学研究的重要内容。学校是一个社会群体场，有教师群体、学生群体，还有群体间的互动。教师必须懂得群体心理，从而促进建立良好的师生关系和学生间的同伴关系。

（4）个体差异是教育心理学研究的重要内容之一。在教育教学中必须从学习者的实际情况出发，针对个别差异有的放矢、因材施教，使每个学习者得到适宜的教育，更加充分地发展其兴趣及个性。

（5）学习者的心理健康涉及生理、心理、社会适应以及道德等多个层面。保持健康的心理有利于充分发挥潜能，促进学习活动，并妥善处理和适应人与人之间、人与社会组织之间的关系。

（6）教育、教学的测量与评定。

（7）教师心理研究是教育心理学的重要内容。研究表明，教师在师生双边活动中起着主导作用，与其他因素相比，教师的特点对教学的影响作用较大。

三、老年教育心理学对教师的作用

教学是一项复杂的活动，有效的教学需要一系列复杂的知识和技能。美国州际新教师评估与支持协会（INTASC）颁布了对教师资格认证时所采纳的标准，见表1-1。INTASC标准中的相关原理，体现了心理学对教师教学的重要性：学习是一种心理过程，为了影响并促进这一过程，教师必须了解教学本质以及自己的学生。

表 1-1　INTASC 标准：新教师的应知应会

	标　准	描　述
1	学科内容教学法	教师应熟悉他所教学科的核心概念、研究工具及其结构，并且能使营造的学习体验使上述学科中的各个方面对学生构成意义。
2	学生的发展	教师应了解学生是怎样学习和发展的，并使提供的学习机会促进学生的智力、社会性及个性的发展。

续表

	标准	描述
3	学生的多样性	教师应了解学生在接触学习上的差异，并使创建的教学机会适应学习者的多样性。
4	多种教学策略	教师应了解并使用各种不同的教学策略，以鼓励学生发展批判性思维、问题解决能力及动手能力。
5	动机的激发与管理	教师应运用对个体与群体的动机引发及行为的了解，创设鼓励积极的社会互动、主动地参与学习及自我激励的学习环境。
6	交流及技术	教师应运用对有效的言语、非言语，及媒体交流技术的了解，培养课堂中的主动探究、协作及支持性互动。
7	教学设计	教师应依据对学科、学生、群体以及课程目标的了解来设计教学。
8	评价	教师应了解和运用正式的和非正式的评价策略，并保证学生在智力、社会及体能上有持续的发展。
9	反思实践与职业成长	教师应是一名反思的实践者，能持续地评价自己的选择与行为对他人(学生、家长以及学习群体中的其他专业人士)的影响，同时还能够主动寻求在专业上成长的机会。
10	学校和社区参与	教师应发展与学校同事、家长及社区机构的联系，以促进学生的学习和健康成长。

注：摘自[美]托马斯·费兹科，约翰·麦克卢尔. 教育心理学——课堂决策的整合之路[M]. 吴庆麟，等，译. 上海：上海人民出版社，2008.

优秀教师所具有的一个共同特点是具有目的性，即出于某种原因而有目的地工作的能力。在教学中，优秀教师会一直思考教学的目标，以及自己的每个决策与教学安排如何促进学生达到这些教学目标。优秀教师会关注如下问题。

(1)我的教学目标是什么；教学成果又会是什么；学生在课程结束后会学到什么知识，掌握何种技能。

(2)在教学中学生具有哪些知识、技能、需求和兴趣。

(3)我本身具有的学科知识、学生发展观、学习观、动机和有效的教学策略等能否促进有效的教学。

(4)哪些教学材料、技术、辅助手段和其他教学资源有助于实现教学目标。

(5)我如何评价学生实现教学目标的程度。

第三节　老年教育心理学的研究方法

教育心理学是一门关注教与学的过程的学科，它运用了教育学和心理学的相关理论，同时也有自己的方法和理论。老年教育的对象是老龄群体，因而老年教育心理学的研究方法是针对老年教育过程中的有关教、学以及教学互动的。

在老年教育心理学的研究中，研究者首先要确定所研究的问题，以及其中涉及的不同变量，进而考察各种变量之间的关系。例如，什么样的教学方法(理论授课还是实践教学)在老年绘画和书法课上更有效，什么样的教学方法更有利于培养老年学员钢琴演奏的兴趣或创造力。这些问题可能来自理论文献，也可能来自教育实践。针对所要研究的问题，研究者可具体进行研究设计和安排，包括选择研究对象、研究方法和研究工具与材料，并设计具体的研究程序和环境，开展研究活动。

一、观察法

观察法指研究者通过感官或借助一定的科学仪器，在一定时间内有目的、有计划地记录、描述客观对象的表现来收集研究资料的一种方法。研究者可以通过详细观察和记录学生、教师在各种情境下的活动表现，来了解他们的心理特点和过程，分析师生交往的模式。例如，研究者可以在老年大学舞蹈教学中通过观察，了解不同年龄阶段学习者掌握课堂知识技能的程度，也可以通过摄像机对课堂教学和学习者的学习过程进行更深入的观察与分析。在自然观察中，研究者一般是在自然条件下对研究对象的行为进行观察、记录，不作任何控制和干预。有时研究者会在有意控制和干预的情境下对研究对象的表现进行观察，这叫实验观察。观察法是在自然或接近自然的条件下进行的，这能保证研究情境与真实情境的一致性，提高研究的可推广性。同时，研究者要注意防止主观意志及感情的干扰，从而提高研究的客观性。

与其他方法相比较，观察法既有其优越性，也存在一些缺点。首先，比较容易操作，能收集到第一手资料，适用于在观察过程中了解和研究老年人的心理活动，还可以注意到当时的特殊氛围和情境。但有时观察者的出现可能会引起观察对象的好奇，并致使其产生不真实的行为表现。其次，由于不受观察对象的注意或不对观察对象进行干预、控制，所以所观察到的行为表现是最真实自然的。但由于所观察到的可能仅是被试所表现出来的行为的一小部分，而且在没有控制的条件下可能受一些无关变量的干扰，所以不易从所观察到的资料中得到某种因果关系的推断。最后，观察法对研究者的要求较高。每一位观察者都拥有不同的经验，但若其具有某种偏见性的经验倾向时，就会使观察记录具有某种潜在的误差。

二、访谈法

访谈法是研究者通过与研究对象进行口头交谈来收集有关的心理和行为资料的研究方法。例如，研究者可通过访谈法来了解老年学员的学习需求、感兴趣的学习领域、对未来所开设教学专业以及学习内容的看法等。访谈法有利于研究者更深入地了解人们的态度、情感、思想观念和主观感受，从而对各种心理和行为进行多方面的分析和研究。为了使访谈法更有效，在访谈过程中，访谈者要取得被访谈者的信任和配合，要采用适当的方式来提问，使被访谈者能坦率地表达自己的思想、情感和态度。同时,访谈法的有效实施需要提前准备好访谈提纲,围绕研究者关心的问题集中了解情况,避免因随意访谈而重点不突出,不能达到研究目的。

由于访谈法的基本特征是通过直接的面对面交谈或间接的电话交谈来获取信息,因此与其他方法相比,它突出的特点有:第一,灵活而易于控制。研究者可根据研究目的随时调整、追加或重新解释有关问题,对重要的问题可以适时强调并导向深入。第二,适用范围广。可以对不同的个体访谈多种问题,且成人、儿童、文盲等都可以接受访谈调查。但是访谈法需要花费大量时间与精力,这就导致访谈对象的数量受到限制。

三、问卷法

问卷法是研究者利用问卷来收集研究对象有关心理、行为资料的研究方法。研究者根据研究的目的和问题确定问卷的结构,编制和确定问卷的内容。调查问卷初步形成后,研究者需要对各个问题进行适用性分析、评价与修订,确保问卷能满足研究需要。问卷法较多采用集体调查的方式,如在课堂进行集体调查,集中讲解要求,当场回收调查问卷;也可由被调查者带回认真填写,下次上课时回收。调查实施和问卷回收后,研究者对调查问卷进行整理,分析调查结果,得出相关的研究结论。如广东省潮州市 2004 年开展"潮州市老年学习现状调查研究",2013 年又重新实施问卷调查,时隔 10 年,两次调查结果发现老年学习者学习目的的非功利性特点一直没变,这一特点确实能成为老年学习者区别于其他学习者的主要特点。

问卷法可分为结构化问卷和非结构化问卷,结构化问卷是指完全按固定问题回答,非结构化问卷指没有完全固定问题的问卷。一般采用半结构化问卷,即大部分调查内容是固定的,也给被调查者部分自由回答的问题,以更详细了解研究问题。

问卷法方便、快捷,有利于大规模实施调查,省时省力,而且可以进行统计分析，能了解大批被试的思想、态度和观念。如通过"你希望开设的课程"的问卷调查，可以有效地了解老年大学的学员对各类课程的兴趣、热度，有利于老年大学课程设置的管理。

四、实验研究

实验研究是指创设一定的情境，对某些变量进行操纵或控制以揭示教育心理现象的原因和发展规律的研究方法，这种研究的基本目的是揭示变量之间的因果关系。实验研究可以是在实验室情境下进行的实验，也可以是在现场情境下进行的自然实验。在进行实验研究时，要明确研究中的各种变量，包括自变量、因变量以及无关变量等。自变量指可以影响个体的心理、行为表现的因素，如教学方法、学习情境或者学习者的某些个人特征等。因变量指用以反映个体心理行为特征的变量或指标，如学习成绩等。实验研究旨在考察自变量对因变量的影响。但是，因变量的变化往往不仅受所研究的自变量的影响，而且会受到其他众多变量的影响，这些可能干扰因变量的其他变量就是无关变量。在研究中，必须设法采取一定的方法、程序来消除或控制各种无关变量的干扰。例如，研究"小组合作对舞蹈学习的影响"，自变量是学习方式(小组合作与独自学习)，因变量是舞蹈学习成绩。在这个研究中，让一组老年学员进行小组互助学习和练习，让另一组老年学员进行独自学习，最后检验他们学习舞蹈成绩的差异。在这一研究中，研究者必须控制如下无关变量：两部分老年学员原来的舞蹈水平、教师的教学水平和方式、学习时间等。研究者必须保证两部分学员在这些变量上的对等。

实验研究可以通过对变量的操纵、控制来深入揭示变量间的因果关系，这是实验法的突出优势。同时，实验研究往往需要对实验情境进行人为处理，这会妨碍研究结果的推广。另外，在教育领域中，因为种种原因，研究者往往很难对无关变量进行有效的控制。

五、个案研究

个案研究也称案例研究，是通过比较一个个体或一组个体在接受实验处理之前、之中、之后的行为变化，以考察实验处理效果的研究。此类实验的典型研究形式是，观察个别学习者的行为若干天，然后对该学习者实施某种特殊的方案，观察在实施新方案过程中学习者行为的变化，最后终止新的方案。如果实施方案时学习者的行为有所改善，而终止方案时行为的改善也随之消失，则说明该方案影响学习者的行为。有时"个案"可以是接受同一实验处理的几个学习者、全班或一所学校。

个案研究能够给研究者提供系统的观点，通过对研究对象尽可能地完全直接地考察与思考，从而建立起比较深入和周全的理解。个案研究的主要局限性是它只能用于那些研究结果可以被多次测量的情形。因此，教育学大部分的个案研究都涉及可观察的行为，如举手发言这些每天都可以被测量到或每天被观测多次的行为。

六、行动研究

行动研究是描述性研究的一种具体形式，由教育者在自己的课堂或学校开展。在行动研究中，教师和学校管理人员尝试采用一种新的教学方法或组织管理策略，收集这种方法或策略实施效果的有关信息并与他人交流。由于教育者或管理者本人参与实验，所以行动研究缺乏客观性。但行动研究所带来的对一线教师或管理者的深度见解，是局外人做的研究所不能比拟的。

行动研究法是将纯粹的教育科研实验与准教育科研实验结合起来，将教育科研的人文学科特点与自然科学的实验特点结合起来，用教育科学的理论、方法、技术去审视、指导教育教学实践，将教育教学经验上升到理论的高度，但其依托的是研究者自身的教育教学实践。行动研究法是一种适应小范围内教育改革的探索性的研究方法，其目的不在于建立理论、总结规律，而是针对教育活动和教育实践中的问题，在行动研究中不断地探索、改进和解决教育实际问题。例如，广东省老干部大学在班级管理中引入班级党支部的建设，用党员的模范带头作用引导老年大学学员的学习管理，提高管理效率。2017年，广东省老干部大学创设老年大学研修班，为资深老年大学学员提供更高层次的学习、进修资源等，均为行动研究方法在实践中的应用。

行动研究大致可分为如下环节。

(1)从日常教学、管理工作中确定、评价、形成有意义的问题。这些问题可能不是理论问题，而是与日常教学管理改进密切相关的问题。

(2)与相关人员初步讨论和协商，形成初步意向。如教学管理人员在日常工作中发现能够提高管理工作效率的方法，可以和学校中高层管理人员提出意向，开展研究的前期准备和尝试。

(3)查阅相关文献和资料，从同类研究中汲取经验，包括以往类似研究和行动的目的、程序和实施方法、研究结果和困难等信息。

(4)再次明确问题和目标。

(5)选择研究方法或行动方案，如取样、调查、资源分配、准备。

(6)选择评价方法。研究者在实施行动方案时，需要确定如何评价行动研究的成果，如提高工作效率、提高教学效果等。

(7)实施。指按行动研究的方案执行教学改进计划或管理改进计划，同时不断收集、反思各阶段的行动结果，与研究目标相对比，了解所采取的行动是否按正确的方向实施、是否能达到预期目的等。

(8)成果评价、结论和课题评价。行动研究的目的是获得关于具体情境下的具体问题的具体知识，获得新实施效果。其结果可能对日常教学和管理工作有一定的改善和提高，可作为以后工作的参考和指导，但并不作为一般性的规律。

本章主要参考文献：

[1]杨咏梅. 简述我国老年教育的发展历程[J]. 广东教育(职教版)，

2015(17)：106-107.

[2]竟明亮. 当前影响老年大学发展的主要问题及解决策略[J]. 当代继续教育，2016，34(1)：9-14.

[3]王文超. 我国老年大学发展探析[J]. 中国教育研究论丛，2009：64-66.

[4]杨佳，陈瑶. 我国老年大学发展初探[J]. 成人教育，2007(7)：73-74.

[5]施祖美. 老年教育策论[M]. 北京：社会科学文献出版社，2011.

[6]陈琦，刘德儒. 当代教育心理学[M]. 北京：北京师范大学出版社，2007.

[7]皮连生. 教育心理学(第4版)[M]. 上海：上海教育出版社，2011.

[8][美]保罗·埃根，唐·考查克. 教育心理学：课堂之窗(第6版)[M]. 郑日昌，主译. 北京：北京大学出版社，2009.

[9][美]罗伯特·斯莱文. 教育心理学：理论与实践(第10版)[M]. 吕红梅，姚梅林，等，译. 北京：人民邮电出版社，2016.

第二章　老年人的身心特点与学习心理

🎓 本章提要

　　个体步入成年后期难免会出现生理、心理机能的退化，研究表明，思维能力、记忆力、学习能力等心理机能的衰退可以通过认知训练而减缓。老年大学的学员大多是自主自愿参加学习，通过教育训练可延缓其认知功能衰退，维持既有的认知水平，并获得进一步的发展。本章简要介绍老年期的身心特点与学习需求，以及老年教育应如何充分考虑老年学员身心状况及不同需求，体现"老有所教、老有所学、老有所乐、老有所为"的教学原则。

第一节　老年人的生理、心理特点

一、生理的变化

个体的衰老有生理衰老和心理衰老之分。随着年龄增长，老年人的生理特征逐渐出现变化。生理衰老是指随年龄的自然增长，老年个体的生理机能和形态表现出一系列的退行性变化，主要包括感知机能、中枢神经系统功能、运动机能、免疫机能的退化等。

为了延缓老年人的各种感觉系统和感觉功能的老化，可以根据个人的生活习惯和客观情况，选择适合自己的体育锻炼方法。例如，手心滚动健身球，以及唱歌、弹琴、绘画等娱乐活动，可以延缓手、口等肌肉精细运动功能的老化。因此，开设老年学习课程需要把握老年人的生理变化特点，科学地设置适合老年人的生理特点和学习需求的课程、教学内容、教学难度以及教学方法。例如，广东省老干部大学开设了生理卫生保健系列课程，针对老年人的生理健康定期进行知识普及和提供保健按摩服务，增进老年人对自身生理变化的认识，提升身体健康水平。

二、认知功能的变化

认知功能是人脑认识和反映客观事物的心理机能，包括感知觉、注意、记忆、语言、思维等方面。年龄对于认知功能的影响，在于信息处理能力的下降。这种变化并非特定的认知功能的减退，而是由大脑整体的信息处理能力下降所致。从心理健康的角度来说，老年人如能清晰地认识到认知功能逐渐衰退的自然趋势，努力从生活的其他层面来获取满足感，则能避免沉重感及悲观焦虑情绪的产生。

老年人的其他认知功能，如思维、推理等能力的下降程度依个体的具体情况呈现出不同的变化趋势。例如，在老年人的空间知觉中，深度知觉能力有所下降，而时间知觉和运动知觉能力一般能保持良好。由于感知、记忆的衰退，概念学习、问题解决等思维能力也有所减退，但与自己专业有关的思维能力在老年时仍能保持。可见，认知功能下降不是全面的。老年人可以通过采取适宜的应对措施(如体育锻炼、脑力益智游戏、强化记忆锻炼等)来补偿或维护已有的认知功能，以延缓认知功能的下降速度。

三、社会角色的变化

人生是一个不断社会化的过程，个体在不同的阶段扮演着不同的社会角色。社会角色是指在社会系统中与一定社会位置相关联的、符合社会要求的一套个人行为模式，也可以理解为个体在社会群体中被赋予的身份及该身份应发挥的功能。个体进入老年期后，由于社会环境的发展变化和社会关系的重新调整，社会角色也会发生相应的改变，老年人所承担的社会责任和社会义务越来越少，所扮演的社会角色越来越少。随着社会角色的转变，老年人的生活内容、社会地位、人际关系等都会发生很大变化，这些是导致老年人产生心理不适的重要原因。

因此，在老年教育过程中应对老年学员的适应能力进行指导：(1)在自我方面，注重"在生理、心理及社会方式上的自我提高"，塑造与维持美好的仪表，扩展知识或保持自我意识，学习新技能或提高已获得的技能等。(2)在人际关系方面，注重维持与扩展社会关系网络。最常见的是从以配偶与孩子为中心向其他家庭成员、邻居、朋友等的关系网络扩散。(3)在社区参与方面，基于社区基础之上的生活方式扩展了原有的家庭、朋友网络，拓宽了老年人参与社会生活的范围，更多的社区参与能给老年人带来自我效能感、自豪感以及成就感等。老年大学可通过老年学员生理、心理及社会活动方式上的自我提高、社会关系网络的扩展以及广泛的社区参与等指导老年学员转变自身观念，从而帮助老年人减少心理上的不适感。

四、情绪的变化

情绪是人们对客观事物是否符合自己需要而产生的态度体验，具有独特的主观体验形式，是心理活动的重要表现。由于个体性格、处境的不同，情绪变化多种多样，同时由于个体主观态度不同，心理上的反映也有差异。情绪稳定是老年人心理健康的重要体现，是心理健康的风向标。

人的情绪具有社会性，情绪是在人类社会发展的过程中产生的，和社会性需要以及个体的意识紧密相连。一个人参加了有意义的社会活动或者为社会做出了某些贡献，他会感到生活充实从而产生满意、愉快等积极情绪。如果活动不能满足社会和个人的需要，就会使个体产生消极的情绪。极端的积极或消极情绪都会导致生理功能紊乱，中间情绪最有益于身体健康。因此，老年人应该掌握情绪调节的有效策略，适时调节自身情绪。

老年大学要根据老年人的生理、心理特点设置课程，体现对老年学员身心的关怀。同时，老年大学教师要理解尊重老年学员的生理及心理特点，耐心授课，引导老年学员的积极情绪。

第二节　老年人记忆发展的一般特点

记忆是人脑对经验过事物的识记、保持、再现或再认的心理过程，是人们学习、工作和生活的基本机能。记忆的衰退过程个别差异较大，总趋势是记忆随着年龄的增长而衰退。有的人在中年期记忆就开始衰退，有的人则记忆力衰退得较晚。了解有关记忆的理论及老年人的记忆特点，从而采取适当措施预防或延缓老年人记忆衰退的过早发生是极为重要的。

一、记忆的理论

（一）记忆阶段理论

记忆阶段理论将记忆分成连续的阶段：编码、存贮和提取。记忆研究的结果发现：老年人的记忆成绩在编码阶段的年龄相关效应更为显著，体现在学习过程中老年人更容易走神，更难同时进行多任务的处理。这要求教师在对老年学员教学的过程中，一方面，要尽量减少无关刺激物（如教室内部的布置和周围的环境），以免分散学员对讲授内容的注意力；另一方面，要尽量创造条件让学员注意听课，如采用多样的、符合情境的教学方法，尽量激起学员的兴趣点，提高学习效率。

（二）记忆系统理论

记忆系统理论把记忆看作感知记忆、短时记忆和长时记忆三个子系统的集合，这些系统的差异体现在记忆的表征及其保持和提取过程中。例如，当记忆材料是复杂的风景图画时，图画的语义和视觉背景都很丰富，对这些材料编码需要较少的精细加工，任务和材料本身为最佳完成任务提供了必要的线索，这种情况下老年人和年轻人的记忆成绩没有差异。建议教师在进行教学时，准备丰富的、合适的教学材料，提高老年学员对学习材料的记忆成绩。

（三）记忆资源理论

记忆资源理论认为能够用于认知任务的认知资源是有限的。当认知资源降低时，记忆成绩就会受到不良影响。例如，老年人需要阅读一篇文章，但文章中还有另一种字体印刷的无关信息，这时，老年人的注意会受无关信息干扰，导致在阅读和加工文章时更难集中注意力，并且阅读速度也会减慢。

二、老年人的记忆特点

老年人的记忆特点，既有普遍性又有差异性，一般来说有以下几个方面。

(一)记忆广度和记忆速度

老年人的记忆广度和记忆速度有随着年龄的增长而普遍下降的趋势。记忆广度和记忆速度是测定记忆能力的重要指标。记忆广度大、记忆速度快，在一定意义上可以初步判断一个人的记忆力属于良好水平。

在记忆广度方面，60岁及以上老年人的记忆广度有下降的趋势。文化程度较高的老年人比文化程度较低的老年人，记忆广度要好。另外，与老年人记忆速度有关的一个记忆问题，就是接受外界信息慢、做出反应慢，因此造成在较短时间内较难记住某种事物，或难以对学习和记忆过的材料进行迅速的再认和回忆。

(二)再认和回忆能力

老年人的再认和回忆能力有普遍下降趋势。再认和回忆是记忆的基本过程。再认是指看过、听过的事物再次呈现在眼前时，能立即辨认出是自己曾经感知过的；回忆是指看过或听过的事物不在眼前时能够将其再现出来。研究发现，老年人对于新的、陌生的和复杂的事物，不仅学习速度慢，而且需要花费更多时间进行理解，对这些事物的记忆的衰退速度也最快。

老年人回忆的特点是，在故事回忆中，意义记忆衰退较机械记忆缓慢。需要依靠语言来理解与沟通的智力活动比不靠语言的智力活动衰退得较慢，如推理与词汇方面的记忆与语言意义理解和数字方面的记忆相比衰退得较慢。文化水平较高的老年人比文化水平低的老年人的记忆减退速度慢，因此有不少文化程度较高、身体状况良好的老年人，在老年期仍能进行一些创造性工作，并做出新的贡献。

(三)新事物的记忆

老年人记忆的一个显著特点是：对早期的记忆比对近期的记忆保持得好。老年人对新事物记忆力很差，如很难识记新的外文单词、不熟悉的人名或陌生人的相貌等。相反，他们对较为早期的经验或事物的记忆保持得较好。如老年人常常会回忆往事，感到以前的生活更为美好，对往事的回忆往往比较清晰、细致和富有情感。

老年人的记忆力普遍有减退的趋势，但减退的程度和减退的年龄段个别差异很大。研究发现，如果个体所处的环境所给予的启发变少，就会加速记忆力的衰退；继续工作的老年人，记忆力较退休老人更佳。由此可见，老年人记忆力可以通过增加学习和认知活动来减缓衰退的速度。

三、老年人记忆特点对教学的启示

到了成年后期，个体学习新知识的困难体现在个体对学习内容必须理解透彻，同时需要运用短时记忆保存学习内容，最后将其加工到长时记忆中，而此时个体的短时记忆容量变小，加大了记忆的难度。

老年人神经系统发生了衰退，对感知到的复杂感觉进行输入会耗费更多的认知资源，因此对于老年人来说，信息的感知最好是一对一的过程。在对老年学员的教学过程中，应减少同时呈现多个刺激物，并让老年学员自主调整学习进度。例如，学习材料在屏幕上呈现的时间应适当增长，让老年人有充足的自我调节时间，以便能做出下一步反应，这样能够使因年龄引起的记忆缺陷和学习缺陷减到最小。

第三节　老年人的智力特点

智力就是进行抽象思维、解决问题和学习的能力。迄今为止，心理学家们对智力本质的认知包括：智力是个体适应新环境的能力；智力是个体的学习能力；智力是个体的抽象思维能力；智力是使个体在生活中顺利从事一些复杂和创造性活动的能力；智力是个体现实生活能力的综合体现。

一、影响智力发展的因素

智力的形成和发展受到很多因素的影响，其中起重要作用的影响因素包括遗传和环境、教育和实践活动以及个体的主观能动性。

(一)遗传和环境

各种生物及其后代在形态结构和生理特征上，会表现出某些相似的特征。个体的智力发展水平会受到遗传因素的影响，良好的遗传因素是智力形成和发展的必要条件。此外，环境因素也会影响智力发展。

(二)教育和实践活动

智力不同于知识技能，但是智力的发展又与知识技能密切相关。有目的、有计划、有组织的学校教育在智力的形成和发展过程中具有特殊意义。经过长期的学校训练，学生的思维和语言能力得到显著提高，课外实践活动更有利于促进学生各方面能力的发展。例如，在老年大学电脑技能提升课堂中，由教师实际演示，学员实时练习，学员对电脑的操作使用效果得到及时反馈。

(三)个体的主观能动性

智力的发展同个体的主观努力密不可分,勤奋对个体能力的发展也有巨大的促进作用。个体通过刻苦努力,积极进取,能使其能力得到提升;反之,懒惰消极,则不利于能力的发展。这从另一个角度说明了个体的学习动机会影响其智力的发展。

二、老年人智力发展的一般特点

卡特尔(R. B. Cattell)提出晶体智力和流体智力的发展理论,晶体智力是指在实践中以习得的经验为基础的认知能力,如学会的技能、语言文字能力、判断力、联想力;流体智力是指以生理为基础的认知能力,如知觉、记忆、运算速度、推理能力等。在个体生命过程中,晶体智力和流体智力经历着不同的发展过程:青少年期以前,两种智力都随着年龄的增长而不断提高;成年阶段,受大脑皮层特定功能区域的影响,流体智力缓慢下降,而晶体智力是在流体智力的基础上接受社会教育和文化熏陶、经验积累的结果,会随着年龄的增长不断提高,并能在老年期得到较好的保持。根据智力随年龄增长的变化规律,当流体智力减退时,晶体智力仍保持较好,可以作为补偿。因此,老年人可以用丰富的经验弥补自己生理机能衰退的弱点,扬长避短,保障学习、工作和生活。

老年人的智力仍具有较大的可塑性,老年期的智力变化与多方面因素相关,包括生理健康、文化和社会等因素。研究者提出:现代老年人如果生命质量得到提高,整体素质发展较好,那么其智力水平仍可持续发展。随着年龄增长,老年人整体身体素质开始下降,其智力发展速度会相对较慢。老年人智力发展变缓趋势的出现可能较早,也可能较晚,影响智力衰退快慢的关键是老年人是否参与了适当的智力活动、应用与训练。

三、老年人智力变化对教学的启示

老年大学的教师需要认识到个体具有独特的认知或智力特点，系统、持续的教育只有符合受教育者个体自身的发展特点，才能产生巨大的合力，实现个体全方位的发展。判断课程设置是否合理、正确，最重要的因素是观察其在特定范围内能否促进老年学员的发展。因此，在设置老年教育课程时，要树立"以老年学员为本"的理念，相信每个人都具有主动发展的能力，在教育、教学过程中，要善于发现老年学员的智力发展需要，为设置以老年学员为本的课程打好基础。要尊重个性，了解老年学员，知道他们需要什么，根据老年学员身心发展的特点设置符合他们自身需求的课程，使每个人都能充分发挥自己的潜能。

第四节　老年人的人格特征和社会性发展

一、老年人的人格特征

人格指一个人在生命历程中逐渐形成的稳定、持续的心理特点，以及行为倾向的总体。老年期的人格特质在经过了儿童期、青少年期、成年期的生成、沉淀与凝聚之后，已具有一定的稳定性，同时在不同范围和不同程度上仍存在可变性和发展性。老年人在适应新的生活环境的过程中，可以通过改变自己的认知与观念结构，以及情感与态度的模式，重新塑造人格，保持心理上的平衡与协调，更好地适应周围环境。

老年个体的性情、经历、教育水平等方面的不同，特别是兴趣、能力、气质和性格等方面的差异，导致人格类型的分化。有研究者提出，老年人的人格类型大致可以区分为五种。但这五种类型并不能囊括所有老年人的人格特质，有的老年人还会有其他类型的人格特质表现，也有的老年人兼有其中两种类型或者更多。

(一)成熟型

成熟型的老年人能很快地改变其社会角色，适应社会环境的变化，不仅能够从事力所能及的活动，保持良好的社会交往，还善于调节和控制自己的情绪，对遭遇的挫折不容易沮丧。这种类型的老年人对自己的生活、家庭和事业感到满意，因而幸福感水平较高，同时他们性格开朗、感情真挚、热爱生活、和蔼可亲、平易近人、富有幽默感而且能积极思考。

(二)安乐型

安乐型的老年人喜爱轻松的生活，满足于生活现状，在退休后感到安逸、解脱、轻松。他们依赖他人照顾且安于现状，缺乏自己的主见，对生活适应性较差，在物质和精神上期望得到社会、亲友等的援助和支持。安乐型的老年人情绪状态较为稳定平和，对社交兴趣不高，也较少主动参与社会活动。虽然他们不主动，但也不排斥和他人结交。

(三)防御型

防御型的老年人自我防卫性强，压抑对于衰老的恐惧，采取防卫机制来应对自身的衰老和外来的各种不幸。因为恐惧依赖他人，他们会付出加倍的努力来完成工作，用紧张的工作和不停地参与活动来回避老年期的丧失感与空虚感。这种类型的老年人个性独立、自制力强，精神经常处于紧张、警戒的状态。

(四)愤怒型

愤怒型的老年人对挫折采取特殊的攻击形式，即反抗行为。主要表现为发泄怨恨与愤怒，对周围人怀有敌意，通过对别人冷言冷语、尖酸刻薄的方式消除积压的怨恨。他们对自己的一生感到懊恼，怨恨自己一事无成，把失败归于命运不公和他人阻挠。这种类型的老年人情绪常常处于生气的状态，自制力差，易将不满直接宣泄和攻击别人。他们常常以自我为中心，对于外界事物不感兴趣。

(五)自责型

与愤怒型老年人相反，自责型的老年人把隐藏在内心深处的攻击指向自己，把遭遇的不幸和失败归咎于自己，谴责自己，对一切事物持悲观、沮丧、失望甚至绝望的态度。这种类型的老年人因为自卑心理，常常表现出畏首畏尾，遇事裹足不前、钻牛角尖的情况，在人际关系上也因为内心过于脆弱，难以建立和他人的亲密关系。

二、老年人的社交网络

在人口老龄化速度逐渐加快的社会背景下，越来越多的老年人在社会层面寻找寄托，许多老年人希望拥有属于自己的朋友圈，让自己的精神世界不再孤单。因此，老年人建立有效的社交网络显得尤为重要。

鼓励老年人扩展同辈支持的重要性体现在以下几方面：首先，同辈支持可以为缺乏家人长期陪伴和照料的老年人提供社会支持。其次，老年人在晚年拥有属于自己的固定的同辈支持能够满足老年人的精神需求，从而丰富老年人的精神生活，有利于老年人的心理健康。最后，老年人通过结交朋友、建立属于自己的同辈支持，并适当参与其中的各种活动和交流，获得的情绪体验、社会信任、社会尊重与认同等可以帮助他们增加自信，提升自我形象，树立积极健康的生活态度，再次点燃他们对生活的希望和激情，维护其自尊，进而有助于他们赢得社会尊重以及体验到自身的社会价值和满足感。

三、退休老年人的继续社会化

社会化是贯穿于整个人生的持续不断的过程，社会化过程具有终身持续性，即在人的生命周期的每个阶段，都要不断学习各种社会角色，不断社会化。在现代社会的时代背景下，每个人都面临着社会和时代的剧烈变迁，个人的继续社会化仍在不间断地进行，正如美国心理学家巴克（K. W. Back）所言，"在当今迅速变迁的社会里，主要生活的抉择在整个成年时期都是未定的，社会化不再局限于童年，而是一个无限的、自我定向的过程"。

继续社会化是个体从中年过渡到老年的必要过程，是个体社会化的最后一站。老年人的继续社会化是否顺利，是影响老年人能否安度晚年的重要因素，已经引起了社会的广泛重视。老年人退休后，与工作相联系的阶段告一段落，进而需要新的社会化来代替，老年人的继续社会化是为了使个体保持身心健康，延缓衰老，安享晚年。

继续社会化的内容主要为进一步接受社会的文化传统和生活经验；在再生产社会经验、创造新文化的过程中，接受新的价值观念和社会行为模式。虽然大多数老年人退休以后不再承担重要的社会职业角色，但仍然面临如何适应环境的问题，需要进一步社会化。老年人在继续社会化过程中，要参加社会生活，逐渐掌握新的价值取向、行为方式和行为规范；要善于学习新知识，适应社会的发展变化；要勇于尝试新事物，更好地融入社会；要不断适应社会角色的变换，坦然面对生活中的变化；积极参与社会活动，保持良好的人际关系。

四、老年教育对于老年人人格
特征和社会性发展的意义

人格发展是通过人的一生来完成的，个体退出工作岗位后还要面临完善人格、继续社会化的问题。由于种种原因，部分人个性和人格发展不够健全和完善；另有一些人是因为退出工作岗位以后，感到孤独、失落，不能很好地适应环境变化，自身心理发生了某些畸变。老年大学的教育可以针对个体不同情况有所作为，使他们能够在学习中陶冶情操、振奋精神，充分发展个性，促进人格的完善。同时，每个个体的人格变化有着不同的规律，这使得每个人的身心变化都各具特点。因此，在老年教育的课程设置上，在注重课程内容多元化的同时，更要关注其个性化。所谓个性化是指能使个人在多个领域的发展更加深入。例如，有的老年学员语言、数理能力较强，有的老年学员动作能力较强，可引导老年学员针对自己的特点兴趣选择学习课程。

老年人的社会参与是指老年人在自身健康状况允许的前提下，为满足其生活、情感以及实现自我价值的需要，与社会积极互动，参与一切有益于社会的活动。到老年大学学习是老年人进行社会参与和继续社会化的好途径。学习给老年人的生活带来积极变化，使他们能够理智地面对一些消极的外在因素，而不是对退休生活感到恐慌。因而，接受老年教育让老年人有一个良好的学习环境并保持适当的社会参与，让他们知道如何协调好各种关系，如何保持情绪稳定和良好的社会适应，怎样去面对新的生活，从而提高老年人的生活质量和消除心理困扰，有利于身心健康。

发展老年教育能不断满足老年群体的精神文化需要、提升其人文素养，有利于推进社会主义文化大发展大繁荣。为了进一步丰富老年群体的精神文化生活，提升思想境界，增强精神能量，需要大力开展现代人文教育，用中华优秀传统文化和当今世界优秀文化成果教育、引导老年群体确立正确的世界观、人生观和价值观。

发展老年教育能不断满足老年群体终身学习、不断提高生命和生活质量的迫切需要，有利于最大限度地发挥其生命潜能，减轻家庭和社会负担并继续为社会做出积极贡献。从老年人自身微观层面看，坚持终身学习、不断接受教育的过程，实质上是接受文明、文化传承和追求真、善、美的过程，不仅有利于个体身心健康，而且能更好地适应社会的发展，更好地融入社会，成为一个有用的"社会人"。

第五节　老年人学习心理

我国老龄化已进入快速发展阶段，发展老年教育是我国社会发展的迫切需求。面对庞大的老年群体，了解老年人的学习心理对实现"学有所教、学有所成、学有所用"的教育目标有重要作用。

一、老年人的学习能力

智力是个体认知过程的注意、感知、记忆、思维、想象、言语、实际操作和适应环境等方面能力的综合反映。老年人的生活经历、职业工作以及所受的教育程度、健康状况、性格特征等因素与其智力的变化密切相关，老年人的智力有很大的可塑性和提升的空间。

大量研究表明，老年人仍具有学习能力。他们可以有足够的信心从事学习和研究活动，并且能够在实际活动中积极保持和发展自己的学习能力。同时，与社会接触越广泛，继续从事智力活动或者继续学习越多的人，其智力衰退率越低、学习能力越强。学习能力能够经久不衰，是个体的知识经验、知觉过程、学习、记忆、思维等能力综合作用的结果。人到老年，虽然机械记忆能力有所衰退，但由于生活经验丰富和知识沉淀，其思维能力、判断能力、语言能力以及理解能力、记忆能力等仍保持在一定水平。

老年人只要坚持学习，加上良好的健康状况，其学习能力的生理衰减将变得无足轻重。老年学习者只要不断地学习思考和从事使用智力的创造活动，其学习能力不仅不会随着年龄的增长而急剧下降，相反在某些方面还会有所提高。

二、老年人的学习优势

老年人的学习是基于已有知识经验基础上的自我教育、自我实践和自我提高的过程。这决定了老年人学习活动的特殊性，特别是他们在生理、心理和生活经验上面的成熟，使他们有着不同于青少年的学习优势，从而反映出老年人独特的学习能力。

(一)老年人学习的特性

1. 学习的延续性

老年人学习不是启蒙教育，而是在已掌握的知识经验的基础上的再学习、再教育，其学习具有延展性、继续性的特点。青少年时期的学校教育是阶段性的，但它并不是教育的终结。人类的发展和知识的生产是无限的，无论个体有着怎样的文化基础，终其一生都要不断学习和继续接受教育。因此，老年人学习的延续性，也是他们适应社会发展和进步的能力的延续和发展。

2. 学习的主动选择性

老年人的学习是老年学习者个人的追求，他们可以依据个人的兴趣、爱好、需要来决定学习内容，选择学习的方式，制定学习目标等。当然，老年学习者也要把个人的学习同社会发展相联系，这样的学习才更加富有价值和意义。

3. 学习的差异性

不同年龄阶段的老年人，由于所处的社会地位不同、扮演的社会角色不同，社会对其影响也是多方面的，这使老年人在总的心理发展水平相近的基础上，在学习心理和需求上存在较大的差异。同时，老年人具有较强的独立自主性，在课程选择上有类型和水平的差异，也使得老年个体的学习心理具有较大差异。

(二)老年人独特的学习优势

1. 明确的学习目的有助于提高学习动力

老年人在心理和社会角色上达到了独立的阶段，曾经因为工作、事业的压力或者抚养子女的需要而放弃的兴趣爱好得以重拾。同时，老年人充裕的闲暇时间、要抓住人生后期的"黄金时间"的紧迫感等一系列因素使学习愿望加强，进而产生强烈的学习需求。有了这种明显的学习需求和目的，便产生了对学习的极大热忱和坚定的学习动力。

2. 知识紧密联系实际生活

一般来说，青少年处于成长阶段，他们的学习主要是从学校获得和储备基础知识，以备"明天"的需要；老年人学习是为了面向生活，除了获取知识，更注重培养应用知识的能力，以解决当前生活中的难题。同时，由于老年人以往的知识经验所起的正迁移作用，使老年学习者在学习中能够有意识地缩小学习与应用之间的距离，尽快建立知识和生活的联系，把这些新的知识运用到实际中去，在实际中检验知识的可行性，更主动地适应现代生活。因此，所学的知识发挥了巨大的作用，学习也就产生了积极的反馈。

3. 经验和能力有助于对知识的理解和掌握

经验的多少、知识的占有程度以及思维能力的高低等，都会影响老年人对知识的理解和掌握。虽然老年人的感知能力在速度方面有所减退，但是他们的理解能力建立在实践经验之上，丰富生活经验的积累使老年人对知识的掌握深度有着青少年不能比拟的优越性。因此，老年人在学习中，可以借助已有的知识经验去理解知识，通过对客观事物的联想、比较、分析、综合、推理，认识和掌握事物的本质和发展规律，从而联系实际思考问题。同时，这种较强的思维能力还能提高理解和记忆的水平，弥补因为生理衰退引起的机械记忆力和记忆保持能力的缺陷，巩固学习效果。

4. 较强的自制力有助于稳定学习情绪

老年人的自制力能使他们常常处于主动学习的地位，即能长时间把注意力集中到学习上，学习活动有专一性和持久性的特点。老年人具有较强的学习自制力、毅力、决心、自信和恒心，能有效克服惰性、松懈和自卑情绪等对学习不利的思想因素，有助于排除因生活问题、婚姻问题、家庭问题、接受能力、身体疾患以及因外界刺激等引起的各种困扰，从而坚持学习，达到预期的目标。

5. 独立自主的人格有助于端正学习态度

老年人具有独立的人格，自我管理能力强，具体表现为他们作为独立的个体参与学习活动时能够自律和自立。但是，这种独立自主的人格也使得老年学员一旦遇到和独立自主的自我概念相矛盾的情况，他们会进行反抗。这就决定了在老年教育教学过程中，应开展老年人感兴趣的活动，使其自愿、主动地参与到学习中来。老年人的特点决定了他们在教育过程中，一旦形成学习动机，就会自始至终以独立的方式、主动的态度参与学习活动，自行计划学习目标、选择学习途径和方法等。在这个过程中，老年学员依然需要教师的指导和帮助，但教师不能使用强制性的命令。

三、老年人的学习心理需求

在当今老龄化背景和终身教育浪潮的推动下，社区老年教育已成为我国老年教育的重要形式，发展社区老年教育是老龄事业的热点。对社区老年人的调查结果表明，城市社区老年人更希望获得医学保健、旅游度假、家庭理财等方面的知识，在学习过程中主要凭借个人的兴趣爱好选择学习内容，希望社会提供更丰富的教育内容和更多样的教育形式，希望教师在课堂上增加互动，并及时了解他们的学习需求。

老年人的学习积极性、主动性和自觉性很高，在课堂上学习专注度也很高。他们学习的目的呈现多元化的趋势，如希望老有所为、老有所乐，渴望接触更多使生活便利的科技，多与社会沟通等。他们的课堂学习效率很高，对学习的认可度也很高，并希望学校多给予精神方面的鼓励。针对老年人的学习心理需求，可从以下方面推进和完善城市社区老年教育。

(一)建立完整的社区老年教育课程体系

目前，社区老年教育开设的课程以科普知识、健康养生、书法绘画、外语、家庭理财、摄影类为主，初步形成社区老年教育课程体系，但还不能完全满足社区老年人的学习需求。各类老年教育机构应依据老年人在性别、年龄、受教育程度等方面的差异，结合老年人教育需求的个体差异性，建立涵盖社区老年人的退休前准备教育、退休后身心健康教育、对待死亡的教育等贯穿成年晚期各阶段的老年教育课程体系，增加老年人参与社会的实践类课程，加快老年教育课程的系统化发展与完善。

(二)建立完备的老年教育支持服务体系

政府应加大投入，搭建老年教育支持服务平台，明确各级各类老年教育机构的工作职责，详细设计服务平台的功能、各级服务责任、岗位服务内容、服务手段选择和服务保障措施等，建立起专业化的老年教育服务人才队伍，增强老年教育事业的科研能力和水平，建立起完备的老年教育支持服务体系。

(三)开展形式多样的社区老年教育活动

社区老年教育除了要注重课堂教学设计，社会实践活动的开展也非常重要和必要。老年教育机构要通过精心的组织设计，结合志愿服务等方式，广泛开展针对社区老年人的群体活动，丰富和满足老年人的个性爱好和需求，消除老年人的寂寞感和孤独感；通过举办老年教育大讲堂、养生保健等专题活动或讲座，充实老年人的生活，提高老年人精神生活质量；通过组织健身旅游、才艺展示、文化交流、智趣比赛、公益服务等活动消除老年人的空虚感、失落感和欠缺感，进一步发挥他们的社会作用、提升其社会认可度和身心健康水平。

(四)整合社区老年教育资源

社区老年教育涉及面较广，政府应该自上而下做好组织协调工作，提供充实的社区教育资金，充分发挥社区、教育机构和协会等组织的作用，尽快实现优质教育资源的共享，促进信息技术和学科课程的整合，实现教学设施和手段的现代化。鼓励和吸引社会资源参与社区老年教育的发展，完善老年教育的制度环境、人文环境和物质环境，推进社区老年教育的持续发展。

本章主要参考文献：

[1]宋其辉，李珺，宋磊，等．上海老年学员学习动机研究[C]．上海：成人教育协会年会暨和谐社会与成人教育论坛，2005．

[2]张百生，邹丽伟，刘金蕾．城市社区老年人学习心理特点调查研究——以济南市社区老年人为例[J]．山东广播电视大学学报，2017(4)：18-22．

[3]陈饶益．基于老年人心理行为分析的南京养老设施设计研究[D]．南京：南京工业大学，2015．

[4]高云鹏，胡军生，肖健．老年心理学[M]．北京：北京大学出版社，2013．

[5]姜德珍．老年人情绪、情感的变化与调适[J]．中华保健医学杂志，2002，4(1)：57-59．

[6]姜德珍．老年人个性的变化与调适[J]．中华保健医学杂志，2002，4(2)：120-122．

[7]侯玉波．人格与社会心理因素对老年人健康的影响[J]．北京大学学报(自然科学版)，2000，36(5)：719-724．

[8]李广智．老年期心理特征和心理保健[J]．老年医学与保健，2007，

13(3)：190-192.

[9]李宏翰，赵崇莲. 记忆老化理论：I——乐观论[J]. 心理科学，1997(6)：557-558.

[10]林崇德，杨治良，黄希庭. 心理学大辞典[M]. 上海：上海教育出版社，2003.

[11]刘爱书，庞爱莲. 发展心理学[M]. 北京：清华大学出版社，2013.

[12]刘碧英. 老年人心理特点与心理保健[J]. 中国临床心理学杂志，2005(3)：373-374，372.

[13]刘欢. 社会参与对城市退休老年人继续社会化的影响研究——基于湖南省Y市的实证研究[D]. 长沙：湖南师范大学，2011.

[14]闵洋璐，陶琳瑾，蒋京川. 老年人性格[J]. 中国老年学杂志，2015，35(20)：5966-5969.

[15]孙水英，曾慧，张群. 老年人认知功能的研究进展及对策[J]. 护理研究，2008，22(4)：285-287.

[16]温丽萍. 对赣州市老年大学健身操班学员心理状态的研究[D]. 南昌：江西师范大学，2014.

[17]薛荣，李敦东. 从因素论到认知论：现代智力理论发展述评[J]. 常州大学学报(社会科学版)，2013，14(6)：69-73.

[18]汪剑琴. 老年人心理特点与老年工作策略思考[J]. 管理观察，2009(7)：170-171.

[19]杨靖，郭秀艳，孙里宁. 前瞻记忆老化研究综述[J]. 心理科学，2006，29(4)：901-904.

[20]袁鸿江，陈慧美，孙敏. 老年大学对丰富老年人文化生活、提高老年人生活质量作用的研究[J]. 老年医学与保健，2000，6(1)：16-18.

[21]张树娟. 人口老龄化背景下有关延长法定退休年龄问题的研究[D]. 武汉：武汉科技大学，2010.

[22]张新凯，李春波，张明园. 社区老年人认知功能的动态变化[J]. 中国临床心理学杂志，2000，8(3)：129-132.

[23]张永. 老年教育心理学[M]. 上海：同济大学出版社，2014.

[24]张宗周，严梅福. 老年期情绪变化的特点[J]. 老年学杂志，1988 (2)：14-16，67.

第三章　老年人的知识技能学习

本章提要

老年教育是老年人获得知识和技能的过程。老年教育不仅可以提高老年人的生活质量，还可以帮助老年人实现自身的价值。本章简要介绍老年教育课程的内容和特点，以及老年人对知识、技能的学习和掌握过程，并探讨如何提高老年人知识技能的学习效果。

第一节　老年教育课程

老年大学的课程内容是构成老年教育教学过程的基本要素之一，它明确了老年教育教学活动中传递知识和技能的范围和性质。在老年教育教学实践中，课程内容既是联结教与学的载体，又是老年学员学习的客体，对老年大学开展教育教学，全面提高老年学员素质具有重要的意义。狭义的课程内容是指学校为实施教育教学而开设的课程及其知识体系。广义的课程内容是指根据国家规定的教学目的及要求，学生在学校中需要学习的知识、技能，以及蕴含在课程内容中的思想、情感、道德观念等，还包括教学计划中的社会实践等环节。

一、老年教育课程的特点

受到社会发展对老年学员培养的客观要求、老年人身心发展特征、老年教育教师群体的实际水平，以及我国老年教育办学的物质、技术条件等因素的影响，老年教育的课程内容呈现以下特点。

(一)科学性和创造性

老年大学的课程设置应考虑课程内容的科学性和创造性。老年教育课程的科学性主要体现在以下几方面：一是课程能够满足社会的需要，如政治需要、精神文明建设需要、和谐社会建设需要、构建终身教育的需要等；二是能够满足老年群体的需要，主要表现为老年人对知识的需要、提高生活质量和生命质量的需要等；三是能够适应时代发展的要求，密切联系现代科学技术的发展，帮助老年人了解、学习并简单使用可以使生活便利的高新科技产品。

(二)多样性和趣味性

老年群体的年龄跨度、能力差别较大，因而老年学员的学习需求存在差异。老年大学的课程涉及的领域较多，包括生活、医疗保健、心理健康、艺术文化等。老年人参加教育活动的目的与年轻人不同，且老年人有着独特的心理特征，在老年教育教学活动中，要注重课程内容的趣味性，如兴趣活动、观摩学习、动手操作等，使老年学员在学习的过程中能够发展自己的兴趣和特长，提高他们的学习效率和各种能力。

(三)层次性和递进性

在老年大学中,老年学员在多方面表现出差异,如年龄差异、文化水平差异、能力差异、人生追求差异等。因此,老年人本身的差异决定了老年教育课程需具有层次性和递进性。即使是同一门课程,也可设置不同的层次,采用不同的教学方法,如音乐、书法、绘画等课程,可分别设立初级班、中级班、高级班及研修班,并灵活采用课堂教学、课外实践等多种教学方式。

(四)整体性

现代教育的显著特征之一,是重视社会发展和人的全面、和谐发展。老年教育的内容也同样需要重视这两方面的联系和统一,特别要重视老年人在身体、情感、性格、意志、品质、思想、行为以及美和艺术等方面的发展。

二、老年教育课程的内容

老年教育课程的内容,应包括以下几方面。

(一)老年期适应性教育

个体在中年后期,开始向老年期过渡,这时仍坚守在工作岗位的中年人往往不易察觉这种潜在的变化,到更年期前后或即将退休时,才开始感到环境和生理变化所带来的心理负荷,如面临角色转换的适应、面临身体机能衰退速度加快而无所适从等。因此,要适时地进行老年期的适应性教育。教育内容应包括我国老龄问题及其对策教育、老年思想修养及老年角色行为规范教育、老年期的身心发展特点及保健教育,以及老年人婚姻、家庭、劳动、学习、生活方式及继续社会化教育。

(二)老年期文化生活教育

老年教育是终身教育体系最后阶段的继续教育,老年人要适应不断加速变化的现代社会生活，并继续在社会主义精神和物质文明建设中发挥作用，就必须更新观念和知识。使老年人健康、科学、幸福、文明地生活是老年期文化生活教育的目的之一。老年期文化生活教育内容包括：①生理、心理、医药、保健、体育、文娱、劳动等生活知识、技能；②有关伦理道德、法律、家庭教育等社会常识；③语言、文学、历史、地理、书画、戏剧、音乐、计算机技术等一般文化科学知识。

(三)老年期继续社会化教育

老年人是社会服务的对象，同时也是服务社会的力量，特别是低龄老年人，可以在很多领域继续施展才华，发挥老年人特有的优势。这就要求老年人学习新知识、新信息、新科技、新理论，继续关心时政，了解党和国家面临的社会与政治问题，正确行使权利与履行义务。老年期继续社会化教育的内容应包括：①国际形势和国际问题，国内形势和国内政治、经济、社会问题；②哲学、社会或科学技术方面的新动态、新发展、新成果；③再就业、社会服务工作的培训，如社区服务、市场监督管理、自然资源与环境保护等知识的培训；④有能力的老年人还可以在调查研究、廉政建设、咨询管理、教育培训、史志编撰、国际文化交流等方面发挥作用，这些都需要接受继续教育。

第二节　老年学员知识的掌握

知识是人们在社会实践活动中所获得的认识与经验的总和。知识一般以经验或理论的形式存在于人们的头脑中，也通过物化形式储存在书本中或发明发现中。老年学员对知识的掌握，与其他各年龄段学习者对知识的掌握实质一样，就是把前人的认识或成果变成自己的认识，在头脑中建立起相应的知识结构，从而辨认相应的事物，解决相关问题。老年学员掌握知识的过程，与其他年龄段学习者掌握知识的过程基本一致。

老年学员的学习过程可以分为几个阶段，即感知—理解—巩固—应用。每一阶段都与老年学员的心理活动有关，并受到其感知特点、思维特点、记忆特点和实践能力特点的影响。

一、老年学员感知觉与观察特点

老年大学的教学活动，主要是在感性认识的基础上，通过感知觉进行。教师在教学中运用直观教材、多媒体教学手段等，使老年学员通过对具体事物的感知获得感性认识，为进一步掌握知识奠定基础。

观察是在感知的基础上形成的，为感知的特殊形式，是有预定目的、有计划、主动的知觉。老年学员的学习，如果没有精确、系统的观察，则不能收集大量有价值的学习材料，并从中发现新的规律，获得新的体验。知觉与感觉密切相关，虽然老年人的感觉、知觉衰退，但由于知觉有过去知识、经验的参与，故老年人知觉的衰退一般来说比感觉衰退要晚，衰退程度要轻。

观察是知觉的高级形态。与青年学习者相比，老年学员观察事物较慢，范围也有所缩小。但老年学员的人生经验较丰富，在观察事物或问题的时候比青年学习者更深刻、全面、仔细。由于生理机能的老化，老年学员的反应相对迟钝，因此他们在做出决定并用来指导操作活动的过程会花费更多的时间。有研究对老年人和青年人进行反应时实验，要求被试见到灯光就按相应的按键，以测量他们的反应时。结果发现，当要求见到红灯亮就按键时，老年人与青年人的反应速度相差不大；当要求被试看到红、绿、黄三种颜色的灯光，按规定按相应颜色键时，老年人的反应速度和正确率都比青年人差。这是因为老年人感知觉迟钝、反应速度缓慢，很难适应要求迅速做出决定或节奏很快的工作任务。因此，老年大学的课程设置和教学方式要充分考虑老年人的这些认知观察特点。

二、知识的理解

从广义上来说，凡是揭露事物本质的过程都叫理解，它是个体逐步认识事物的联系、本质、规律的思维活动。从狭义上来说，理解是指利用已有知识去认识新事物，或把某个具体的事物纳入相应的概念和法则中。一般所说的知识理解，指学习者运用已有经验知识，认识事物之间的种种联系，直至认识其本质、规律的一种逐步深入的思维活动。

(一)理解的不同水平

理解有不同水平，初级水平的理解又叫知觉水平理解。这是对客观事物进行"是什么"的揭示，关于文字、符号、词语的学习主要就是达到这种理解。如老年学员学习绘画时，关于某个绘画技法的知识，最初对其的认识难以完全达到揭露其本质、规律的程度。只能在对映象特征进行分析、综合的基础上，进行辨认、识别以及对其名称进行确定。其次是中级水平的理解。这是揭露客观事物"为什么"的问题，揭示客观事物的本质、联系。如某种绘画技法不但有方法，还有方向、着力点等，对这种技法的要素、运用法则以及达到的效果、表现的意境等达到理解，才能掌握同类事物的共同、关键特征。最高级水平的理解，是在揭示客观事物"为什么"的基础上，进一步实现类化、具体化、系统化，把有关事物归入已获得的概念中的过程。如对绘画技法的理解与绘画表现意境的关系联系起来，从而建立或调整认知结构。这是实现知识的迁移、应用及创造性解决问题的基础。

(二)理解通过思维实现

思维是人脑对客观事物的本质和规律的反映。间接反映和概括反映都是思维活动的主要特征。间接反映是以其他事物为媒介，借助已有的知识、经验，间接地理解和把握未感知过或无法感知的事物。如对光速的理解，可通过与飞机速度的比较进行间接理解。概括反映指的是反映一类事物共同本质特性和事物之间的规律性联系，如把苹果、橙子、香蕉概括起来称为水果。一切科学的概念、定义、定理，都是思维的结果，都是人对事物的概括反映。

(三)老年人思维特点与规律

人的思维活动是更高级、更复杂的心理理解过程。思维能力对人的工作和生活极其重要，老年人的思维能力变化是人们非常关心的问题。研究表明，老年人解决问题的能力呈现普遍下降趋势，但从世界范围内的决策领域看，各国政府和重要企业中，处于决策地位的群体主要是50～60岁甚至70岁以上的老年人，这说明老年人具有年轻人所不具备的智慧和经验。

1. 老年人形成概念需要更长时间

个体对事物本质属性的反映称为形成概念。形成概念是人们认识世界的重要方式，只有形成对周围事物的概念，人们才能把多种事物纳入各自的概念类别，并在这些事物不断变化的情况下对其进行辨识。

实验结果表明，形成概念所需时间和形成概念过程中出现的错误会随着年龄的增长而增加，年龄越大，需要的时间越长，出现的错误越多。后来有研究发现，记忆力衰退是年龄越大越难形成概念的一个重要原因。另有研究结果表明，人到老年时，思维的灵活性有所降低，导致形成概念需要更长时间。

2. 老年人解决抽象问题能力减退

老年人和青年人解决问题的差异存在于解决问题的三个阶段，即准备阶段、解决阶段、判断阶段。总体而言，老年人对问题的认识、对有关知识的提取和在记忆中的保持，以及判定解决办法是否适当等，都和年轻人有很大的不同。解决问题过程中，每一个推断都需要综合考虑所有已知信息，若不能把这些信息保持在记忆中，解决问题将变得困难。

值得注意的是，实验室研究使用的往往是一些较抽象的问题，这些问题与年轻人日常接触到的学习材料具有类似之处，提出的要求也与他们日常学习要求接近。老年人的生活条件与年轻人有很大不同，实验室中使用的问题与老年人日常接触的问题差别较大。因此，不能把解决这类问题效能上的年龄差异原因完全归结于生理上的衰退。

3. 老年人推理能力无明显衰退

推理是从事实中做出正确的推断或结论。许多关于推理的研究都使用逻辑三段论证法的词语性研究进行。有实验对 12～80 岁的被试进行三段推论推理测验，结果发现，测验的平均分从 12～35 岁急剧上升，在 35 岁以后则不断下降，到 70 岁时降到低于少年时期的水平。然而，有人指出，这个实验中老年人比年轻人的文化程度低，因此，难以确定老年人的成绩是否受到受教育程度因素的影响。

后人对此实验进行了改进，参加实验的被试在教育程度和词汇测验成绩上都经过平衡选择。实验结果表明，当记忆负荷较低或课题较为简单时，年轻人和老年人的实验结果没有差别，只是在课题对记忆要求很高或课题难度增加时，这种差异才较为明显。由此可知，老年人推理能力下降是由工作记忆容量缩小所致。

4. 老年人想象力无明显衰退

研究者用形象性材料对青年人和老年人进行测试，完成任务需要依靠想象力。实验结果发现，老年人想象某个形状改变方位的能力有所衰退。也有研究用处于不同角度的英文字母作为实验材料，对一组年轻人（平均年龄 21.6 岁）和一组老年人（平均年龄 55.9 岁）进行测试，却没有发现显著差别。研究者对此的解释为老年人熟悉字母，因此无论其被摆在何种角度均容易被识别。后来研究者又使用人们熟悉的家庭用具进行位置旋转实验，发现老年人与年轻人的想象能力仍然没有显著差异。

可见，老年人认知能力有所下降，但在下降后仍能保持一定水平。因此，老年时期思维能力衰退的程度，与他们的生活方式、生活习惯、生活态度有很大的关系。

退休后老年人离开工作多年的岗位，生活内容和节奏发生重大变化，这往往使老年人感到无所适从。若此时老年人采取消极的应对方式，对周围一切漠不关心，则会加快其思维和解决问题能力的衰退。若此时老年人能以积极的态度面对生活，则能以其知识经验继续为社会做贡献。目前退休老年人进入老年大学学习已成为一种潮流。老年人在老年大学中学习感兴趣的知识，结交新朋友，保持与社会的接触，能有效地减缓其生理和心理的衰老速度。

(四)知识的保持

只有在理解的基础上保持与应用知识，才能够真正掌握知识。保持是积累知识与应用知识的前提，同时为学习新知识做准备。知识的保持需要通过记忆来实现。

1. 老年人记忆总趋势

生活经验和实验研究结果都表明，老年人记忆变化的总趋势是随着年龄增长而趋于下降，但下降的速度并不快。有心理学家根据有关记忆衰退速度的大量实验对记忆与年龄的关系做了这样的概括：儿童的记忆随着年龄的增长而发展，到了成年期记忆达到最高峰。18～30岁，是人的记忆的"黄金时期"，记忆的效率最高。35岁以后，人的记忆逐步衰退。研究结果表明，这种衰退的趋势是：假定18～35岁的人，记忆的平均成绩为100%（最高），那么35～60岁的人，记忆的平均成绩则为95%，60～85岁的人为80%～85%。可见，即使是80岁以上的老年人，记忆衰退的情况并不显著。研究指出，人的记忆一般趋势是40岁以后有一个较为明显的衰退阶段，然后维持在一个相对稳定的水平，直至70岁以后又出现一个较为明显的衰退阶段。

2. 老年人记忆特点

(1)理解性记忆保持良好，机械记忆衰退。研究指出，老年人的记忆能力总体下降，但一般是推理记忆比语言意义和数字方面的记忆衰退得少，字词运用能力衰退不明显，需要依靠语言来理解的智慧活动衰退得少。

（2）再认能力衰退较少，回忆能力衰退明显。与其他年龄组相比，老年组的再认能力最差。但对老年人自身而言，老年人的再认能力虽有退化现象，而且随着任务难度不同也有所差异，但保持情况比回忆要好。

（3）短时记忆明显下降。短时记忆减退是老年人的常见问题，国外对于这个问题已有大量研究，中科院心理学家许淑莲等人从 20 世纪 80 年代起，对我国老年人短时记忆特点进行了一系列实验研究。结果表明，成年至老年短时记忆变化总趋势是：50 岁始有明显减退，50～60 岁组无明显差异，70 岁之后又出现更显著的减退，此结果与国外研究结果一致。

（4）记忆广度有所下降。有研究者采用数字记忆广度测验法，测验了 30 位 60 岁及以上的老年人。结果表明，老年人的记忆广度呈下降趋势：60～65 岁组的记忆广度最大，平均能记住 6.25 个数字，66～75 岁与 75 岁以上组老年人的记忆广度都比前者差。而年轻人在同一量表上的记忆广度为 8～9 个数字。可见，老年人的记忆广度有所下降。研究者还发现文化程度对记忆广度的作用，即文化程度较高的老年人，比文化程度较低的老年人记忆广度要大一些。

（五）老年人知识的应用

学习知识的目的在于应用，通过知识的应用，可以使理论与实际相联系。应用知识解决问题，既是检验知识的理解和保持程度的一种手段，也是加深理解、巩固知识、掌握技能、发展智力的重要手段。知识的应用范围很广，对于老年大学的学员，知识的应用也是掌握知识的一个必要环节。

1. 知识的应用

知识的应用指人们运用已获得的知识，去解决新问题的过程。学习者对知识的应用，实际就是学习者将所学的抽象知识具体化的过程。抽象知识的具体化过程与具体材料的概括过程几乎是相反的。概括是从个别到一般的思维过程，具体化是把一类具体事物中抽象概括出来的知识推广到同类其他具体对象的过程，是思维从一般到个别的过程。在知识的掌握过程中，知识的应用是非常重要的一个环节，老年大学教师应该特别注意指导老年学员对知识的应用。如在摄影课程中，教师应该侧重于向老年学员讲解如何通过对光圈和快门的设置来获得理想的摄影效果，而不是侧重讲解摄影的原理。

2. 老年人知识应用的基本形式

(1)语言。即运用已学过的知识去完成有关口头和书面的作业，也就是用言语去回答提出的问题或解答习题。这是教学上经常采用的形式，如在老年大学里，老年学员运用学过的文学知识进行文学创作，写小说、诗歌、散文等；运用学过的历史知识分析历史人物、撰写历史论文等，这些都是以语言的方式实现知识的运用形式。

(2)实践。即把课堂上获得的知识应用到各种实习作业和实际操作中去，如老年学员在电脑课上，独立操作电脑进行上网、制作图片等；学习太极拳后进行独立练习，或在公园健身时打太极拳；学了舞蹈后与其他老年学员共同编排舞蹈节目等。这种知识应用形式的特点要求所学知识与实际行动相结合，灵活应用已有的知识。

3. 老年人知识应用的一般过程

对知识的应用过程包括审题、联想与课题的类化三个彼此关联又具有相对独立意义的基本环节。

(1)审题。即了解题意，明确课题的任务与要求。审题是应用所学知识，使教材得以具体化的首要环节，是通过想象、思维在头脑中进行的一系列智慧活动。审题首先要读懂题意，这要求学习者对课题的文字符号加以识别，并进一步辨认文字符号所代表的意义，继而将课题内容与原有认知结构中的有关知识相联系，根据需要来提取课题中有意义的和关键的材料，形成对课题的完整映象，将此映象保持在头脑中，直到解题任务完成为止。审题的速度依赖于学习者的阅读水平、对知识理解与巩固的程度，以及对问题分析综合的能力。

要使老年学员克服审题的困难，教师需要经常提醒老年学员养成良好的智力活动习惯。同时，要让老年学员掌握审题的一般程序，注意课题中的隐蔽因素。提醒老年学员不仅要了解课题，还要记住课题。在课题和教材的选择上，要注意与老年学员的生活经验相接近，叙述要简明。

（2）联想。联想一般指由一种心理过程引起另一种与此相关联的心理过程的现象，它是在课题的条件和要求的作用下，有关知识在头脑中的重现。知识的重现可能是直接的，也可能是间接的。直接重现是由课题的条件和要求直接引起的；间接重现是利用中介性的联系引起的，是有步骤地进行的智力活动。人们常常是先想出与所要重现的内容有联系的知识，然后再以它作为中介逐步接近所要重现的知识。从重现的过程可知，它不是知识的简单重现，而是要对很多有联系的知识进行"筛选"，才能在其中找到所需要的知识。

老年学员在进行联想时，往往容易出现联想困难和错误，主要原因为：第一，老年学员当时的生理状态。如由于休息不好、睡眠不足或长时间从事紧张的智力活动，老年人的大脑皮层神经细胞能量消耗过多，转入保护性抑制状态。第二，老年学员当时的心理状态。如缺乏信心、过度紧张、注意力涣散等都可能阻碍知识的联想。

（3）课题的类化。课题的类化也被称为课题的归类，即把当前课题纳入同类事物的知识系统中，以便理解当前课题的性质，从已有知识中找到解决这个课题的途径或方法。

课题的类化是抽象知识具体化的最终环节。它是在审题与联想的基础上，通过对获得的概念、原理、法则等抽象知识的再生与改组，对课题进行一系列分析、综合，揭示当前课题与过去例题的共同本质。在课题类化的基础上，即可做出解题判断，并根据规则制订出解题步骤并付诸实践，能对课题顺利地进行口头或书面回答。课题的类化因课题的难度和解题技能水平的不同而有所区别。

4. 影响老年学员知识应用的因素

总体而言，影响老年学员知识应用的因素可分为客观因素与主观因素。客观因素指课题的性质，主观因素指老年学员对知识理解与保持的水平、认知策略与解决问题的能力。

影响知识应用效果的具体因素有以下方面。

(1)课题性质。以抽象形式提出的课题更容易应用,如数学题形式虽然抽象,但与原有抽象知识有较大相似性,因而学习者容易把课题类化到原有知识中。而具体的课题则需要经过分析、综合,排除无关成分的干扰后才能实现课题类化,因此较困难。一般的规律是,解答简单的课题比复杂、多步骤的课题容易;解答单一的课题比综合的课题容易;解答文字题比实际操作题容易。

在老年大学教育教学实践中,教师根据老年学员的特点和对知识的掌握程度,采用通俗易懂且具有代表性的案例进行教学,有助于老年学员把新知识类化到原有知识经验中。

(2)知识的理解与保持水平。知识的应用取决于对新知识理解和保持的水平,对知识理解得深刻全面且准确,应用起来就会得心应手。所谓深刻、全面的理解,就是掌握事物的本质特点和联系,可以从不同角度去理解它,达到融会贯通,从而便于适时提取、灵活应用。知识的理解与保持水平越高,越能被有效地应用。如果不理解知识的概念内涵,那么在应用知识解决问题时就会产生错误。此外,理解了的知识如果缺少复习,不能准确记忆、迅速回忆,应用知识也会发生困难。如果知识的理解与保持水平不足,在应用阶段会发生障碍,甚至无法应用。老年大学学员顺利地应用知识解决问题的关键就在于他们高水平地理解知识与保持记忆。

(3)提取信息的策略。顺利地从记忆储存中迅速又准确地提取所需的知识,是影响知识应用的一个重要因素。有时不能回忆有关知识,并不是由于记忆储存中缺少这些知识,而是因为不善于提取。有些老年学员缺少从认知结构的系统中按层次、分类去提取信息的策略,致使智力活动缺乏顺序性,不能一步步地思考问题,在回忆有关知识时,思路较混乱,常常遗漏重要信息。此外,有些老年学员在直接回忆某些知识遇到困难的时候,缺少追忆策略,不善于使用推论的方法去追忆有关知识,也会影响知识的应用。

(4)解决问题的策略。应用知识不仅依赖于使用已学习的知识,更依赖于控制思维过程的技能,即认知策略。例如,寻找问题特征的方法,权衡各种假设可能性的方法等。因此,老年大学教师在训练学员寻找解决问题的最佳认知策略时,可培养他们的发散思维,冲破心理定势,培养他们从不同角度看问题的能力,训练他们阐明问题的本质,注意思考问题有关条件。此外,在解决问题时,应对行动的顺序进行分类,反对胡乱选择行动顺序。可以把大目标分解成小目标以减少问题难度,转换问题形式,如把文字表述转换成图形、图表形式等都是问题解决的策略。学习者能够掌握问题解决的策略,无疑会促进他们对知识的应用。在教学中,探索不同学科解决不同问题的特殊策略,并对学习者进行认知策略训练,有助于提高学习者对知识应用的效率,促进他们学习能力的再发展。

(5)智慧活动水平。实践证明,不同个体学习的智力活动水平存在差异,这主要表现在分析、综合、概括、推理等技能的熟练程度,以及思维、想象的差异,特别是表现在思维活动的独立性、创造性水平上。具有独立分析能力,才能从复杂的情境中提取出课题的条件,概括课题特点,掌握学习关键,从而顺利完成课题的类化,实现知识具体化。

高级水平智力活动的特点表现为,有明确目的性,能根据课题的特点应用有关知识,有目的、有计划、按步骤解决问题。如果思维活动水平较高,则解决问题时逻辑严密,并能随机应变,根据课题的具体特点采用具体的解决办法,不受旧经验的束缚。

第三节　老年学员技能的获得

技能是个体通过练习而巩固了的一种动作方式或智力活动方式。技能的形成是以知识的领会为基础,由不会到会,由初步学会到熟练掌握的过程。

在老年大学的学习活动中，掌握智力技能和动作技能，是老年学员进行学习活动不可缺少的条件，也是课堂教学的重要目的之一。老年学员掌握了技能，就能熟练地按合理的方式完成各种认知活动或文艺、体育活动。

技能分为动作技能和智力技能。动作技能也称为操作技能，主要是肌肉运动和运动分析器的活动，如老年学员的书写、弹琴、舞蹈等。智力技能也称为心智技能，指完成智力活动的技能。智力技能是借助内部言语在头脑中默默完成的活动。比如，老年学员的阅读、写作、语言学习等都属于智力技能。

一、老年学员的动作技能

(一)动作技能的定义

动作技能也叫操作技能或运动技能，是一种习得的能力，表现为迅速、精确、流畅和娴熟的身体运动。动作技能总是包含精细的肌肉运动，日常生活中写字、绘画、打字，音乐方面的吹、拉、弹、唱，体育方面的球类、游泳、射击等活动方式，都属于动作技能的范畴。

(二)动作技能的分类

1. 连续的和不连续的动作技能

连续的动作技能需要对外部情境进行不断的调节，而且完成的动作序列较长，如骑自行车、开汽车、舞蹈、打字等活动。不连续的动作技能只包括较短的序列，其精确性可以通过计数反映，如射击、投篮等。

2. 封闭的和开放的动作技能

根据动作技能进行过程中外部条件是否变化，连续与不连续的动作技能又可以分为封闭与开放两种。如开汽车是连续开放的动作技能，因为在汽车行进过程中外部条件不断变化，司机需要根据外部条件的变化调整操作。而撑竿跳高则属于连续的封闭技能，因为运动员每次动作，外部环境都保持不变。射击是不连续的封闭动作技能，刹车是不连续的开放动作技能。

3. 细微型和粗放型动作技能

细微型动作技能依靠小肌肉群的运动实现，一般不需要剧烈的运动，而是依靠在比较窄的空间范围内进行手、脚、眼的巧妙协调动作，如绘画、弹琴。粗放型的动作技能依靠大肌肉群的运动来实现，执行动作时伴有强有力的大肌肉收缩和全身运动神经—肌肉协调动作，如各种艺术舞蹈、太极拳等。老年学员在学校中学习的动作技能多为细微型动作技能。

4. 徒手型和器械型动作技能

凡是依靠操作自身的机体来实现的动作技能，都属于徒手型动作技能，如跑步、舞蹈等。需要依靠操作一定的器械来实现的动作技能叫器械型动作技能，如打字、跳绳、舞剑等。

(三)老年学员动作技能的形成过程

动作技能是通过有目的、有计划的练习形成的，一般经历三个相互联系的阶段，即动作定向、完整动作、动作熟练阶段。

1. 动作定向阶段

本阶段的基本任务是对动作系统有初步认识，在头脑中形成动作表象，并以此来调节活动，掌握各分解动作。它是动作技能形成的首要环节。

动作定向在动作技能的形成中起着重要的作用。动作定向的重要性在于能够把通过学习(包括模仿)获得的动作要领形象化并保存在头脑中，这样使老年学员能够掌握有关的动作。老年学员在学习书法、绘画、弹琴等技能前，如果能进行正确的动作定向训练，形成明晰的动作表象，就能迅速而有效地完成所需要完成的动作。

动作定向阶段是认知和掌握局部动作的阶段，在这个阶段中，视觉和动觉不协调，需要高度集中注意力，容易产生疲劳；动作之间连续性差，易出现差错。因此，教师在教学活动中，需要根据老年学员的年龄特点，给老年学员以简明扼要的指导语，并为老年学员做示范动作。先示范整体动作，再示范分解动作，并对相似动作进行区分。同时，对动作方式进行讲解，通过这种方式老年学员可以更好地认识活动的结构，充分掌握完成各动作的方法和原理。

2. 完整动作阶段

这是学习动作技能由掌握动作定向阶段向动作熟练阶段发展的过渡阶段。在这个阶段中，动作信息的反馈对于动作的联系和调节，具有积极的促进作用。把个别动作联合成一个完整的动作系统的过程，就是通过练习使视、听分析器和运动分析器之间，以及运动分析器中的动觉细胞和运动细胞建立起暂时联系的过程。在这一阶段，老年学员活动表现为动作迟缓，动作的正确性、稳定性和灵活性都较差；在活动结构上，表现为动作之间不够协调，常有互相干扰及顾此失彼；在对动作控制能力方面，许多动作经常要在教师监督下才能完成，不能分配注意力；在对动作的自我感觉方面，则感到紧张和疲劳。随着个别动作向完整动作的转化，动作的姿势逐步端正，减少了肌肉紧张和多余动作，开始能保持动作之间的连续性和有效性。

3. 动作熟练阶段

动作熟练阶段的各动作能够相互协调，按一定程序自动进行连锁反应。这是通过多次练习实现的，它标志动作技能的掌握到了高级阶段。由于熟练，人对活动方式的意识控制水平降低，动作表现为敏捷、正确、稳定和灵活，动作之间协调一致，多余动作消失，动作系列高度简化压缩，个别动作已联结为一个完整的体系，动作间形成稳固的顺序性，监督的作用降低，动觉的控制增强，注意分配能力增强；此外，紧张感和疲劳程度也相对降低。在这个阶段，动觉控制的训练占据重要地位。如绘画大师能随心所欲挥笔作画、钢琴家双手能够协调地进行演奏、舞蹈家自由自在地起舞，这都是动作高度熟练的表现。

（四）老年学员动作技能形成的条件

1. 学习动机

学习动机是老年学员积极学习动作技能的内在原因。如果老年学员对学习某种动作技能产生兴趣，形成了强烈的学习动机，那么自然就会更多地接触它，力求尽快掌握它。

学习动作技能的动机是在学习动作技能的需要的基础上形成的。加强老年学员基本技能的训练，首先要使老年学员懂得掌握这种基本技能的重要性及其在生活中的实用性。

2. 正确的示范和模仿

在基本技能的训练中，教师的正确示范和学生的积极模仿是形成动作技能的前提。教师明确的言语解释、正确的动作示范，或通过电影、电视为学生的动作提供范例，在动作技能形成中具有导向的功能，可以引导学生形成规范的动作。示范动作或范例应该少而精，富有启发性。老年学员不像少年儿童那样善于模仿，教师需用简明扼要的指导语引导老年学员模仿有意义的动作，若老年学员在学习动作技能中能够正确判断动作的优劣，并加以说明，则能取得良好的模仿效果。

3. 动作概念的掌握

操作技能的形成要经历三个阶段，即动作概念—动作表象—具体动作。正确地掌握动作概念是动作技能形成的关键。动作概念的形成表现为能够说出自己如何进行动作。老年学员掌握动作概念的时间，对动作技能形成的速度有较大影响。当动作概念转化为动作表象时，才能在头脑中想象出操作步骤。动作表象越鲜明、完整、稳定，越有利于向具体动作过渡。具体动作指个体能根据动作表象进行实际操作的动作。具体动作的出现是动作技能形成的标志。若初学楷书的老年学员，只看明白了教师下笔、运笔的动作并记住了楷书书写规则，但自己不进行实际操作，则无法掌握楷书技能。

(五)动作技能的练习

老年学员动作技能的形成,除需要一定的心理前提(练习积极性、自觉性、良好的情绪与意志等)以外,教师在教学过程中,还要给学员提供练习的有效条件。练习是动作技能形成的基本条件,练习的效果不仅取决于练习次数,还取决于合理的组织和安排。为了提高练习效果,应力求做到以下几点。

1. 明确练习目的和要求

教师在教学过程中,要强调练习目的,这样才能提高老年学员的练习积极性和主动性。积极主动练习,能促使老年学员提高练习效果,在遇到困难时,能排除干扰、克服困难。此外,教师在组织练习之前,应提出明确而具体的要求,使老年学员明白练习顺序与如何避免错误等,尽可能把要求转化为老年学员的内心需要,这样才能提高老年学员参加练习的自觉性,提高练习效率。

2. 掌握正确的练习方法

方法是达到目的的手段,掌握正确的练习方法,可以减少无效练习,提高练习效果。在练习之前,教师应通过讲解,使老年学员理解正确的练习方法;同时,教师通过动作示范,使老年学员获得正确的练习方法和实际动作的清晰表象。

3. 合理分配练习频率和时间

技能的形成和保持,需要足够的练习次数与时间;当练习达到一定的程度,技能才能得到巩固。需要说明的是,若练习次数太多,练习时间过长,则会起到反作用。练习频率和练习时间应科学而适当地进行分配,一般来说,分散练习比集中练习效果更好。分散练习在练习频率和时间的分配上,不应该是机械的、平均的,要视情况而异。最有效的分配是:在练习初期,次数可多一些,每次练习时间不宜过长,各次练习之间的时间距离可缩短。随着技能的掌握,可适当延长各次练习之间的时距。至于每次练习之间的时间距离，则要依据练习的性质、内容，及老年学员的年龄与技能的掌握情况而定。

4. 有步骤、有计划地进行练习

老年学员不可能凭一次练习就掌握一项技能，因此，要有计划分步骤地进行练习。练习要循序渐进，先简后繁。教师要及时帮助老年学员解决困难，以求稳步提高。还要控制练习的速度，注意练习的针对性。在开始练习阶段，要适当放慢速度，等动作方式巩固后，可适当加快练习速度。

二、老年学员的智力技能

(一)智力技能的定义

智力技能是借助内部言语在头脑中实现的认知活动方式，没有明显的外部动作。如老年学员掌握了写作技能，就能根据不同性质的命题，自如地按照写作程序构思，并写出记叙文、议论文等文章。

(二)智力技能的分类

智力技能可分为一般智力技能和特殊智力技能两大类。

一般智力技能指认识活动的技能，包括观察技能、思维技能、记忆技能、想象技能。特殊智力技能指在专门领域中形成并发展的智力技能，如阅读技能、计算技能、写作技能等。一般智力技能只能通过特殊智力技能得到表现，而特殊智力技能必须建立在一般智力技能的基础上。任何一种一般智力技能的运用，都需要有具体的内容，如思维、分析、综合是思维的基本技能，分析的对象、综合的材料都涉及一定的专业知识，使思维技能在一定的专业活动中表现出来。任何一种特殊的智力技能都不能离开一般的智力技能，如写作离不开观察、思维、想象技能，并受一般智力技能的制约。

(三)老年学员智力技能形成的过程

1. 定向阶段

定向阶段也称为智力活动的认知阶段，这是了解、熟悉活动，从而在头脑建立起对活动的定向映象的阶段。如学生听教师讲解或演示来获得一般表象和初步理解，即熟悉整个活动结构，了解活动实际意义，明白活动方式的阶段。

在活动定向阶段中，要使学习者了解认知活动的任务和意义、熟悉活动程序和方法，形成活动的表象，为具体智力活动做好准备。因此，这一阶段教师在对老年学员进行活动示范或讲解时，要把智力活动的操作程序，以物质或物质化的形式展开，并注意变换智力活动的对象，使智力活动得以概括。学习者只有从智力活动概括的表象中，才能清楚智力活动的真正内容。学习者在头脑中形成认知活动定向的表象越符合实际，越有助于智力技能的形成。

2. 操作阶段

在操作阶段中，学习者的操作不仅能依据原有的定向映象做出相应的动作，而且可以使做出的动作在头脑中得以反映，从而在感性上获得完备的动觉映象。这种完备的感性动觉映象是智力技能开始形成及内化的基础。

在该阶段的教学过程中，要求教师把智力活动的所有动作以展开的方式呈现。在每个动作完成之后，教师应及时检查，考察老年学员的动作能否正确完成。因为只有在展开的活动中，主体才能确切了解活动的结构，在头脑汇总建立起完备的动作映象。如在诗歌创作的课堂上，教师要求老年学员对诗歌进行鉴赏，教师先演示解析鉴赏的方法，然后老年学员在教师的指导下做半独立的练习，之后再自己进行练习。另一方面，要注意智力技能的掌握程度，并适时向内化阶段转化。当老年学员可以多次正确而顺利地完成有关动作程序时，应及时转化成内化阶段，以免活动方式总停留在展开水平，阻碍智力活动的进行。

3. 内化阶段

内化阶段是智力活动的完成阶段，其特点是智力活动过程逐渐简化，实现自动化。内化即智力活动的实践模式向头脑内部转化，就是智力活动离开原型的物质客体以及外显形式而转向头脑内部，借助言语来作用于观念性对象，从而对事物的主观表征进行加工改造，并使其发生变化的过程。

在教学过程中，动作的执行应从外部言语开始，而后逐渐转向内部言语，在采用外部言语的场合，还应当注意从出声的外部言语转向不出声的外部言语，顺序不可颠倒。如在诗歌鉴赏技能的形成过程中，教师首先要让老年学员用口头言语的形式进行练习，边朗读诗歌边思考。教师先为老年学员进行朗读及解析示范，再让老年学员以小组形式做练习。此时言语表述与上一阶段活动内容相一致，但言语要求规范化、完整化。然后，再让老年学员以不出声的言语进行鉴赏解析，慢慢由出声转入不出声。最后达到解析活动的自动化，即在诗歌鉴赏活动中可以迅速写下自己的感想。

(四)老年学员智力技能的形成条件

1. 提高观察能力，正确识别课题模式

课题模式是由若干元素组成的一种结构，对各种课题模式的识别是一个把输入刺激(课题模式)的信息与长时记忆中的有关信息进行匹配，并辨认出该刺激属于什么范畴的过程。在学习过程中，教师要训练老年学员的观察能力，当观察细微时，才能识别课题模式。若对物体、图像、语音或文字符号的识别不清，则不能形成完整、鲜明的表象，若表象不清晰，则难以正确地识别课题的性质，影响问题的正确解答。

2. 把握系统概念结构，进行创造性思维

每一门学科都是概念的科学组合，是由概念和概念之间的联系构成的。概念是在抽象、概括和辨别的基础上形成的信息载体。只有掌握了概念，才能进行推断推理，并做出决定。学习者创造性思维越多，越有助于智力技能的形成。

3. 利用正确的思维定势，排除各种偏见

正确的思维定势是一种积极思维活动的准备状态，有助于借助良好的认知框架和有益的经验辨析新课题，对老年学员已形成的智力技能起促进作用。各种偏见则不利于形成智力技能。首因效应、晕轮效应、刻板印象等必须加以排除，以免干扰解题的思路。老年学员只有善于充分利用正确的思维定势并积极排除各种偏见的干扰，才能提高分析概括能力和思维的灵活性，把握智力技能之间的共同因素，使已有的知识经验达到高度的概括水平，明察事物之间的相互关系，增强智力技能的系统性和整体性。

4. 应用多种学习方法，促进记忆储存

老年学员越能综合地运用多种学习方法进行学习，就越能深刻理解题意，灵活运用有关的定义和原理，主动设想多种方法，并对自己的解答做出符合实际的评价，产生积极的反馈作用，促进记忆储存。

(五)老年学员智力技能的培养

智力技能主要在教育教学活动中形成。教师在教学中对老年学员智力技能形成的培养，应充分考虑智力技能形成的各个阶段的特点，采取多种教学措施有意识地进行。

1. 识别课题类型

心理学研究和教学实践表明：妨碍学习者识别课题类型的关键因素在于不能清晰分析课题本质关系。只有抓住了问题的本质和关系，问题才能迎刃而解。因此，教师应首先提高老年学员识别课题本质关系的技巧。老年学员若能识别课题属于哪一类型，就能运用相应的认知技能进行解答。课题的性质不同，解题的认知技能也不同。

2. 创设良好情境

在智力技能形成过程中，活动的定向是重要的，它对智力技能的形成具有决定性影响。在活动定向阶段，主要了解和熟悉智力活动。教师要让老年学员在头脑中形成关于认识活动和活动结果的表象，以完成对活动的定向。

因此，要为老年学员提供和建立完备的定向基础。完备的定向基础包括三个条件：第一，正确完整地了解智力活动的全过程。如写作，要使老年学员了解写文章的全过程，即审题—选材—组织文章结构—遣词造句等。第二，对智力活动方式有概括的了解。如作诗，要使老年学员了解这一智力活动的概括程序，即古诗词的格律、押韵等。第三，定向基础应该由老年学员独立提出，而不是由教师提出现成的活动方式。

教师在教学过程中，不仅要给老年学员提供良好的实践模式，还要在帮助老年学员理解知识和解决问题时，对其进行思维方式的训练和指导。如在解决问题时，让老年学员阐述自己的思路：概括题意的方法、分析条件和目标的关系、找到解题关键等。还可以让具有不同思路的老年学员发表自己的见解，然后一同找到最佳思路。这样有利于培养老年学员独立定向的能力。

3. 摆脱旧经验的影响

由已有经验产生对当前课题的了解会对把握课题本质起到一定的促进作用，这是正迁移的效果。由于经验具有定势作用，特别是对老年人来说，过去的经验常常会妨碍他们揭示课题本质或关系，因此，教师要注重帮助老年学员摆脱旧经验的消极定势影响。

4. 提供分步练习的调节

智力技能的形成要经过练习。练习要经历物质和物质化活动阶段—外部言语阶段—内部言语阶段这一序列过程。在教学中，教师应给老年学员提供这种展开形式的分步练习条件，使他们在练习中能按模式将智力活动的程序展现出来，并从展开的形式逐渐概括化，从外部向内部，成为熟练、自动化的活动，从而促进智力技能形成。

5. 从部分到整体的指导练习

智力技能要熟练和达到灵活掌握水平，需要经常进行问题解决的练习。让学员学习从部分到整体的解题方法，如写作技能可分为审题、立意、布局等步骤进行。智力技能水平的提高，需经过培养和训练。老年大学的教师依然有进一步培养和训练老年学员智力技能，以及提高其智力技能水平的责任和义务。

本章主要参考文献：

[1]陈琦. 教育心理学[M]. 北京：高等教育出版社，2001.

[2]黄燕东. 老年教育与老年福利[M]. 杭州：浙江工商大学出版社，2016.

[3]莫雷，何先友，冷英. 教育心理学教学参考资料选辑[Z]. 广州：广东高等教育出版社，2004.

[4]莫雷，何先友，冷英. 教育心理学[M]. 广州：广东高等教育出版社，2002.

[5]皮连生. 教育心理学(第4版)[M]. 上海：上海教育出版社，2011.

[6]岳瑛. 外国老年教育发展现状及趋势[J]. 外国教育研究，2003(10)，61-64.

[7]岳瑛. 教育学视域中的老年教育[M]. 武汉：湖北科学技术出版社，2012.

第四章　问题解决与创新性学习

本章提要

　　问题解决与创造力是学习的两个高级层次，它们在学习者掌握运用知识、发展智力方面起着独特的作用，培养学习者的问题解决能力和创造力是现代素质教育的长期目标。本章先概述问题解决的本质、心理过程和影响因素，然后结合学科任务探讨老年学员问题解决能力的培养，以及与老年学员问题解决能力有关的研究性学习和创新性学习的相关研究。

第一节　问题解决的研究概述

　　问题即疑难、疑惑或难题，就是个体所遇到不能用已有知识经验直接加以处理的疑难情境。一般而言，问题包含三个基本成分：第一，给定，即关于问题的起始状态的描述；第二，目标，即问题所要求的答案或者目标状态；第三，障碍，即在问题的起始状态和目标状态之间存在的障碍，如果要消除这种障碍，就必须通过一定的思维过程。

问题解决是由一定疑难情境引起的，需要用一系列的认知操作对这一情境予以顺利排除的过程。其含义为该问题情境对个体而言具有新颖性；已知条件与目标之间存在一定的距离，不能直接达到；必须激起个体积极的心理状态，即凭借思考活动而非单靠回忆才能实现目标。由此可知，问题解决过程所包含的问题，是需要经过思考活动才能解决的复杂、疑难的问题。

一、问题与问题解决的本质

对于问题和问题解决的本质，不同学派的心理学家有不同的界定，不同的心理学理论有不同的观点。

(一)行为主义理论

在行为主义心理学家看来，问题解决的实质就是机体对新的刺激情境做出适当反应的过程。最典型的研究是桑代克(E. L. Thorndike)的迷笼实验。桑代克把饥饿的猫放在专门设计的迷笼中，将食物放在笼外猫能够看得见却够不着的地方。结果发现，迷笼中的猫通过尝试错误，逐渐学会了抓住连接门闩的金属绳打开笼门，逃出迷笼，即学会了对新的刺激情境做出适当反应，也就是解决了问题。因此，问题解决的本质是有机体通过尝试错误选择最佳途径，最终获得解决问题的答案或有效方法的过程。

(二)格式塔心理学理论

格式塔心理学家为了便于与行为主义进行争论，也用动物作被试研究问题解决。其代表性研究是德国心理学家苛勒(W. Köhler)所做的黑猩猩实验。他将黑猩猩关在笼子里，笼外放有香蕉，在笼子与香蕉之间放上两根木棒。面对放在远处的香蕉，黑猩猩用两根棒中的任何一根都够不着香蕉，这也成了它的问题。最初黑猩猩用小木棒和大木棒来回试着拨香蕉，但怎么也够不着；它只得抓着两根木棒飞舞，突然之间它把两根木棒接在一起，并够着了远处的香蕉。

由此苛勒认为，黑猩猩解决香蕉问题不是因为尝试错误，而是因为它突然对问题情境中手段（木棒）和目的（香蕉）之间的关系有了理解，即顿悟。因此，格式塔心理学认为，问题解决的本质是有机体对问题情境中各种关系的顿悟。

（三）信息加工理论

信息加工心理学家安德森（J. R. Anderson）认为，问题解决活动具有三个基本特征：目的指向性、子目标的分解和算子的选择。据此，他把问题定义为："给定信息和目标之间有某些障碍需要被克服的刺激情境。"这种情境由起始状态、目标状态和中间状态三个基本成分组成。根据这三个成分的不同，可以把问题空间分为四种类型。

（1）问题空间的起始状态和目标状态明确，而且达到目标的途径是相同的。如有一组数字，要求它们的和。此处问题空间的起始状态是给定的一组数字，目标状态是求它们的和，算子是加法。

（2）问题空间的起始状态和目标状态明确，但有效率不同的达到目标的途径。如某位有阅读能力的儿童想知道一个故事，其起始状态是现有的书，目标状态是知道书中的故事，达到目标的有效途径是自己看书，较为无效的途径是听他人讲述书中的故事。

（3）问题空间的起始状态和目标状态明确，但不知如何达到目标。如学习者在证明几何题时遇到的问题多半是此类问题。

（4）问题空间只有起始状态明确，目标状态和达到目标的途径都不明确。如解决能源危机问题，我们只知道能源有限，但是解决能源问题要达到的目标和用于达到这些目标的方法是不明确的。

二、问题解决心理过程的模型

关于问题解决的心理过程，不同时期的研究者依据个人研究的方法和掌握的资料不同，提出了不同的观点和阶段模式。

(一)杜威的问题解决模型

1910年，美国哲学家杜威(J. Dewey)提出了第一个问题解决的过程模式。他在《我们怎样思维》一书中提出，问题解决一般包括如下五个阶段。(1)暗示：困惑、挫折或意识到困难的状态。在该阶段，问题解决者在主观上意识到所面临的问题，产生一种认知的困惑感。(2)诊断：界定问题。在该阶段，问题解决者能够从问题情境中识别出问题，理解它与其他问题之间的关系，明确问题解决的条件、需要达到的目标。(3)假设：提出问题解决的各种假设。问题解决者使问题与自身认知联系起来，唤醒已有的问题解决方法，形成各种问题解决方案。(4)推理：对问题解决的各种假设进行检验，推断这些假设可能会出现的结果。(5)验证：进行验证，证实、驳斥或改正假设。找出经过检验证明为解决某一问题的最佳方案，并把这一成功的经验整合到认知结构之中，以解决同类的或新的问题。

(二)信息加工的问题解决模型

信息加工心理学家认为，问题解决过程大致包括理解问题和搜寻解决两个基本环节。综合有关研究，基克(M. L. Gick)提出了一个概括性的信息加工问题解决模型，将间距解决过程划分为如下三个环节。(1)问题表征。理解问题的意思，明确问题是什么。此时，问题解决者要分析问题的要求和约束条件，找出它们的联系和关系。(2)搜寻解法。选择解决问题的策略，确定根据什么原则、采用什么方法和途径解决问题。(3)解法的执行和评价。将解决问题的方案付诸实施，并把实施的结果与原有问题解决的要求进行对照，同时对问题及解法进行深入的反思。

奥苏伯尔（D. P. Ausubel）和鲁滨孙（Robinson）构建了一个更为具体的问题解决过程模型（见图 4-1）。

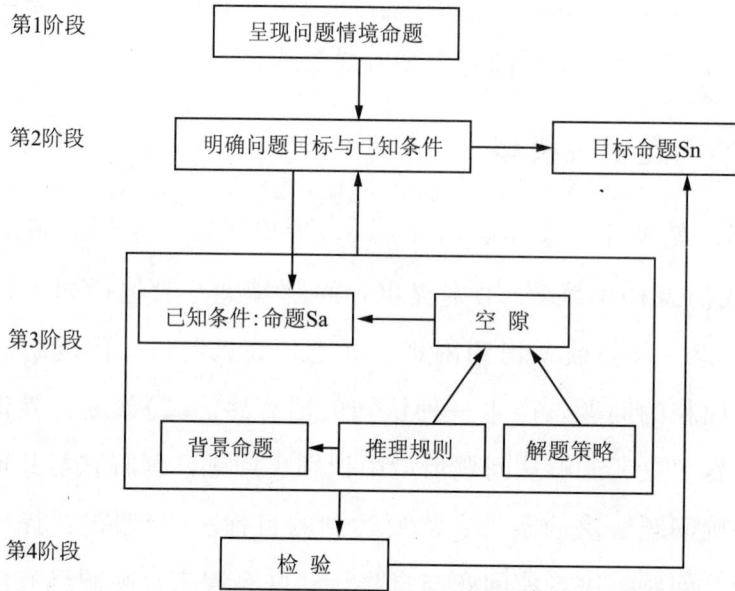

图 4-1　奥苏伯尔和鲁滨孙的问题解决过程模型

（三）建构主义的问题解决模型

建构主义者乔纳森（D. H. Jonassen）把问题解决分为以下七个环节。(1)理清问题及其情境限制。明确问题是否真的存在，查明问题的实质，反思原有的知识经验。(2)澄清、明确各种可能的角度、立场和利害关系。进一步考虑问题中的多种可能性，从多个角度、不同立场、不同侧面来审视问题。(3)提出可能的解决方法。从不同的角度和立场，从问题的条件和原因出发，来推论出各种解决方法。(4)评价各种方法的有效性。问题解决者需要对不同解法思路的有效性进行评价，要形成自己的判断，反思自己的基本假设和信念。(5)对问题表征和解法的反思监控。要运用元认知对自己的理解状态、解决过程、解决方法、已有知识和信念等进行监控。(6)实施、检察解决方案。问题解决者需要检察问题解决的效果——看其是否达到目标，是否满足不同方面的要求，是否还有更为有效的方案等。（7）调整解决方案。根据问题解决结果的反馈信息重新调整解决方案，或者改变问题解决的方式和思路。

三、问题解决的影响因素

（一）动机与情绪

　　动机影响问题解决的效果。动机的强度不同，影响的大小也不同。心理实验表明，问题解决的效率随动机强度的增高而上升，中等强度是问题解决的最佳水平。超过一定的限度，提高动机强度，反而降低问题解决的效率。这是因为，动机太强使人心情过于紧张，不易发现问题解决的重要因素；动机太弱则易受无关因素干扰。

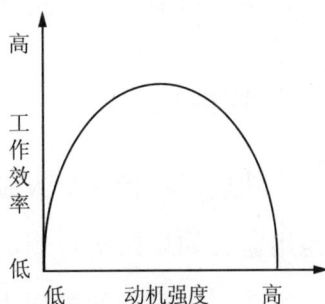

图 4-2　动机水平与解决
问题效率的关系

　　情绪对问题解决也有一定影响，紧张、惶恐、烦躁、压抑等消极情绪会阻碍问题解决，而乐观、平静、积极的情绪有助于问题解决。如学生考试时，由于情绪过分紧张，会使其思路阻塞，有时甚至面对容易的问题也束手无策。如果学生能以积极的情绪迎接考试，那么有利于思考，使问题得以解决。

（二）对问题情境的知觉

　　问题中的事件和物体是以某种特点呈现出来的，如空间位置、距离、时间、刺激物之间的关系等。这些特点以及它们之间的关系将影响人们对问题的表征。

　　某些呈现方式能直接提供解决问题的线索，有利于问题的解决；而有些呈现方式可能掩蔽或干扰解决问题的线索，不利于问题解决。当问题的呈现方式越符合人们的经验或知觉的习惯时，人们就越易于知觉问题情境，越有利于问题解决。

（三）定势

定势是指以前多次运用某一思路解决同类问题，从而逐步形成了习惯性的反应，在以后的问题解决中仍然沿用习惯思维去解决问题。它使人按照某种较为固定的方式去解决问题，影响问题解决的倾向性。

在条件不变的情况下，思维定势对解决类似问题具有积极作用；但在条件变化的情况下，如解决创造性的问题时，思维定势就可能是一种束缚，使人难以跳出旧思路，思维缺乏变通性和灵活性，对问题解决具有消极影响。

（四）功能固着

功能固着指一个人看到某个物体的一种惯常用途后，就很难看出它的其他用途；如果初次看到的功能越重要，就越难看出它的其他用途。

在问题解决的过程中，人们改变对事物固有功能的认知以适应新的情境的需要，常常成为问题解决的关键。在功能固着的影响下，人们不易摆脱事物用途的固有观念，进而直接影响到人们问题解决的灵活度。这种现象有时会干扰和限制人们的创造性思维，影响新假设的提出和问题解决。只有当一个人从各个不同的方面思考一个物体的功能时，才有利于创造性地解决问题。

（五）原型启发

对解决问题能产生启发作用的事物叫原型。自然现象、日常用品、机器、动物、声乐等都可以成为原型，并可能对问题解决产生启发作用，这就是原型启发。例如，鲁班从茅草割破手受到启发而发明了锯；瓦特从壶盖被蒸汽顶起受到启发，发明了蒸汽机等。

原型之所以具有启发的作用，主要是原型与所要解决的问题之间具有某种共同点或相似点，通过联想能找到解决问题的方法。原型启发对创造性地解决问题具有很大作用。

第二节 问题解决能力的培养

灵活地运用已有的知识经验以有效地解决各种问题，这是当今社会每个人都应具备的重要能力。在老年大学的教育教学过程中，提高学员问题解决的能力，首先要使老年学员具备良好的知识基础，能够灵活地把知识运用到当前的问题中，同时还需要掌握一些分析和解决问题的基本策略，并培养强烈的好奇心和探究欲，使老年学员乐于发现问题、解决问题。

一、知识的深化与问题解决能力的培养

问题解决一般都需要一定的知识基础，学习者需要以一定的知识经验为背景，去理解问题的含义和结构，去寻找问题解决的方法。问题解决的过程是对原有知识进行转化和运用的过程，知识是培养问题解决能力的基础。

大量关于专家与新手的对比研究表明，专家因为有更多的知识积累，所以能更迅速、更灵活、更成功地解决问题。综合有关研究，有丰富的、组织完好的陈述性知识和活跃的、熟练的程序性知识有利于提高问题解决能力。

二、一般性问题解决策略的训练

对于问题解决策略的训练，心理学家存在长期的争论。有些人强调问题解决策略的共通性，重视一般性问题解决策略的培养。而有些心理学家则认为，有效的问题解决策略只适用于特定的具体领域。就前者而言一般性问题解决策略的训练方法如下。

（一）基本思路

一般性问题解决策略训练的基本思路，是通过教会学习者解决问题的一般原理或原则来提高他们问题解决的能力。这些原理、原则来自对问题解决过程的理论分析，以及对成功者与不成功者的对比观察。

对这些原则的学习有助于培养一般性问题解决的技能，但是对特殊问题的解决来说往往并没有多大效果。一般说来，在那些培养解决问题能力的训练程序中，短期训练并不能取得理想的效果，而长期且有效的训练程序却能取得较好的效果。

（二）问题解决模式

"问题解决模式"是鲁宾斯坦（M. Rubinstein）编制的一套供大学生使用的训练教程。它向学生提供了许多问题解决的工具。这一教程的教学大约花 10 周时间，教程中包含许多问题解决过程的实例，学生能从中学到表征问题的抽象技术。但是，几乎所有的研究都证明这一教程所教的问题解决思维策略只能产生特定的迁移，而不能促进一般性的问题解决活动。

（三）CoRT 课程

德·波诺（E. de Bono）的 CoRT（Cognitive Research Trust）思维训练系统课程包括做计划、形成不同假设、分析、比较、选择和评价等主题。每个单元都专门针对某个主题做训练，包括实例、练习题和对进一步学习的建议等，其中还有一些游戏。

（四）思维工具强化教程

弗斯坦（R. F. Feuerstein）的思维工具强化教程设计了一系列问题，由简单到复杂，均采用纸笔练习的方式。这些练习帮助学习者明确解决问题的程序，并与课程中所学的知识技能联系起来。在学生确定、评价各种解决策略的过程中，教师会监控他们的活动并提供反馈。该教程重在培养学生分析问题的策略，使他们成为积极主动的思考者。该教程主要针对智力落后、学业不良的学生。

三、具体领域的问题解决策略的训练

问题解决有一些共同的思路和策略，但各种具体领域的问题解决也需要某些特定的策略和方法。所以，一些研究者主张结合各门学科来培养具体的问题解决策略和思路，让学习者掌握解决该类问题的原理和原则。在不同学科领域中，问题解决的策略大致包括两方面内容：一是该领域中典型的问题解决的程序步骤及注意事项；二是解决问题时常用的思维方法。

在训练解题策略时，教师既要给学生充分的解释和示范，又要让学生有足够的练习机会。在结构—定向教学理论中，研究者强调对学习者的解题技能进行定向培养。也就是说，针对不同的课题任务（问题），构建有效的分析和问题解决的程序模式，训练学习者按照这样的程序来解题，从而逐渐把这套程序内化成自己的解题技能。

教学不只是让学习者记忆更多的知识，更重要的是要形成灵活的问题解决模式，从而能应用这些模式去解决各种问题。因此，在各科教学中，教师要有意识地培养学生的问题解决能力。

四、教会老年学员解决问题

首先，帮助老年学员真正理解题意，分析问题：

(1)看他们能否区分问题中的有关信息和无关信息。

(2)问他们是否意识到了他们所做出的假设。

(3)鼓励他们对问题进行图解，借助图示来分析问题。

(4)要求老年学员向别人解释问题的意思。

（5）鼓励老年学员从不同角度来看问题。

（6）教师提供几种看问题的角度、方式，让老年学员再提供一些其他的理解角度。

（7）引导老年学员思考平常物体的不平常的用途，打破思维定势和功能固着。

其次，在思考、解决问题的过程中：

（1）注重对问题分析思考的过程，而不是为了获得最终的答案。

（2）让老年学员在思考问题时"自言自语"，随时说出自己头脑中出现的全部想法。

（3）让老年学员为他们所采取的每一步推理提供解释：自己的思路是什么；所依据的原理、规则是什么；为什么要这样做；等等。通过这种方式促进老年学员对解题思路的深层加工。

（4）常常问老年学员："如果……会发生什么？"促进老年学员的推理活动。

（5）在必要时向老年学员提供一些解决问题的建议，但不要因此"剥夺"老年学员独立思考的机会。

（6）引导老年学员联想类似的问题是怎样解决的，运用类比法去思考问题。

（7）引导老年学员运用反推法分析解决问题。

（8）如果老年学员对自己错误的解答"振振有词"（有充足的理由），可以让他们看到反面的证据，引导他们看到自己的错误所在。

（9）如果老年学员在问题解决过程中陷入了僵局，暂时没有任何思路，可以考虑暂时搁置一下。

最后，在问题解决之后：

（1）引导老年学员反思自己的问题解决过程，总结其对知识的新理解或问题解决过程中所受到的启发。

（2）思考这一问题的其他解法。

(3)组织老年学员讨论、交流解题的思路和方法，特别是让想法不同的老年学员相互"交锋"。

第三节 研究性学习及其教学

作为一种学习方式，研究性学习一直受到各国教育理论界和实践工作者的重视，近年来更是成为世界教育界研究的热点问题。20世纪90年代以来，世界各国教育改革的步伐不断加快，纷纷出台各种举措，其中都把改变学习者的学习方式作为重要的切入口。研究性学习的开设以培养学习者的创新精神和实践能力为根本出发点，着眼于学习者学习方式的改变，重建了教学观、课程观、师生观和学习观，为教学设计理论研究提供了全新的研究领域和方向。

一、研究性学习的含义

我国学者认为研究性学习可以有广义和狭义两种理解。从广义理解，它泛指学习者探究问题的学习，可以贯穿在各科各类学习活动中。从狭义解释，它是指学习者在教师的指导下，从自然现象、社会现象和自我生活中选择和确定研究专题，并在研究过程中主动获得知识、应用知识、解决问题的学习活动。

从现代学习心理学的角度看，无论是我国学者提出的研究性学习概念，还是国外学者提出的相关概念，本质上都是一种以问题为依托的学习，是学习者通过主动探究来解决问题的过程。

根据信息加工心理学的观点，问题解决是个体面对问题情境却没有现成的方法可以利用时，将已知情境转化为目标情境的认知过程。因此，研究性学习过程，也就是学习者基于已有的知识、技能主动提出（或接受）问题，进而综合运用新旧知识、技能生成新的问题解决规则或思维产品的过程。它不同于以记忆为基础的学习，也不是基于模仿而进行的学习，而是以直接经验为基础，积极、主动、自觉地探求知识和解决问题的过程。

二、研究性学习对教学设计研究提出了新要求

研究性学习是综合实践活动课程的核心。它与学科课程存在本质区别：学科课程是基于或主要基于学科的逻辑体系而开发的，掌握必要的间接经验是学科课程的直接目的；研究性学习则基于学习者的直接经验，它以获取关于探究学习的直接经验、发展创新精神和解决问题的能力为直接目的，以个性健全发展为根本。为了开展研究性学习，2017年，广东省老干部大学开设老年学员研修班，打造体现学校办学水平和办学特色的高精尖精品课程，从而为培养老年大学各类人才创造条件。具体实施过程如下。

首先，在课程内容上，开设艺术系（包括声乐、器乐、舞蹈、书法、绘画、形象与设计专业等），科技系（包括摄影专业等），养生系（包括中医专业等）等适合老年学员的研修专业。研究性学习内容涉及课程的专业理论与学科史、作品研究与实践以及教育教学理论等。

其次，在教学方式上，注重教学相长以及老年学员之间的相互切磋。教师必须形成完善的备课教案，严格按照教案标准化教学。教案要在课程前分享给老年学员。老年学员预习、学习后，根据学习过程中的疑问和建议开展小组研讨，提出教学系统设计优化的建议。教师要在研讨课上将教学系统设计、学科教学特点等相关教育教学理论传授给老年学员。经过考核筛选，老年学员的学科理论和操作水平应基本持平，教学进度能与老年学员整体水平得到最佳匹配。

另外，在专业实习（实践性环节）上，定期组织展示教学成果。通过学习实践与教学研讨，促进对老年学员学科学习情况的了解；建立全程考核，学

校安排辅导员或工作人员对班级老年学员学习成果定期考核；结合学校文体活动的安排或公益性质的社会活动，定期为研究性学习的成果搭建展示平台。

研究性学习带来了教学观、课程观、师生观和学习观的变化。

(一)重建教学观——教学即生活

在研究性学习的视野中，教学不再是单纯的认识过程，而是师生在学习生活中通过交往共同构建意义的活动。让学习者自己动手实践，在实践中体验、学会学习和获得信息时代所需要的能力，是研究性学习最根本的特点。

研究性学习有很强的实践性，它要求学习者从单一地获得书本知识和间接经验，转向同时重视通过实践活动、体验来获得直接经验并解决问题；从单纯地关注学习者对学科知识体系的掌握程度、学习者的模仿和再现书本知识的能力，转向同时重视培养学习者对大量信息的收集、分析、判断、反思和应用能力，从仅仅追求教学的"知识目的"，转向重视含知识在内的学习者素质的全面提高。研究性学习使学习成为生活的一个部分，与生活融为一体。

(二)重建课程观——教学即课程开发与创建

研究性学习是一种教师和学生实实在在体验到的"体验课程"，可以说进行研究性学习的师生是课程开发者与教学设计者。在这里，课程的内涵已发生了质的变化：课程是"一个情境化的社会过程"，是"一系列事件"，是"学生有机会学习的东西"，是由交往而产生的"一种不断生成的建构"。这说明，研究性学习体现了课程的范式转换。

这种转换首先表现为课程概念的转变。课程不再是需要贯彻的课程计划或需要遵循的教学指南，而是个体生活经验的改造和建构。其次，课程的形态发生变化。课程不再是在教育情境之外固定的、物化的、静态的知识文本，而是师生在教育情境中共同创生的一系列"事件"，是师生开放的、动态的、生成的生命体验。最后，研究性学习将学习者置于课程的中心，并将个体思想的提升作为追求的目标，确立个体在课程中的主体地位。

(三)重建师生观——师生的活动共同构成了研究性学习

研究性学习要求教师与学生都作为活动者参与其中，教师、学生、教学活动构成了一个不可分割的整体，三者交织在一起。在这里，"对话"是师生关系的描述词。

在对话中，双方互相承认、互相赋予平等与尊重，师生之间是一种平等、自由、宽容、鼓励与帮助的关系。教师必须集中更多的时间和精力去从事那些有效果的和有创造性的活动。

(四)重建学习观——研究性学习的起点、过程和结果均表现出不确定性

研究性学习把传统教学中注重对知识经验的普遍接受和共同感受转换为一种个体化的生命体验。研究性学习起点、过程和结果的不确定性，使教师并非对所有学生都施加普遍性的学习内容、同一性的学习步调和标准化的评价方式，这有利于学生活力的焕发、个性的施展和创造性的发展。

在研究性学习中，课堂成为师生共同探索新知的平台，教学成为课程开发的过程，学习成为建构知识与人格的过程。研究性学习实现了课程、教学、学习的一体化，避免了三者之间机械地、单向地、线性地发生关系。这种变化也意味着现行的教学设计理论与模式也要做出相应改变。

三、研究性学习的教学设计原则

(一)基于后现代主义的教学设计原则

基于后现代主义的研究性学习具有反本质、反中心、反基础主义特征，

其设计应注意以下三方面。

其一，重视建构性。研究性学习作为课程，本质上是建构性的。这种思想实际上与瓦解"给定"联系在一起，后现代主义要求瓦解"给定"世界，代之以一个"生成"的世界，而"生成"即建构。研究性学习的建构性是指研究性学习课程不是预先设定的，而是由课程参与者的行为和交互作用构成的。课程不是封闭的、固定的，而是开放性的、可调整的、随活动情境而变的。

其二，重视开放性。研究性学习是一种鼓励创造性、互动、开放的自组织系统。因此，教学目标既不是精确的，也不是预先设定的，而是一般性的、生成性的；是学习者在与情境的交互作用中所产生的自己的目标，而不是课程开发者和教师所强加的目标。

其三，重视隐喻与自组织。在研究性学习实施方法方面，要重视"隐喻"，强调自组织。隐喻的方式是阐释性的、生产性的、开放性的、启发性的。它可以使学习者参与到与教师、文本的对话中，获得新的、更深层次的认识。有研究认为，在课程学习中，以隐喻的方式激发教师、文本与学习者的对话比以逻辑的方式进行更有价值。

(二)基于新知识观的教学设计原则

新知识观认为，知识具有情境性、建构性、社会性、复杂性。全新的知识观大大拓展了研究性学习的教学设计的研究视野，对研究性学习的教学设计的影响表现为以下方面。

其一，注重有效学习环境的设计。知识具有情境性，学习发生的最佳情境是现实世界，因此，研究性学习的教学设计必须重视真实化和互动式的学习环境。教学设计的重点应放在为学习者设计学习活动的外部环境与建构学习者内在心理背景上，而不应该把设计重点放在具体的知识目标等环节上。

其二，注重学习者的学习活动设计。知识的建构性表明了知识的获得是学习者在认识过程中主动建构的，是在能够提供认知工具、蕴含丰富资源、鼓励学习者与环境互动的学习环境中建构的，因此有效的研究性学习应当是包含学习者活动的设计。

其三，注重合作学习。知识具有社会性，学习是知识的"社会协商"，因此建立"学习共同体""学习者共同体"的新教学理念备受关注。合作学习是研究性学习的基本组织形式和主要活动方式。让学习者在小组或小团队中进行探索和发现活动，通过讨论、意见综合等帮助学习者建构起共享的、比较全面而深刻的理解。在合作学习中，学习者的想法、问题解决的思路逐渐明确化、外显化，使其可以更好地对自己的理解和思维过程进行监控。学习者通过相互辩论和协商使不同观点逐步趋同，达成对问题的共同理解，建立更完整的表征。因此，研究性学习的教学设计应当包括创建共同学习环境，提倡合作学习。

其四，重视丰富的学习资源的设计。知识的复杂性告诉我们，知识在某种意义上说是主观的、不稳定的、结构不良的，是与形成的情境脉络紧密联系的，知识不可能以现成的、孤立的方式被掌握。因此，掌握组成系统形式的知识的不同方面，形成并积累丰富的学习资源，为学习者获得复杂的知识提供信息资源，就显得尤为重要。

（三）基于建构主义的教学设计原则

研究性学习观是建立在建构主义学习理论基础上的一种学习观，建构主义学习理论对研究性学习的教学设计的影响表现在以下方面。

其一，注重问题解决的学习。研究性学习应以"任务驱动"和"问题解决"作为学习和研究活动的主线。问题解决活动有可能使学习者更主动、更广泛、更深入地激活自己的原有经验，理解分析当前的问题情境，通过积极的分析和推论生成新理解、新假设。在问题解决过程中，新、旧经验的相互作用得以更充分、更有序地进行，这使得学习活动真正切入学习者的经验世界中。问题解决为新、旧经验的同化和顺应提供了理想的平台。

通过问题解决来学习，基于问题解决来建构知识，是研究性学习的重要特征。这就要求教师注意把研究性学习与实际问题挂钩，注重结构不良问题的设计，同时也要支持、鼓励学习者自己提出问题或积极思考别人提出的问题。

其二，让学习者拥有学习的主动权。只有让学习者自己分析问题情境，自己寻求与问题解决有关的知识和技能，自己调控认知策略，才能达到建构独特的认知结构的目的。这样做也有利于培养学习者注意、理解、思考、运用、评价等高层次的认知技能。

其三，鼓励学习者检验和积累各种不同的观点。在研究性学习中，给予学习者学习的自主权并不意味着他们做的任何事情都是有效的。当他们遇到困难时，仍然需要教师的指导。当然，教师提供的援助不能束缚学习者的思路，更不能告诉学习者现成的答案，而应起到一定的咨询、示范、教练的作用。

丰富的信息资源和恰当的帮助，有利于学习者探索和整合知识以形成对事物意义的建构。但由于经验基础和社会背景的不同，学习者对事物意义的理解难免会有差异，以致形成各种不同的观点。要创设条件，让学习者有兴趣和有可能去检验、积累这些不同的观点，并对这些观点进行分析、综合，以形成更为高级的观点。

其四，采用过程评价。评价学习者如何进行知识建构要比评价由此产生的认知结果更为重要。因此，必须把过程评价与研究性学习整合在一起。为了避免预先确定的目标带来评价时的偏见，评价的目标应该比较自由，而非参照标准，而且最好是在与教学情境一样丰富和复杂的情境中进行这种评价。

其五，发挥计算机和网络的作用。虽然建构主义的思想、观点由来已久，但却是现代化的媒体技术使真正创设建构主义的学习环境成为可能。特别是多媒体计算机和网络通信手段所具有的多种特性，不仅可以用来提供真实的情境、典型的案例和海量的信息，还能够提升学习者的认知过程、问题解决和交流能力。所以，在研究性学习的教学设计中要充分考虑现代化教学媒体的建构工具作用。

第四节 创新性学习与教学

素质教育的核心目标是凸显人的主体性，开发人的潜能，培养人的创新精神、实践能力及创新能力，发展人的各种生存能力，塑造完善的主体人格。从现实的老年大学教育教学实践来看，以教师为中心、以课本为中心、以知识为中心的传统教学思想根深蒂固，压抑了老年学员的自主性和创造性，忽视了老年学员的人格塑造。因此，必须改革传统的课堂教学模式，建立符合老年学员的全面发展、激发老年学员创新性的新型教育教学模式，形成相互激励、教学相长的师生关系，使每一个老年学员都能充分发挥自身潜能，得到全面发展。

一、创新性学习

(一)创新性学习的实质

创新性学习是指能够产生新颖而有价值的思维产品的学习活动。它旨在使学习者发现、吸收新信息和提出新问题，以整体性思维(重点是思维过程、思维方法及思维技能)为主导，创造性地谋求问题解决，以适应社会的变化。因此，创新性学习是一种开放式、发现式、发展式的学习，是一种面向未来的学习。

从学习结果看，创新性学习具有两个显著特征。第一，学习结果具有原创性。创新性学习的思维产品不是从个体头脑中直接提取的，而是基于已有知识的综合而生成的新的思维产物。第二，学习结果具有适用性。创新性学习的思维产品要具有价值，能够解决或者更好地解决问题。

综观一切创新活动，可以发现，它们几乎都是在人们对问题的质疑和探究过程中出现的。例如，牛顿正是因为思考"为什么所有的物体都向地面坠落"，才发现了万有引力定律；爱因斯坦正是因为思考"如果我能以光速运行，世界将会怎样"这一问题，才创立了相对论。因而可以说，创新性学习是以问题为基础的学习。

(二)创新性学习与研究性学习的区别

首先，从教育目标看，开展创新性学习的目的是培养学习者的创新思维能力，为其创造性地解决问题奠定基础。开展研究性学习的重点是培养学习者的研究能力，帮助学习者学会研究问题的方法，如发现问题、收集数据、分析数据等。

其次，从学习结果来看，创新性学习的学习结果必须有创新性，至少在学习者个体意义上如此；而研究性学习的结果无论是从个体意义上还是从社会意义上讲，都并不一定具有创新价值。例如，学习者通过探究可以发现某种常见植物的生长特点，这一发现及其知识积累的手段从社会意义上讲并没有创新性，但是对学习者个体来说确是创新的。

二、课堂中缺乏创新性学习的根源

在当前的课堂学习中，对学生缺乏创新性学习的解释，主要有教学、教师、评价三方面的原因。

(一)教学方面的原因

与成人学习的自主性和开放性相比，课堂教学倾向于窄化学生的学习过程。2001 年修订的布卢姆教育目标分类学，从认知过程角度，把认知领域的学习由低到高分为记忆、理解、运用、分析、评价、创新六个层次。反观当前的课堂教学，学生的学习主要局限于记忆、理解、运用三个层次，学习过程被大大窄化。

事实上，在学校的课堂教学情境下，课程目标和标准的强制性、教材内容的相对稳定性，以及教学评估指标的客观性，往往使得"准确无误地掌握课程内容"成为师生的共同目标；"引入新知、促进理解、练习巩固"成为课堂教学的主要环节；记忆和分析成为学习的主要过程；而留给学生进行创新性学习的时间则大大缩短。

(二)教师方面的原因

课堂学习中缺少创新学习活动，与教师对创新的认知偏差也密切相关。

其一，在学生生成的观点的新颖性和适用性方面，教师倾向于优先选择后者。教师过于强调观点的适用性，强调展示个人能力和避免错误的重要性，易使学生担心自己的观点与"正确回答"不符而不敢展示新观点。

其二，教师担心创新活动影响教学进度。在课堂教学过程中，教师如果给予学生充分生成和展示观点的机会，那么完成既定的教学进度就变得比较困难。出于这种担忧，许多教师提出问题后只用几秒时间等待学生回答；如果没有人回答，教师就会自答或者提问其他问题。

其三，教师不太喜欢与生成相关的个性特质。有研究发现，大多数教师，无论他们处于什么文化背景中，都倾向于喜欢谦恭、守时、遵从、人缘好、愿意接受权威的学生，而不太喜欢思维敏锐、富有想象力的学生。这是因为冲动性、冒险性、独立性、自我决定等与创新相关的个性特质，往往诱发学生做出令教师"头痛"的行为。另有研究结果表明，教师往往把成绩优秀的学生等同于高创新者，而把富于观点生成和创新的学生视为"行为不端者"。

(三)评价方面的原因

学生在课堂学习中缺少创新活动，与其缺乏相应的评价指标有一定关系。作为一种知识重组过程，创新可以出现在任一学科的学习中。譬如，在舞蹈课上，学生自主编排舞蹈；在绘画课上，学生即兴作画。但是教师评价这些创新活动时，由于缺乏关于创新过程本身的评估指标，通常只采用结果定向的评价方式，把学生的作品最终获得的赞许性作为唯一评估标准。

对学生的生成过程缺乏诸如"具有自己的思考""提出了独立见解"等评价性反馈，学生就难以意识到生成过程本身的价值，就不会自觉主动地从事创新活动。例如，在课堂教学情境中，尽管提问、讨论、质疑等活动最能反映学生的创新性，但如果教师不把它们作为评价学习的指标，学生就很少把"提出问题的多少""是否积极参与课堂讨论""是否勇于质疑书本观点""是否阐发独到见解"作为衡量自身学习效果优劣的标准，在课堂上参与这类学习活动的积极性也就不高。

三、创新性学习的教学策略

老年教育教学创新的主要内容包括教学理念、教学方式、教学手段、教学内容和教学评价的创新。教学理念的创新是教学创新的基础，手段的创新是物质要素，内容的创新是核心，评价体系的创新是重要指导。教学方式的创新则是教学创新的灵魂。科学的、灵活的、创造性的教学方式能够使教学过程鲜活，激发受教育者的创造性思维活动，从而获得最佳的教学效果，提高老年大学的教学质量。

创新研究专家伦克（M. A. Runco）指出，要想支持学生的创新性学习，教师至少要做好三方面的工作：为学生提供锻炼创新思维的机会，示范创新行为，重视并赞赏学员为创新所付出的努力。教师可以按照伦克提出的三个方面，从创新的基本心理过程着手，通过创设创新性学习条件、示范创新策略、褒奖创新活动三个途径来促进老年学员的创新性学习。

（一）创设创新性学习条件

1. 运用非常规问题

根据解答者是否具有先行经验，心理学家把问题分为常规问题和非常规问题两类。前者是指解答者具有先行经验，因而能立即确定解答方法的问题；后者指解答者没有可直接利用的解决办法，必须自己探索解答方法的问题。一般认为，非常规问题的解答需要重构现有问题，需要生成新的观念，因而更有利于促进创新思维。

因此，为了促进老年学员的创新学习，教师在课堂教学中应该注意使用非常规问题。譬如，教师可把提问"哥伦布哪一年发现了美洲"这类常规问题，改为提问"哥伦布与杨利伟有哪些相似和不同之处"这类非常规问题。因为老年学员对后一问题的回答不能单凭记忆信息的直接提取，而需要多方面知识的综合，这更容易生成新观念。

2. 设计生成任务

研究表明，通过引导老年学员完成"想象""假定""改造""设计""假设""推测"等生成任务，可以有效地激发他们的创新性学习。譬如，为某个故事改写结尾，使主要人物形象的结局有所不同；设置一个英国人在北京的大街上向中国人问路的对话情境；假定哥伦布在中国广州登陆，我们的生活或历史将会有什么不同？这些学习任务都需要老年学员超越现有的知识生成新的解答方案，都可能引发老年学员的创新思维。

3. 引导合作学习

在合作学习中，老年学员的知识可以做到相互支持、相互补充，这有利于知识嫁接和形成新的知识结构，为老年学员发展创新思维提供一个理想的平台。

教师可以通过引导老年学员合作学习，鼓励老年学员发表新观点，支持他们的创新思维。譬如，学习"志者不饮盗泉之水，廉者不受嗟来之食"时，教师可以根据老年学员提出的不同观点把他们分成若干小组，引导各小组组织支持本组观点的材料，并对其他小组的观点进行辩驳，然后讨论如何正确处理"志气与生命"的关系，最后生成"名言也有其局限性"等新颖结论。

(二)示范创新策略

创新教学不仅需要教师支持和鼓励观念生成，而且要求他们做好角色榜样，示范各种具体的创新策略，并引导老年学员运用这些策略。

1. 任务补充策略

所谓补充，是指把没有完成或可以延续的认知任务进一步完善化。补充是一种相对简单的生成活动，因为它有一定的情境作参照；但补充又不是简单地延续别人的思维，它需要个体生成个性化的思想和见解，因而其中也不乏创造性。

在课堂教学中，续写一篇文章，分析某一事件发生的另外一些原因，添加一些条件使某一问题成为可解答问题，都属于补充策略的范畴。任务补充策略在教学中简单易行，往往能收到较好的教学效果。

2. 拓展策略

所谓拓展，是指把已有的知识经验迁移运用到新情境中。拓展不会改变个体的概念结构，但它使个体面临新的问题情境，因而也可以生成创新性的思维产品。在课堂教学中，拓展可以有三种形式：一是向现实拓展，即考虑已有知识、技能如何应用到现实生活中，二是向自我拓展，即考虑所学内容对自身具有什么影响或意义，三是向未来拓展，即基于已有知识经验，对事物的未来发展做出预测和描绘，如人类定居月球后我们的生活将发生何种变化等。

3. 概念组合策略

所谓概念组合，是指通过整合原本没有关联的概念，或者重组现有概念中的构成要素生成新的知识结构的过程。由于这一过程涉及新关系、新结构的生成，因而更易诱发创新思维。借助概念组合产生创新的例子，无论在科学还是艺术领域都极为常见。例如，哈维（W. Harvey）把鱼的心脏和水泵联系起来，发现了血液循环现象，歌德把自身和朋友的经历组合在一起，创造了"少年维特"这一形象。

4. 抽象策略

抽象是从认知对象中发现其中的结构、规律、模式或组织的心理过程。抽象本质上是简化和剔除无关细节的一种归纳的过程。在课堂教学条件下，教师可以通过呈现有组织的概念或规则例证，引导老年学员对其进行比较、归纳、概括，提炼出其中的共有特征或规律，从而达到抽象或发现新知识的目的。

（三）褒奖创新活动

评价对学习具有重要的导向作用。斯腾伯格（Sternberg）指出，要想鼓励学生的创新性学习，教师就应设立一个独立、清晰的等级分数来褒奖学生的创新过程和努力。标准化的作业等级分数，不仅要包含准确性、理解程度、风格、语法等方面的指标，而且要反映创新性的内容得分。

为此，教师一方面应明确把是否提出新观点、新视角、新结论、新方法，作为作业评估的一个独立标准，让老年学员意识到思维的新颖性和独特性的重要性；另一方面，教师也要注意评价生成的尺度，不必过分追求评价标准的客观性，尽可能减少批评性评价。

本章主要参考文献：

[1]陈琦，刘儒德. 教育心理学[M]. 北京：高等教育出版社，2005.

[2][美]约翰·杜威. 我们怎样思维·经验与教育[M]. 姜文闵，译. 北京：人民教育出版社，1991.

[3][德]G.H. 鲍尔，E.R. 希尔加德. 学习论——学习活动规律的探索[M]. 邵瑞珍，等，译. 上海：上海教育出版社，1987.

[4]皮连生. 教育心理学（第4版）[M]. 上海：上海教育出版社，2011.

[5]姚本先. 高等教育心理学[M]. 合肥：合肥工业大学出版社，2009.

[6]曾祥翊. 研究性学习活动的教学设计模式研究[J]. 电化教育研究，2011(3)：81-88.

[7] Anderson，J. R. Cognitive psychology and its implications [M]. W. H. Freeman and Company，1990.

[8] Findlay，C. S.，Lumsden，C. J. The creative mind：Toward an evolutionary theory of discovery and innovation[J]. Journal of Social and Biological Structures，1988，11(1)：3-55.

[9] Finke，R. A. Imagery，creativity，and emergent structure [J]. Consciousness and Cognition，1996，5(3)：381-393.

[10] Runco，M. A. On creativity and human capital [J]. Creativity Research Journal，1992，5(4)：373-378.

[11] Scott，C. L. Teachers' biases toward creative children [J]. Creativity Research Journal，1999，12(4)：321-329.

第五章　学习策略

本章提要

　　学习策略是影响学习效率的重要因素之一，它既是衡量学习能力的重要尺度，也是衡量是否会学习的重要指标。在教学过程中，教师的任务不能仅限于向学生传授知识，更要有意识地训练学生掌握和使用相应的学习策略，教会学生如何学习。当面对的学生是老年人时，教师更需要结合老年人的特点，指导老年学员采用合理的学习策略。本章主要讨论学习策略的研究以及相关理论，目的在于使教育者把握学习策略形成和发展的规律，在教学实践中培养老年学员的学习策略，从而提高其学习效率和兴趣。

第一节　学习策略概述

一、学习策略的概念

"策略"一词源于希腊语，意为"将才"，指行动或行动计划，以及为解决某一问题或达到某种目的而有意识地做出的一套活动。《辞海》将策略解释为适合具体情况的做事原则和方式方法。策略在人们的各种活动中起着非常重要的作用，它总是与一定的效果和效率连在一起。人们在做某件事情时，如果不考虑策略，使用最原始的方法，最终也可能达到目的，但效果和效率难以达到期望值。

学习策略是指向人们认知目标的一种心理操作，是个体解决问题的重要组成部分，也是促进个体认知发展的重要途径。对学习策略的研究开始于1956年布鲁纳(J. S. Bruner)等人的工作，他们在研究人工概念的学习过程中就提出了聚焦策略和审视策略。几十年来，研究者给学习策略下的定义很多，诸如"知道如何知道""学会学习""学习技能""认知策略"等，概括起来，学习策略有以下三种定义。

(一)学习策略是具体的学习活动或程序

持这种观点的研究者认为，学习策略属于信息加工部分，是学习者在编码、储存、检索、运用信息(解决问题)的认知过程中直接加工信息的方法或技能。例如，梅耶(M. F. Meyer)认为，学习策略是指在学习过程中，任何被用来促进学习效能的活动。这些策略包括画线、概述、复述等方法。他认为人类的学习体现在量和质两方面，即学多少和学什么。同时，学习策略还包括激发与维持积极的学习心向，如克服考试焦虑的方法、提高自我效能感、学习价值观以及培养积极的学习期望和态度。

(二)学习策略是对学习的调节和控制

学习策略属于信息加工模式的调控部分，是指主动的学习者在认知过程中，对编码、储存、检索、运用信息(解决问题)等信息加工过程实行调节与控制的一系列技能。例如，尼斯比特(R. E. Nisbet)等人认为，"学习策略是一系列选择、协调与运用技能的执行过程"。

(三)学习策略是学习方法与学习调节控制的有机统一体

有效的学习策略是能够促进获得、存储和使用信息的一系列过程或步骤。学习方法和学习的调节控制是相互联系的、具有不同功能的学习策略。一般而言，学习方法直接作用于信息加工过程，用于编码、保持、提取和运用；学习的调控则作用于个体以维持、调节和控制学习者的内部状态，学习方法能够有效发挥信息加工的作用。

二、学习策略的特点

根据学者们对学习策略的界定，可以看出学习策略具有以下几个特点。

第一，主动性。学习策略的采用都是有目的、有意识的主动的心理过程，只有反复被使用的策略才能达到自动化的水平。学习时学习者根据学习任务和自身特点，主动制订适当的学习计划，并严格按计划执行。

第二，有效性。学习策略是针对学习的相对效果和效率而言的。一个人在做某件事情的时候，使用最原始的方法最终也可能达到目的，但效果和效率难以保证。比如，记忆一本复杂的乐谱，如果一遍遍地记忆和演奏，只要有足够的时间，最终也能够记住，但是保持的时间不会很长，记忆也不容易稳固；如果采用分散复习或者尝试分段记忆的方法，记忆的效果和效率会得到很大的提高。

第三，过程性。学习策略是有关学习过程的策略。它指明什么时候做什么，先做什么后做什么，用什么方式做，做到什么程度等问题。

第四，程序性。学习策略是学习者制订的学习计划，由规则和技能组成。每一次学习都有相应的计划，每一次学习的学习策略也不同。但是，相对同一种类型的学习，存在基本相同的计划，即学习策略。

三、学习策略的分类

许多学者对学习策略的成分和层次提出了自己的看法，据此对学习策略做出了不同的分类。以下是几种典型的分类。

(一)主策略与辅策略

丹瑟洛(D. F. Dansereau)认为学习策略应包括两类相互联系的策略：主策略和辅策略。主策略为具体的直接操作信息，即学习方法。它包括理解—保持策略和检索—应用策略。辅策略则作用于个体，以帮助学习者维持一种合适的内部心理定向，保证主策略有效地起作用。它包括目标定向和时间筹划、注意力分配、自我监控和诊断等策略。

(二)一般策略、宏观策略和微观策略

尼斯比特和苏克·斯密斯(Shuck Smith)认为，学习策略由一般策略、宏观策略和微观策略三种因素组成，其中一般策略与态度和动机因素有关，宏观策略概括化程度较高，微观策略的概括化程度较低。

(三)认知策略、元认知策略与资源管理策略

迈克卡(Mckeachie)等人根据学习策略所涵盖的内容把学习策略分为认知策略、元认知策略与资源管理策略(见图 5-1)。

认知策略 —— 复述策略：重复、抄写、记录、画线等
精加工策略：想象、口述、总结、笔记、类比等
组织策略：组块、要点、提纲、知识图

学习策略 元认知策略 —— 计划策略：目标设置、浏览等
监视策略：自我检查、注意、领会等
调节策略：重读、复查等

资源管理策略 —— 时间监管
学习环境管理
努力管理
他人的支持

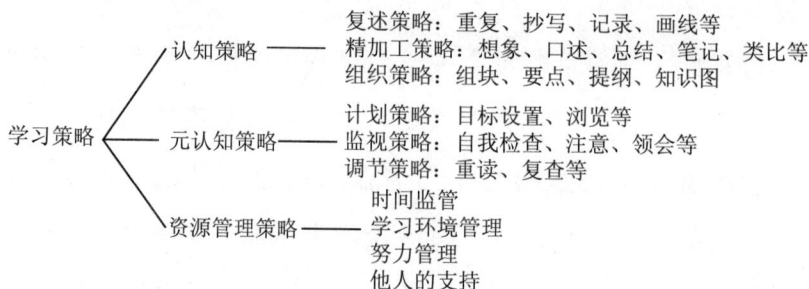

图 5-1　迈克卡等人的学习策略分类

（转引自：陈琦，刘儒德. 当代教育心理学［M］. 北京：北京师范大学出版社，2007.）

认知策略下分为复述策略、精加工策略、组织策略。

元认知策略下分为计划策略、监视策略和调节策略。

资源管理策略包括时间监管、学习环境管理、努力管理以及他人的支持等，是辅助学生管理可用的环境和资源的策略，对学生的动机具有重要的作用。学生使用这些策略，帮助他们适应或调节环境以满足自己的需要。

莫雷等人将学习策略分为基本学习策略、支持性学习策略和调控性学习策略三种类型。基本学习策略即认知策略，调控性策略即元认知策略，支持性学习策略即资源管理策略。

认知策略、元认知策略与资源管理策略是相互联系、有机结合、共同作用的。认知策略直接促进学习过程的有效进行，资源管理策略主要是在学习资源的合理应用方面对学习过程的顺利进行起到支持作用，元认知策略主要是学习者对认知过程进行监控与调节。学习者如果没有用元认知技能来帮助他们解决在某种情况下使用哪种认知策略或改变哪种认知策略，就不能成功运用认知策略。

四、学习策略的选择

学习者掌握和运用学习策略的能力是在学习中随经验的增长而逐渐发展起来的。学习者对自我学习系统的了解，以及如何处理进入学习系统的信

息，是有效运用学习策略的基础和前提。

老年人是成熟的个体，在学习策略的选择上具有自主性、目的性、积极性的特点。他们的理解能力很强，因此对各种学习效果的体验也会更强烈。大部分老年人在以往学习过程中，掌握了全面的学习策略，因此在老年大学的教学过程中，可根据学习材料的类型，安排不同的教学策略。如果是老年学员熟悉的学习内容，可指导老年学员自主选择适合自己的学习策略；如果是老年学员未接触过的学习内容，如英语、计算机等，应该根据老年人的认知特点，安排合适的学习内容，进行学习策略的训练。

五、学习策略的使用

熟练的学习者有很多可以自如运用的策略。研究表明，学习策略和技巧的使用与高中生的平均绩点以及这些学生在大学的持续良好表现呈相关关系。关于学习策略的使用，研究者提出了以下重要原则。

一是向学习者呈现几种不同的策略，不仅要有一般的学习策略，而且要有适用于特定科目的具体策略。

二是要教给学习者关于何时使用、在哪里使用以及为什么使用各种策略的条件性知识。很多时候学习者只知道应该这样做，却不知道为什么要这样做。教师要注意到这一点，注重让学生知道什么时候使用策略、在哪里使用策略以及如何使用策略，这样学生更可能坚持使用它。

三是学习者可能知道什么时候以及如何使用一个策略，但如果他们没有使用这些策略的意愿，那么他们的学习能力也不会提高。因此，有关学习策略的培养计划一般包含动机培训的成分。

四是学习者需要相信他们能够学会新的策略，相信自己的努力会有收获，相信策略的使用会让自己变聪明。

五是学习者需要用所学领域的背景知识和图式来理解所学的资料。例如，让一位不熟悉教育学的学习者来概括教育学的相关理论，结果可能不会好。因此，学习者需要获得图式知识的直接指导，这种指导通常是策略训练的重要部分。

第二节　认知策略

认知策略是学习者在认知加工过程中所采用的策略，也就是加工信息的一些方法和技术。这些策略能使信息被有效地存储、保持和提取。一般可以把认知策略分为复述策略、精加工策略、组织策略和监控理解策略。这些策略在老年人的学习过程中同样适用。

一、认知策略的性质

应从两个方面理解认知策略的性质。一方面，从学习的信息加工过程来看，信息加工心理学家一般将学习的信息加工过程分为加工过程和执行控制过程。前者指信息的输入、短时记忆、长时贮存和提取等过程；后者指对信息加工过程起监测与控制作用的过程，如通过复述、精加工和归类组织等活动，使短时记忆中的信息在长时记忆中持久保存。所以，从过程来看，认知策略是指对人的心理加工过程起控制和调节作用的执行控制过程。

另一方面，从学习的结果来看，信息加工的结果是学习者获得广义的知识，包括陈述性知识和程序性知识。认知策略的知识在本质上是一种特殊的程序性知识。这种知识是在认知活动中习得的。人们在打电话时，当电话号码超过记忆广度时，会采用复述策略帮助记忆，这种复述策略也是人们自发习得的。人们在实践中自发地习得认知策略，但往往没有明确意识到支配这些策略的规则。这样的程序性知识被称为默会知识。

二、认知策略的分类

(一)复述策略

复述策略是指在工作记忆中为了保持信息，运用内部语言在大脑中重现学习的材料或者刺激，以便将注意力维持在学习材料之上的策略。在某些简单的任务中，如查找一个电话号码，人们会用到复述策略。为了在长时记忆中建立信息，人们也需要复述策略。

虽然学习有机械和意义之分，但是不管是机械学习的复述还是意义学习的复述，下面所讲的复述策略都适用。不过，有意义的学习还与后面要讲的精加工策略有关。

1. 排除干扰

短时记忆的容量有限，分析老年人的记忆过程时，需要考虑到其短时记忆容量较青少年小，在进行进一步学习之前，要在头脑中进行复述，避免被干扰。

2. 促进和抑制

前后两种学习材料之间存在的相互影响，被称为迁移。如果这种影响是积极的，称为促进(正迁移)；如果影响是消极的，就是抑制(负迁移)。先前的信息对后来的信息的积极影响就是前摄促进，消极的影响就是前摄抑制；当后学的信息对先前的信息产生了积极影响就是倒摄促进，产生了消极的影响就是倒摄抑制。倒摄抑制是最常见的一种抑制，所以在安排学习的时候，要尽量利用前后信息之间的促进作用，避免抑制作用。

3. 科学复习

根据艾宾浩斯(H. Ebbinghaus)的遗忘曲线及有关的研究发现，记忆的进程是不均衡的，具有先快后慢的特点。在这种情况下，如何分配复习时间对记忆保持有重要的影响。如果总的复习时间一定，连续进行的复习被称为集中复习，间隔一定时间的复习被称为分散复习。一般来说，分散复习的效果优于集中复习，复习效果受到下述因素的影响。

(1)材料的意义性。较之意义性高的材料，复习意义性低的材料分散复习优于集中复习。

(2)材料的难度。较难的材料与较易的材料相比，分散复习的效果更好。因为分散复习有较多的时间间隔，可以使记忆联系得到巩固，有利于解除重复学习所产生的疲劳与厌倦，从而增强记忆效果。至于分散复习的时间间隔，应该视材料的性质、数量、识记的巩固程度而定。

4. 过度学习

一般来说，一种学习材料如果学到恰能成诵之后还能继续学习一段时间，这种学习就是过度学习。研究发现过度学习比刚好能背诵的学习保持的效果好。有人认为就保持效果与学习时间的综合效益而言，150％的过度学习最为经济。过度学习的次数少，达不到效果；过度学习的次数多，费时费力，效果却没有明显提高。所以过度学习要适当。对于老年人来说，过度学习最适用于新接触的、需要准确回忆却没什么意义的操作性信息，如英语单词的拼写。

5. 自动化

在技能形成过程中，随着练习增多，需要的注意力会相对减少，这种现象称为自动化。自动化是非常重要的，许多技能如阅读、书画、演奏等都需要达到自动化的程度。自动化主要是通过训练和练习获得的，它与过度学习有联系。因此，我们要求老年人在学习新知识的过程中，一些基本知识和基本技能一定要加以反复操作和练习，慢慢达到自动化的水平。

6. 积极的心向、态度和兴趣

心向、态度和兴趣也是影响记忆的一个重要因素，这种个性特征对记忆的方向、速度与巩固有着重要的影响。一般来说，学习者对感兴趣的或者符合其态度的材料会记得又快又牢；反之，则记得慢，易遗忘。因此，对老年学员学习材料的安排，要与青少年学习材料区别开来，尽可能选择老年学员感兴趣的材料。

(二)精加工策略

精加工策略是指学习者把新信息与头脑中的旧信息联系起来，增加新旧信息之间的意义联系，从而帮助学习者将信息储存到长时记忆中去的学习策略。这实际上是一种理解记忆的策略，其要旨在于建立信息之间的联系。联系越多，能回忆出信息的途径就越多，能提取的线索就越多，记忆的效果就越好。

精加工的策略有很多，其中影响较大的是记忆术。记忆术能在新旧材料之间利用视觉表象、语音、语义等建立联系。这种记忆策略在记忆新名词术语、种类项目等信息时非常有效。还有就是记笔记的方法。

1. 记忆术

(1)位置记忆法。位置记忆法就是在学习者的头脑中创建熟悉的场景，在这个场景中确定一条明确的路线，在这条路线上确定一系列特定的点，然后将要记忆的内容全部视觉化，并按顺序将路线上的各个点联系起来。回忆时，只要按照这条路线上的各个点就可以回忆所有的项目。进一步研究发现，不仅是人们熟悉的场景，而且包括能引发具体形象的物体、人的身体、房间等都可以采用位置记忆法。

(2)首字联词法。首字联词法是利用每个词的一个字形成一个缩写，从而达到方便记忆的目的。例如，《二十四节气歌》，取每个节气的一个字组成"春雨惊春清谷天，夏满芒夏暑相连，秋处露秋寒霜降，冬雪雪冬小大寒"，这样能快速记忆二十四个节气。

(3)谐音联想法。这种方法是通过谐音线索，进行人为联想。比如，记忆圆周率($\pi \approx 3.14159$)可以用"山巅一寺一壶酒"的谐音。谐音法能提高记忆效率，关键在于它的"一音双关性"，需要在谐音和需要学习的材料之间进行有效的转换。但对老年人来说，老年人在记英语单词时，不能把谐音当作准确的读音来记，它只是帮助我们在准确发音和中文意义之间建立人为联系，不能代替知识本身。所以谐音法不适用于记忆具有较强逻辑关系的材料，否则会适得其反。

（4）形象化法。形象化法是应用比喻、联想等方法，将无意义的材料转化成形象材料的一种方法。

（5）关键词法。关键词法就是将新词或者概念与相似的声音线索词，通过视觉表象联系起来。例如，记忆英文单词"tiger"，可以联想成"泰山上一只虎"。这种方法在老年人记忆外语词汇时非常有用。现在有研究表明，这种记忆术也同样适用于其他信息的学习，如省会名称、阅读理解、地理信息等。

2. 记笔记

记笔记是心理学中研究较多的精加工策略。研究表明，笔记有助于引导思路，发现知识的特点，建立新知识与旧知识之间的联系。

心理学家认为，记笔记有两步：第一步是记下所听到的信息；第二步是使记下的信息对你有意义，即理解信息。如果记笔记只停留在第一步，对学习并无多大的帮助。重要的是进入第二步，对笔记加工。

对于老年教育来说，不需要强调培养记笔记的习惯，因为老年人已经有了自己成熟的记笔记方式。考虑到老年人的身心特点，教师讲课时应注意如下几点：（1）讲课速度不宜过快；（2）比较复杂的材料分部详解；（3）把重点用文字展示出来；（4）为老年学员记笔记提供结构上的帮助，如列出大、小标题，表明知识的层次。

（三）组织策略

组织策略指整合所学的新旧知识之间的内在联系，形成新的知识结构的策略。组织是学习和记忆新信息的重要手段，其方法是将学习材料分成一些小的单元，并把这些小的单元置于适当的类别之中，从而使每项信息和其他信息联系在一起。例如，图书馆把书籍按类别摆放，方便借阅。温斯坦（Weinstein）和梅耶提出两种有效的组织策略：列提纲和做关系图。这些技术能帮助学习者分析课程结构，从而使他们更好地理解材料。

1. 列提纲

列提纲是以简单的语词写下主要和次要的观点，也就是以金字塔的形式呈现材料的要点。好的教科书通常在每章的开头列有一个内容结构提纲，可以使读者清晰地了解大小标题、层次以及内在逻辑关系。教师在讲课时，也可以列出内容结构提纲，为学习这种方法提供示范。可以采用如下步骤引导老年学员列结构提纲：(1)提供较完整的结构提纲，其中留出一些下位的细目空位，要求老年学员通过阅读或听讲填补这些空位；(2)提纲中只有一些大标题，所有小标题要求老年学员完成；(3)提纲中只有小标题，要求老年学员写出大标题。

2. 做关系图

做关系图是图解各种观点之间联系的好方法。可以先指出中心思想，然后图解他们之间的关系，也就是先提炼出知识点，然后用图来表达它们之间的逻辑关系。最简单的关系图就是概念系统的关系图。

在做关系图时，首先应识别主要知识点和次要知识点，包括支持它们的各种证据；然后标出这些部分，分析它们之间的关系；最后用适当的图解来标明这些知识点之间、知识点与证据之间的关系，形成关系图。在关系图中，主要知识点位于中心，支持性观点位于周围。在做关系图时，由于材料内容不同，它们之间的关系也不同。一般来说，可按照顺序关系、因果关系、种属关系等来构建关系图。

(四)监控理解策略

监控理解是一个核对学习者是否理解所读到或者听到的材料的过程。这是一种高级的学习策略，需要有较好发展的元认知。低成就者和那些不具备元认知的个体几乎不会去核对他们的理解，所以当他们不理解自己看到或者听到的材料时，就不能很好地采取补救措施。有三种主要的监控理解策略，分别是总结、精细化提问和 PQ4R 法。

1. 总结

总结是指对语言或者文字信息作简洁描述。学会总结需要一定的时间和训练。老年学员注意广度开始变小，记忆大段材料对于他们来说难度很大，但是通过训练帮助他们辨别无关信息、对一个段落做出概括性的描述或总结等，可以提高老年学员对材料的理解。

2. 精细化提问

精细化提问指类推、分辨例子和在所学材料之间形成关系的过程。这是一种比较有效的监控理解策略。以下列举三种较为有效的精细化提问：(1)有关这个观点的另一个例子是什么；(2)这个主题在哪些方面与前面部分的主题相类似或者是有不同之处；(3)这个主题是如何同我已经学过的其他更大的主题相联系的。像这样的精细化提问在新信息和长时记忆中的知识之间创建起了联结，它使得新信息更有意义并更容易学习。

3. PQ4R

PQ4R 是一种复杂的学习策略，它在教学生阅读时采用一系列连续的步骤来监控自己的理解。这些步骤包括：(1)预习(preview)：通过看标题和内容提要来理解材料是如何组织的；(2)提问(question)：阅读内容时提一些精细化问题；(3)阅读(read)：阅读材料，然后尝试着回答那些精细化问题；(4)反思(reflect)：阅读完文章时，提出并尝试回答另外一些精细化问题；(5)背诵(recite)：总结所阅读的文章，包括本文与以前的文章之间的关系；(6)复习(review)：再次阅读那些不能提出精细化问题的段落和无法回答自己所提出的精细化问题的段落。

三、认知策略学习的一般过程和特点

既然智力技能和认知策略同属于程序性知识范畴，那么有关规则学习规律的概念和方法也应该适合认知策略学习。但是不能把一般概念和规则学习的规律简单地推论到认知策略学习上。因为认知策略是一种特殊的程序性知识，其学习具有不同于一般智力技能学习的特点。

第一，支配认知策略的规则具有内潜性。根据加涅(R. M. Gagne)的学习结果分类，支配智力技能的规则是对外的，支配认知策略的规则是对内的。对外办事的规则易于通过实物或其他媒体进行演示。由于人的认知活动潜藏在大脑内部，无法直接观察到，所以难以把支配人的认知活动的规则用演示的方法告诉学生。

第二，支配认知策略的规则具有高度概括性和模糊性。学生要学习的认知策略主要是思维与解决问题的策略。支配这些策略的规则一般具有高度的概括性。支配认知策略的规则的高度概括性也给它带来了模糊性。例如，按时间分段的文章很可能与按地点或按事物发展顺序分段的文章交叉重叠，这样给学习者掌握文章内容带来了困难。

第三，支配认知策略的规则多数是启发式的。

这些特点使认知策略的学习比智力技能的学习更困难，需要接触的例子和变式练习更多，需要从外界得到更具体的反馈和纠正。

第三节　元认知策略和资源管理策略

元认知策略即监控性学习策略，主要是学习者对认知过程进行监控、评价与调节的策略，元认知策略分为计划策略、监控策略和调节策略。

一、元认知策略

元认知策略和其他两种策略同属于过程性知识，储存在长时记忆中。在阅读的过程中遇到不理解的地方，你会如何做？你或许会慢慢地再读一遍；或许会寻找其他线索，如图、表、索引等来帮助你理解；或许还会退回到这一章更前面的部分再看一遍。这意味着你要学会如何知道你为什么不懂，以及如何去改正你自己。此外，你还要能预测可能会发生什么或者能说出什么是明智的，什么是不明智的。所有这些都属于元认知策略。

(一)元认知策略

1. 计划策略

计划策略包括设置学习目标、浏览阅读材料、产生待回答的问题以及分析如何完成学习任务。成功的学习者并不是被动地听课、做笔记和等待教师布置作业，他们会预测完成作业需要的时间，在做作业前将各种相关知识融会贯通，在考试前复习笔记，在必要时组成学习小组等。通过这些设定的计划，学习者对自己的学习过程进行监控，经常对学习过程与原先的计划设想进行比较，及时发现问题，进行调整。

2. 监控策略

监控策略指在认知活动的实际过程中，根据认知目标及时评价、反馈自己认知活动的结果与不足，正确估计自己达到认知目标的程度、水平；根据有效性标准评价各种认知活动、策略的效果。这些策略使学习者警觉自己在注意和理解方面可能出现的问题，能进行及时修正。

老年学员能选择注意有效学习内容中的重要信息，这是成熟的学习者常常使用的一个策略。教师要做的第一件事就是帮助老年学员挑选重要的材料，减少分散注意力的事物，并且教老年学员集中注意力的技巧。

3. 调节策略

调节策略指根据对认知活动结果的检查，如发现问题，采取相应的补救措施，及时修正、调整认知策略。调节策略与监控策略有关。例如，当学习者意识到他不理解所学内容的某一部分时，他们就会退回去读困难的段落；在阅读困难或不熟的材料时放慢速度；复习他们不懂的课程材料；测验时跳过某个难题先做简单的题目等。调节策略能帮助学习者校正学习行为，补救他们理解上的不足。

元认知策略总是和认知策略共同起作用。如果一个人没有使用认知策略技能的愿望，他就不可能成功地进行计划、监控和自我调节。认知策略帮助我们将新信息与已有信息整合在一起，元认知策略则监控和指导认知策略的运用。也就是说，教师可以指导老年学员使用不同的策略，但如果老年学员没有必要的元认知技能来帮助他们决定在某种情况下使用哪种策略或者改变策略，那么他们就不是成功的学习者。

(二)策略型学习者

元认知是对自身认知过程的意识和控制。与低成就者相比，那些高成就者更能意识到他们进行学习和研究的方式，并且能通过更多的步骤和方式来改进自己的学习和研究方法。由此可知，元认知是策略性学习的基础。

当有经验的学习者采用做笔记的方法来提高理解力时，他们会问自己以下的问题：(1)我是做了足够的笔记，还是做的笔记过多了；(2)我在笔记上写下的是要点，还是无关细节；(3)在学习时我是仅简单地阅读笔记，还是用例子来对它们进行精细化加工。

以上这些问题都涉及元认知，也就是说都涉及了我们不断地问自己所用的学习策略是否有效。但是，有研究表明，有效的策略使用者除对他们的学习有更多的元认知外，还具有另外两个特点：广泛的背景知识和策略目录。

1. 广泛的背景知识

研究发现，如果没有足够的背景知识，学习者只能利用策略来"预测无关紧要的事件、概括细节或者仅仅是说大话"。相反，老年大学学员拥有较多知识背景和生活经验，他们能利用深加工策略来概括问题、创造想象并采用类推思维来解决问题。

2. 策略目录

就像问题解决专家拥有大量的经验一样，有效率的问题解决者也有大量的策略可供选择。比如，他们可以记笔记、略读、列提纲、画图表、利用黑色字和斜体字的特点以及运用例子等。他们也可以利用启发法，如利用手段—目的分析法将那些定义模糊的问题分解成可操作的部分。如果没有策略目录，学习者就不能将策略与不同的目标进行匹配。

成为一个策略型学习者需要时间和努力。研究表明,尽管意识到有更精细的策略,但大多数学习者仍然只是采用最主要的几种,如简单复述,而不考虑材料的复杂性。

二、资源管理策略

资源管理策略是辅助学习者管理可用环境和资源的策略,资源管理策略属于支持性学习策略。有关研究表明,资源管理策略与学习者学业成就密切相关。发挥基本学习策略的作用离不开资源管理学习策略的作用。以下简要介绍学习计划与学习时间的自我管理和学习环境的自我管理两项资源管理策略。

(一)学习计划与学习时间的自我管理

制订学习计划是学习管理的一项技能。和青少年不同,老年学员能够在教师的指导下自主制定学习策略,但在新材料的安排上仍需要指导。

在对老年学员进行学习时间的计划与管理的辅导时,教师应注意:(1)老年学员一次性学习时间不宜太长,要注意劳逸结合,张弛有度,既要考虑学习,也要考虑休息。(2)要注意学习时间的合理分配。不同课程的难度不同,个人的兴趣、爱好、基础等不一样,这就要求老年学员针对自身的实际情况,合理分配时间,从而做到最大限度利用时间,提高效率。(3)充分利用最佳学习时间。研究发现,在一天中不同个体的新陈代谢状况和大脑机能状况是不同的。因此,最佳学习时间因人而异,有些人的最佳时间在白天,有些人则在黑夜,要根据自己的特点来有效安排学习时间。

(二)学习环境的自我管理

任何学习活动都发生在特定的环境中,因此,环境的好坏会直接影响学习的效果。由于学习环境的自我管理较容易实现,因此在学习策略的辅导中，帮助学习者掌握学习环境的自我管理技能是必不可少的。学习环境分为自然环境和心理环境两个方面。

学习的自然环境方面，包括空气、温度、光线、噪音等。舒适的温度对人体各部位机能的正常发挥具有明显的影响。温度过高或过低，都会使人产生身体不适、情绪烦躁、反应缓慢等情况，从而影响学习效率。因此，要在学习环境中安置通风和调温设施，保证空气的流通与气温适宜，同时要养成定时到室外呼吸新鲜空气的良好习惯。

学习的心理环境方面，要注意心理环境的调整。研究表明，良好的心理状态对学习具有重要的促进作用。一般来说，高兴、快乐、喜悦等情绪对学习有促进作用，而焦虑、痛苦、忧伤、愤怒等情绪对学习起到阻碍作用。这一点对于老年人来说尤其重要，保持轻松愉悦的心理状态，能够提升老年学员的学习兴趣，进而影响老年学员的学习效果。

个体的心理状态既受到外界环境的影响，如外界的自然环境、人文环境和社会环境的影响，又更多地受到自身的主观因素的影响，如个体的认知、态度、需要、主观努力与主动的自我调节等。因此，为了更好地保持个体良好的心理状态，除了从外界加以适度的控制外，重要的是从个体内部进行调整，特别是在无法左右外界因素时，个体内部的自我调控就显得尤为重要。

第四节 学习策略的促进

许多专家认为，教育的目标之一就是帮助学习者学会使用有效的元认知策略。但是，常常有许多学习者把学习中的困难归因于缺少能力，而实际上，他们的问题在于没有学会有效地使用学习策略。面对所有课程中的学习任务，有些学习者只会一直使用一两个主要的学习策略，他们常常没有合适的策略来学习复杂的材料。教师的任务就是给学习者提供或者引导他们去发现更有效的学习策略，从而提高学习效率。

一、促进学习策略的原则

人们在学习、阅读时常常使用各种不同的策略，但是学习策略的效果视具体问题和使用者而定。教育心理学家们一直在争论到底哪种学习策略最有效，因为没有学习策略是绝对有效的。显然，学习策略的价值依赖具体的使用情况。托马斯和罗瓦提出了一套适用于具体学习方法的有效学习原则。

(一)特定性

学习策略一定要适用于学习目标和学习者的类型，即通常所说的具体问题具体分析。研究者们发现，同样一个策略，年长的和年幼的、成绩好的和成绩差的学习者用起来的效果是不一样的。例如，要求老年人写出阅读的提要可能是一种有效的学习方法，但对年龄较小的学生使用这种方法显然超出其能力范围。

同时，还要考虑学习策略的层次，必须给学习者提供大量的策略——不仅有一般的策略，而且还要有非常具体的策略，如前面所讲的各种记忆方法。

(二)生成性

利用学习策略对学习的材料进行新加工，产生某种新的东西，这是有效学习策略最重要的原则之一。生成新的知识需要学习者对学习内容进行高度的心理加工。向别人提问，给同伴授课，将笔记整理成提纲等都是生成性程度高的策略。毫无要点地记录、机械地记忆等都是生成性程度低的策略，这些策略不能提高学习效率。

(三)有效的监控

教学生何时、何地与为何使用策略似乎非常重要，但教师常常忽略这一点。这可能是因为他们没有意识到这件事的重要性，也可能是他们认为学生自己能行。要知道，如果能说清楚使用策略的原因，那么就有可能记住并且应用它。有效的监控指的是学习者知道在何种情况下应用相应的策略，同时在应用策略的时候正确地指出使用策略的原因。

(四)提升个人效能感

学习者可能知道什么时候使用策略，但是如果他们不愿意使用这些策略，其学习能力无法得到提高。教师一定要给学生机会，让他们感受策略的有效性。教师应该要求学生在学习时不断回顾和检查，并根据结果对学生进行评分，由此促进学生使用学习策略，并让学生意识到使用策略有助于提高学习效率。

二、促进学习策略的方法

虽然对学习策略的性质、结构和测量等问题还有待进一步研究，但是，学习策略是可以培训和迁移的。许多教育心理学家研发了各种学习策略训练课程，并进行实验性的训练研究。以下是几种有代表性的教学模式。

(一)直接教学

直接教学模式与传统的讲授法都是由激发、讲演、练习、反馈和迁移等环节构成。在教学中，教师先让学生解释所选定的学习策略的具体步骤和条件，在具体应用中不断提示，让学生口头表述确认操作的每一个步骤，以及报告自己应用该策略时的思维，通过不断地重复这种定向思维策略，加强学生对策略的感知和理解。同时教师通过各种举例让学生认识到策略应用的多种可能性，使学生形成对策略的概括性认识。

(二)交互式教学

交互式教学方法，主要是用来帮助成绩差的学习者提高阅读和理解能力。这种策略由教师和多个学生一起进行，教授学生使用以下四种策略：总结——总结段落内容；提问——提出与要点相关的问题；澄清——明确材料中的重难点；预测——预测下文将出现什么。例如，一开始教师示范以上四种策略，接着教师指定一位学生扮演教师，使用教师的策略带领大家分析下一段内容。教师在这个过程中作为促进者和组织者，学生则轮流扮演教师，通过这种教学策略提高学生的成绩。

(三)脚本式合作

脚本式合作是学习者之间通过讨论学习材料来获得更深入的理解的一种学习策略。这种学习策略比其他独自总结和简单阅读材料的方法更有效。更重要的是，脚本式合作的两个参与者都能从这种学习活动中受益，主讲者比听者获益更大。

在老年教育教学过程中，无论教师使用何种方法促进老年学员学习策略的掌握，都要结合学科知识。研究认为，学习策略应该和专业知识相结合。教师要不断探索优化自己的教学方法，同时考虑到老年学员的特点，为他们提供可以效仿的学习过程；同时要根据老年学员原有的基础来启发学习思路，将其有意识地内化为有效的学习策略。

第五节　老年人学习策略的提升
——以英语学习为例

对于老年人来说，外语学习是一种积极健康的用脑活动。相应地，从教育的角度来考察老年人外语学习的学习策略，为老年人的外语学习提供科学与系统的指导就成为不可或缺的课题。有研究者以英语学习为例，调查了老年人的学习情况，对老年人外语学习进行相应的探讨。

其一，从老年学员学习心理状态出发，培养老年学习者积极情感，有利于取得较好的教学效果。在英语教学过程中，学习者的心理状态对教学效果起着重要作用。老年学员在学习英语的过程中由于短期记忆广度下降，不可避免地带有畏难情绪。教师在教学过程中要充分表扬和激励老年学员，多给他们发言和锻炼的机会，减少机械记忆的内容，增加学习材料的重复呈现频率，培养成就感，从而提高老年学员的心理满足感。

其二，针对老年学员英语学习的需求，激发其学习英语的动机。根据马斯洛(A. H. Maslow)的需要层次理论，人有生理、安全、爱与归属、尊重以及自我实现五个层次的需求。老年学员希望从家庭和社会获得更多的精神上的关怀，并且仍有很强的参与社会和各种团体的需求。尽管老年人的社会角色和社会地位有所改变，但是他们仍然渴望社会能够维护他们尊严，尊重他们的价值。所以在英语教学过程中教师应考虑老年人的这一需求，有效结合社会活动和英语学习，提高教学效果。

其三，根据老年人的认知特点，进行学习策略训练。迈入老年之后，个体的生理功能减弱，视觉和听觉的敏锐度逐渐降低，运动灵活性及速度也出现明显的减退，因而学习效率也明显降低。老年人由于注意分配不足，对信息编码的精细程度和深度均下降，记忆容易被干扰和抑制。教师应运用适合的方法提高老年学员的自我意识，使其掌握学习英语的有关技巧和策略，培养其独立的学习能力，减少学习障碍。

首先，要给老年人创造一个真实的语言环境。其次，加强记忆练习，综合使用机械记忆和有意义学习。这种方法一方面有利于缓解老年人的学习压力，减少学习的负面情绪，另一方面可以顺应老年人的认知习惯和节奏。最后，尽可能使用表演教学法、绘画教学法等，有效地让老年人身体力行地参与英语学习，不仅丰富了课堂，发挥老年人的特长，而且也有利于老年人的身体健康。

其四，针对老年人的学习特点，强调发音技巧，进行有效的语音学习。年龄与学习第二语言的成功具有紧密的联系。特别是在语音方面，相对于青少年，老年人在语音学习上处于劣势，但是老年人在发音技巧的掌握速度上是很快的。教师在教授语言的过程中，要有意识地强调语音技巧，准备较为系统的语音资料，与课堂学习内容相结合。一方面帮助提高老年人的发音的准确率，另一方面也帮助老年人培养积极的学习情感，克服畏难、焦虑等情绪。

其五，针对老年人的理解能力强、可塑性不强的特点，扬长避短、因势利导，使其发挥母语文化的优势。母语文化是跨文化交际能力的基础，跨文化交际能力的获得离不开对母语文化的了解。由于本身的学历和阅历，老年人对本民族的文化有更广泛的了解。

在英语教学中，教师要灵活采用母语文化的材料，进行对比教学。一方面增加老年人对英语的亲切感，更有效地接纳和学习英语语言及文化；另一方面逐渐培养老年学员的英语语言思维习惯和英语语言交际能力。

实践表明，老年人同样具有强烈的学习愿望，也愿意付出学习时间与精力。但年龄因素又必然使他们的精力、记忆能力衰退。针对老年人的生理特点与心理特征，在教学活动中合理地扬长避短，不但能够有效地培养他们的学习兴趣，而且让老年人的生活更加丰富多彩。

本章主要参考文献：

[1]杨妃英，邓天中. 老年人英语学习的特点及教学应对策略[J]. 河北职业教育，2008，4(5)：32.

[2]刘电芝，黄希庭. 学习策略研究概述[J]. 教育研究，2002(2)：78-82.

[3]张殿玉. 英语学习策略与自主学习[J]. 外语教学，2005，26(1)：49-55.

[4]宋赟. 关于老年人学习钢琴的现状与教学策略[J]. 音乐时空，2013(17)：107.

[5]莫雷. 教育心理学[M]. 广州：广东高等教育出版社，2004.

［6］张大均. 教育心理学（第 2 版）［M］. 北京：人民教育出版社，2011.

［7］陈琦，刘儒德. 当代教育心理学［M］. 北京：北京师范大学出版社，2007.

第六章　行为学习理论

本章提要

　　行为主义重视环境和经验的作用，强调学习中的各种要素和可观察的行为，认为行为导致的多次愉快或痛苦的后果改变了个体的行为或个体模仿他人的行为。行为主义学家力图发现适用于解释所有动物(包括人类)的行为学习理论。本章简要介绍行为主义学习理论的主要观点及其在教学中的应用。

第一节　行为主义学习观

　　根据行为主义的观点，当环境刺激使学习者的反应发生相对持久和可观察的变化时，学习就产生了。行为主义研究的重点是可观察的行为，即用刺激(S)和反应(R)来定义学习。刺激是指可以观察到的环境事件，它拥有控制行为反应的潜力。反应则是学习者的外显行为。

行为主义者根据刺激对学习者反应的影响，把刺激分为诱发刺激、后果及前因。

诱发刺激是紧挨着反应之前，并能自动引发反应的可观察的环境事件。例如，当你向另一个人的脸部快速伸出手，那么这个人会向后仰头或者举手护住脸部。这种情况下，你伸出的手就是引起向后仰头或举手的刺激。

后果是指紧挨着反应之后立即出现的，它会影响反应的再次发生或者减少。比如某老年学员最近不来上课了，因为每次上课都没有人愿意和他同一个小组；而某老年学员对于上课非常积极，因为每次上课能和别的学员一起分享最近的生活。后果是根据对反应的效果来界定的，要确认刺激是否为后果刺激，必须确认它是增加还是减少了某种反应的可能性。

前因是先于反应的刺激，它会提示学习者，如果他们要得到强化奖励或避免惩罚就需做出的某些反应方式。例如，在课堂上，学生们非常吵闹而且不听课时，教师会停下来。当学生察觉到教师的沉默后，他们便会意识到，如果想要得到教师的强化奖励或者避免惩罚，就应该安静，并集中注意。在这里，教师的沉默便是提示学生行为的前因。

由于刺激和反应都能够被直接观察和测量，因而行为主义者相信，学习是可观察和测量的。例如，原本不会弹钢琴，而现在会了，这种行为的改变是可观察和测量的。学生在课堂讨论中更多地参与到学习交流中，这种行为也是可以观察和测量的。因此，教师在进行教学或管理课堂行为时，要确定自己想要发生的具体行为变化，以及可引发这种变化的刺激。此外，教师可以在干预之前、之中和之后通过测量或观察学生的行为，收集学生行为的数据。例如，教师可以计算学生在课堂上打断他人发言的次数，然后进行干预，再观察打断他人发言的次数是否发生了变化。

第二节　经典性条件作用理论

一、巴甫洛夫经典性条件作用理论

俄国生理学家伊凡·巴甫洛夫（I. P. Pavlov）最早提出的经典性条件作用理论发现了人和动物学习的最基本的机制。

（一）学习是大脑皮层暂时神经联系的形成、巩固与恢复的过程

巴甫洛夫认为"所有的学习都是联系的形成，而联系的形成就是思想、思维、知识"。他所说的联系是指暂时的神经联系。巴甫洛夫利用条件反射的方法对人和动物的高级神经活动做了许多推测，发现了人和动物学习的最基本的机制。

在巴普洛夫的经典实验中，他将狗置于经过严格控制的隔音实验室内，食物通过遥控装置可以送到狗面前的食物盘中。狗唾液的分泌量通过仪器可以随时测量并记录。实验开始后，首先向狗呈现铃声刺激，铃响半分钟后便给予食物，于是可观察和记录到狗的唾液分泌反应。当铃声和食物反复配对呈现多次以后，仅呈现铃声而不出现食物时，狗也会做出唾液分泌反应，这就是经典条件反射实验。其完整的实验过程分三个阶段。

条件作用前。铃声对于狗来说是中性刺激，不能引起狗的特殊反应（分泌唾液）。而食物能引起狗的唾液分泌，食物被称为无条件刺激，因为食物在狗身上所引起的唾液分泌是狗本身所具有的。由无条件刺激引起的反应被称为无条件反应。无条件反应通常属于自动的、无意识的反应。

条件作用中。铃声与食物配对呈现，每当铃声响起，同时或稍后呈现食

物。这时狗在中性刺激(不会诱发任何特殊反应的刺激)和无条件刺激共同作用下分泌唾液。

条件作用后。为了检验狗的学习是否出现,撤除食物,单独呈现铃声,看狗是否分泌唾液。如单独出现铃声,狗分泌唾液,这表明狗的学习已经出现。这时铃声由中性刺激变成条件刺激。由条件刺激引起的反应被称为条件反射。

条件反射是一种学习现象。尤其是当无条件刺激和中性刺激在某些场合一起呈现时,或是只有无条件刺激紧跟着中性刺激出现时,条件作用都很有可能发生。例如,最初铃声对于狗来说没有特定的意义,被称为中性刺激,它不能引起狗的特殊反应。当它经历若干次与食物配对呈现,铃声和唾液分泌之间建立了一种新的联系。此时,食物不再出现,单独呈现铃声,也能引起狗的特殊反应(分泌唾液)。若反复呈现铃声而不给予食物,狗的唾液分泌反应会逐渐消退。

(二)条件学习的一些基本机制

尽管巴甫洛夫没有专门概括学习的规律,但他的实验及所提出的条件反射原理实际上包含了许多重要的学习规律,其中最重要的是学习的消退律和学习的泛化与分化律。

1. 消退律

有机体对条件刺激和无条件刺激(如狗对灯光与食物)之间的联系的获得阶段,称为条件反射的习得阶段。这个阶段必须将条件刺激和无条件刺激同时或近于同时地多次呈现,才能建立联系。

在经典条件作用中,条件刺激和无条件刺激的练习促使学习得以发生,所以如果这两种刺激的捆绑弱化,那么条件反应就会消退。即如果反应行为得不到无条件刺激的强化,即使重复条件刺激,有机体原先建立起的条件反射也将会减弱并且消失,这称为条件反射的消退。

2. 泛化与分化律

泛化指条件反射一旦建立,那些与原来刺激相似的新刺激也可能唤起条件反应，尽管这些刺激在原先的条件作用中并未出现。最典型的例子是："一朝被蛇咬，十年怕井绳。"当学习者认为两个相似刺激有所不同，对它们做出不同的反应，分化便产生了。例如，巴甫洛夫的实验中，狗对卡在自行车钢圈上的扑克牌发出的声响不会分泌唾液，因为这种声响与铃声存在明显的差异，所以狗对它们会做出不同的反应。

分化与泛化是互补的过程。泛化是指对类似的事物做出相同的反应，辨别则是对刺激的差异的不同反应，即只对特定刺激给予强化，而对引起条件反射泛化的类似刺激不予强化，则条件反射就可得到分化，类似的不相同的刺激就可以得到辨别。泛化能使我们的学习从一种情境迁移到另一种情境，分化则能使我们对不同的情境做出不同的恰当反应。

在实际的学习过程中，为了避免有机体形成条件反射泛化，需要在条件反射建立过程中或建立后进行分化活动，分别向有机体呈现条件刺激和与之类似的无关刺激，对条件刺激给予强化，对无关刺激则不予强化，这样就可以使有机体对条件刺激与相似的无关刺激产生分化。

二、经典性条件作用理论在教学中的应用

经典性条件作用原理可以解释教育实践中的很多基本学习现象。行为主义者认为，大多数情绪不良或者心理健康问题都是由于不适当的环境刺激造成的。例如，学生害怕见到教师、同学，进而害怕进学校、教室，其实质是学生因为学习失败或者教师的惩罚等经历引起的恐惧反应，通过条件反应的泛化法则产生对整个学校或者教室的恐惧。

为了避免出现上述情况，教师可以在教学过程中为学生提供一个舒适温馨的课堂环境，使学生产生舒适、自在的感觉，并将这种感觉泛化到学习活动中。同时，教师可以将积极、快乐的事件与学习任务联结起来。比如，强调团队竞争与合作，而不是个体竞争。避免学生将对个体竞争存在的消极情感反应泛化到其他学习中。

在操作条件中，行为的环境支持是强化刺激，如果强化刺激从环境中消失，那么行为也会随之消失。如果教师对某一行为的注意是这一行为的强化物，那么撤销教师的注意便会使这一行为消退。消退的做法现已成功地用于多种行为的矫正之中，包括破坏性的课堂行为、逃避任务的行为等。

经典性条件作用原理同样可以塑造学习者的良好行为。例如，学生因为在某一课程中的优良表现受到教师的奖赏而体验到快乐，他会因此对该课程的学习产生兴趣，并更加努力。

第三节 联结主义学习理论

桑代克(E. L. Thorndike)是动物心理实验的首创者，教育心理学体系和联结主义心理学的创始人，美国教育测验运动的领袖之一。桑代克和许多早期的行为主义学家们一样，把行为与生理反应联系在一起，在其早期的工作中，他把大多数行为看作对环境中刺激的反应。桑代克超越巴甫洛夫之处在于他提出在某个行为之后出现的刺激影响了未来的行为。

一、桑代克的联结主义学习论(尝试—错误说)

桑代克将自己的心理学称为联结主义心理学，认为心理、学习是情境和反应之间的联结。联结主义学习理论认为，一切学习都是通过条件作用，在刺激和反应之间建立直接联结的过程。在刺激—反应联结之中，个体学到的是习惯，而习惯是反复练习与强化的结果。习惯一旦形成，只要原来的或类似的刺激情境出现，习得的习惯性反应就会自动出现。

(一)桑代克的经典实验

桑代克认为情境和反应之间的联结是通过盲目尝试—逐步减少错误—再

尝试的往复过程习得的。桑代克的这一理论观点是建立在小猫迷笼实验的基础上的（如图 6-1）。

图 6-1　桑代克迷笼

他把一只饥饿的小猫放入迷笼，把食物放在笼外，然后详细记录小猫在笼子中的行为表现。迷笼里事先安装了一个装置，如果猫按动了这个装置，笼门就会自动打开。刚放入笼子时，小猫先做出许多无效的动作，最后偶然触动了开门的装置，逃出来获得了食物。经过多次尝试错误，猫学会了按动装置打开笼门的行为。

根据这些实验，桑代克提出了联结主义学习论（尝试—错误说），认为动物的学习过程是以本能活动开始的一种尝试与错误的过程。这种本能活动因猫受拘束时感到不舒服而被激发，加之对情境的感觉印象，以本能的挤、抓、咬等动作来逃避拘束。随着错误反应的逐渐减少，正确反应的逐渐巩固，其中的一种反应动作被选择出来，最终与情境刺激形成稳固的联结。以后当猫在面临同样的情境时，这一联结有被再次使用的倾向。

桑代克认为，学习的实质是经过试误在刺激和反应之间形成联结，学习的过程是通过盲目的尝试与错误的渐进过程，学习则是联结的形成与巩固。他指出："下至 26 个字母，上至科学或哲学，其本身都是联结造成的。人之所以善于学习，就是因为他养成了这许多联结。"在他看来，性格或技能都是按照一定的方式对一定的情境发生的反应倾向。教育的目的就是把其中的某些联结加以永久地保留，把某些联结加以清除，并且把另一些联结加以改变或利导。

(二)桑代克的学习律

桑代克还提出，学习要遵循三条重要的学习原则。

1. 准备律

桑代克观察到，在他的实验过程中，为了保证学习的产生，必须使小猫处在饥饿的状态。如果让猫吃饱了再放进迷笼，它很可能只会睡觉，而不会表现出想要逃出迷笼的行为。这样，对学习的解释必须包括某种动机状态，这就是桑代克的准备律：学习者在采取行动时，促使其行动就是一种增强，而阻碍其行动则是一种烦恼。当学习者并不准备行动时，迫使其进行行动则成为一种烦恼。

2. 练习律

练习律认为联结的强度取决于使用联结的频次。即学会的刺激—反应联结，练习和使用得越多，就会变得越来越强，反之则越来越弱。但没有奖励的练习是无效的，联结只有通过有奖励的练习才能增强。

3. 效果律

效果律是指刺激与反应之间联结加强或减弱会受到反应结果的影响。桑代克认为在试误学习的过程中，学习者对刺激情境做出特定的反应之后产生了满意的效果，那么这种联结就会增强，下次在相似的情境中就易于出现；如果刺激和反应之间的联结带来了烦恼或痛苦的结果，那么动作重复的可能性会减少。

二、联结主义学习理论在教学中的应用

桑代克认为学习不是突然间完成的，而是通过一系列小的步骤逐渐完成的。学习的目的在于形成各种联结，教学就是创造、设置各种刺激环境来促进预期联结的形成。老年学员的学习应强调"做中学、错中学"，即在实际的操作过程中学习有关的概念、原理、技能和策略。

首先，教师应该允许老年学员犯错误，提供尽可能多的尝试机会，鼓励老年学员从错误中进行学习，这样他们才能真正掌握并娴熟运用知识。其次，教师要激发老年学员的学习动机，多做有意义的练习。老年学员的课程学习应该能让他们感到喜悦、满足，避免因学习产生沮丧、烦恼等不良情绪。此外，应注意在学习过程中合理地加强练习，并注意在学习结束后不时进行练习。教师应为老年学员提供及时的反馈，巩固正确的行为。最后，学习应该在老年学员有准备的状态下进行，教师可以提前告知老年学员下一节课程的内容和安排。

第四节　操作性条件作用理论

斯金纳(B. F. Skinner)在巴甫洛夫经典性条件反射理论和桑代克的联结主义学习理论影响下，于 1937 年提出了操作性条件反射学说。斯金纳根据操作性条件反射的强化观点提出了自己的学习理论，并把在动物学习实验研究中所确定的一些规律用于教学，他提倡以程序教学与机器教学来改革传统教学方式，并得到广泛的支持。

一、操作性条件作用学说

(一)斯金纳的经典实验

斯金纳宣称自己的学习理论是一种描述性的行为主义。他认为一切行为都是由反射构成的，而反射的基本要素是刺激和反应。斯金纳一开始就坚信经典性条件作用的原则只能解释一部分的习得行为，人类的许多行为是操作性的而不是被动的反射。因此，斯金纳描述学习方式的原理为："一个反应被强化——然后非常有可能再次出现——当他被一个强化刺激（强化物）所伴随时。"随后，斯金纳用一种学习装置"斯金纳箱"来证明他的理论假设，见图 6-2。

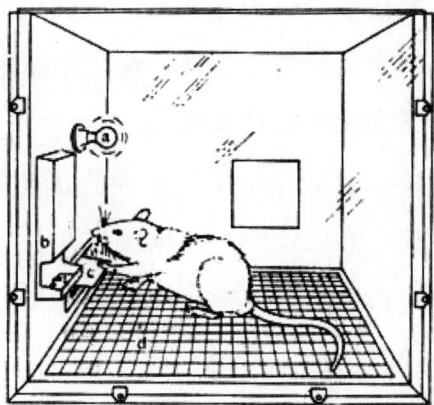

图 6-2　斯金纳箱

斯金纳在箱内装上一操纵杆，操纵杆与另一提供食丸的装置连接。把饥饿的白鼠放进箱内，白鼠偶然踏上操纵杆，供丸装置就会自动落下一粒食丸。白鼠经过几次尝试，会不断按压杠杆，直到吃饱为止。这时，白鼠学会了按压杠杆以取得食物。按压杠杆变成取得食物的手段或工具。在操作条件反射中的学习，也就是刺激情境与压杆反应之间形成了固定的联系。

在斯金纳的实验中，S 不是刺激，是情境，是有机体在刺激情境中自发地做出操作 R，行为结果获得强化物。强化物是对有机体的反应的强化结果，使反应和情境形成联结，提高有机体在情境中做出 R 反应的改良，这是斯金纳操作性条件反射的形成过程与实质。

(二)操作性条件作用的基本规律

斯金纳认为，操作行为不与任何特定刺激相联系，是有机体自发做出的随意反应，是操作性条件作用的研究对象。他认为行为之所以发生变化是因为强化作用，因此对强化的控制就是对行为的控制。在日常生活中，人的行为大部分都是操作性行为，操作性行为主要受强化规律的制约。

1. 强化

斯金纳认为，个体感到满足是主观性的解释，并不能用科学上客观的方法予以测量。他使用了一个客观、中性的概念——强化，并给强化下了一个定义：在条件作用中，凡能使个体操作性反应的频率增加的一切刺激，都是强化。凡是能增强反应概率的刺激和事件，都叫作强化物。

强化物分为两类：正强化物和负强化物。

正强化物是指在个体反应后于情境中出现的并且其出现有助于该反应的频率增加的刺激物。比如，当饥饿的小白鼠按下开关后得到了食物，这食物便是正强化物。由正强化物所形成的强化作用叫正强化（实施奖励）。

负强化物是指在个体反应后于情境中消失的并且其消失有助于该反应的频率增加的刺激物。比如，当处于电击状态下的小白鼠按下开关后电击就停止，这停止电击就是负强化物。由负强化物所形成的强化作用叫负强化（撤销惩罚）。

在日常生活中，人们常自觉或不自觉地运用奖励对他人的行为进行积极强化。例如，教师表扬上课守纪律的学生、家长对考试成绩好的孩子给予物质奖励等。也会运用撤销惩罚来对他人的行为进行负强化。例如，小孩子一旦从将房间弄得又脏又乱，转变为将房间收拾得十分整洁，家长就取消不让他出去玩的禁令。

研究发现，正强化策略有助于增强某种行为发生的可能性，如关注任务的行为，积极参与到同伴的社会活动中去。在教学中有效地运用正强化，需要遵循以下的指导原则：（1）一般应在反应出现之后尽快地给予强化。（2）如果可能的话，尽量多使用自然强化物和社会强化物，如认可、关注或情感表达，给老年学员安排他们感兴趣的课程。（3）所选的强化物需要对老年学员有强化效用，这意味着老年学员是看重这一强化物的。在教师确认了一些有效的强化物时，可以让老年学员选择他们想要的强化物。（4）老年学员对于强化物的偏好是会随着时间发生变化的，教师需要定期改变现有的强化物。（5）意想不到的强化物一般会更有效，主张在自然和合适的情况下给予强化。

2. 逃避条件作用与回避条件作用

当厌恶刺激出现时，有机体做出某种反应，从而逃避了厌恶刺激，该反应在以后的类似情境中发生的概率便增加。这类条件作用被称为逃避条件作用，它揭示了有机体是如何学会摆脱痛苦的。在日常生活中，逃避条件作用也不乏其例，如看见路上的垃圾后绕道走开、感觉屋内人声嘈杂时暂时离屋等。

然而，当预示厌恶刺激即将出现的刺激信号呈现时，有机体也可以自发地做出某种反应，从而避免了厌恶刺激的出现，该反应在以后的类似情境中发生的概率便增加。这类条件作用被称为回避条件作用，它是在逃避条件作用的基础上建立的，是个体在经历过厌恶刺激的痛苦之后，学会了对预示厌恶刺激的信号做出反应，从而免受痛苦。如过马路时听到汽车喇叭声后迅速躲避，违章骑车时遇到警察赶快下车等。回避条件作用与逃避条件作用都是负强化的条件作用类型。

3. 消退

有机体做出以前曾被强化过的反应，如果在这一反应之后不再有强化物相伴，那么，此类反应在将来发生的概率便降低，这种现象被称为消退。在操作性条件作用中，无论是正强化的奖赏，还是负强化的逃避与回避条件作用，其作用都在于增加某种反应在将来发生的概率，以达到塑造行为的目的。消退则不然，消退是一种无强化的过程，其作用在于降低某种反应在将来发生的概率，以达到消除某种行为的目的。因此，消退是减少不良行为、消除坏习惯的有效方法。

4. 惩罚

当有机体做出某种反应以后，呈现一个厌恶刺激，以消除或抑制此类反应的过程，称为惩罚。惩罚与负强化有所不同，负强化是通过厌恶刺激的排除来增加反应在将来发生的概率，惩罚则是通过厌恶刺激的呈现来降低反应在将来发生的概率。但是，惩罚并不能使行为发生永久性的改变，它只能暂时抑制行为，而不能根除行为。因此，惩罚应少用、慎重，惩罚一种不良行为应与强化一种良好行为结合起来，方能取得预期的效果。

根据操作性条件学说，在教育过程中，教师应多用正强化的手段来塑造老年学员的良性行为，用不予强化的方法来消除消极行为，应慎重地对待惩罚。因为惩罚只能让人明白什么不能做，但并不能让人知道什么能做和应该怎么做。

二、操作性条件作用理论在教学中的应用

斯金纳操作性条件作用学习理论在教育上的应用主要体现在以下几方面。

(一)程序教学

程序教学，是指一种能让学习者以自己的速度和水平，以个人自学形式进行的个别化教学方法。程序教学是以斯金纳的操作性条件作用学习理论为根据，把教学内容按主题或层次划分为多个部分，按照严格的逻辑编成程序（附有习题和答案），由学习者自行通过机器或者程序课本进行学习，以提高教学效果的教学方法。自从计算机技术引入教育过程之后，程序教学即演变成为现在的计算机辅助教学。计算机辅助教学的设计，可以利用电脑的输入、储存、记忆、提取的优点，学习者只需要按键操作，即可学习知识。

斯金纳对教育的最大贡献表现在程序教学上。他提出教师使用教材时要精心组织与安排，列出最佳程序，这种程序应为学习者系统学习知识提供保证。另外，教学进度要适合每个学习者的特点，要注意学习者之间的差异。

(二)利用操作性条件的作用

当行为与一个期望结果相伴随时，行为出现的频率就会增加。当行为没有产生所期望的结果时，这些行为通常会减少甚至完全消失。学习者能够学会并表现出新的行为是因为这些行为所带来的结果。有时新行为是恰当的、

有效的。例如，老年学员通过积极回答问题获得教师的赞扬，那么他以后更有可能积极回答问题。不恰当的行为也有可能通过操作条件作用获得。如老年学员发现上课聊天能够引起教师的关注，那么他上课聊天的行为就会规律地出现。

操作性条件作用只有在两种条件下才会出现。第一，学习者必须要做出一个反应。行为主义认为让学生安静地坐着、被动地听教师讲课是学不到知识的。相反，当学生在课堂上做出更积极、更明显的反应时，如积极回答问题，他们才更有可能学会知识。第二，强化物必须是与学习者的反应相依的，即只有当所期望的反应出现时强化物才会出现。在课堂中表现为，教师只有当学生的举止恰当时才表扬他们从而使得强化与所期待的行为相依。

老年大学教师可以利用操作性条件作用的原理去强化老年学员的学习行为。如果想要老年学员经常阅读书籍、在舞蹈比赛中表现出好状态，或是和同伴合作学习，那么当这些行为发生时就要强化这些行为，如适当的鼓励和赞美能对老年学员的学习热情起到正强化作用。相反，老年大学教师应当注意不要强化那些不恰当的和反作用的行为。

第五节　社会认知理论及行为主义新进展

一、社会认知理论的基本假设

社会学习理论因其关注强化和惩罚的作用，在其理论发展和完善的过程中，结合了个体对学习的解释，成为行为主义和认知心理学的结合体，因此人们称之为社会认知理论。

社会认知理论主要由班杜拉（A. Bandura）的研究发展而来。班杜拉认为个体通过观察他们生活中重要人物的行为习得社会行为，这些观察以心理表象或其他符号表征储存在大脑中，来帮助学习者模仿行为。班杜拉的理论接受了行为主义理论家们的大多数原理，但是更加注重线索对行为和内在心理过程的作用，强调思想和行为的作用。他的观点在行为派和认知派之间架起一座桥梁，并对认知—行为治疗做出了巨大的贡献。

（一）观察学习与直接学习

直接学习是一种通过亲自实践并体验行动的结果所进行的学习。这也许听起来像操作性条件作用，但实际上并不是，二者的区别在于对行为结果的解释不同。持操作性条件作用观点的学者认为，行为结果会强化或者削弱行为。然而，在直接学习中，行为结果被看作是一种提供信息的来源。班杜拉强调，反馈不一定总是带来强化，相反它可以让个体产生对行为结果的预期，即如果我做了这个行为，那么会带来什么后果。换句话说，我们对行为结果的解释会产生预期，影响动机，进而形成个体的信念。

观察学习又叫间接学习，是指通过观察别人而进行的学习。从操作性条件作用的观点来看，学习通常是一个尝试错误的过程：人们尝试许多不同的反应，然后增加那些能带来期望结果的反应、淘汰那些无效的反应。而社会认知理论家则认为学习者并不一定要通过尝试错误的方式去"体验"；相反，人和动物可以仅仅通过观察他人或其他动物来学习。班杜拉把观察学习分为四个阶段：注意阶段、保持阶段、再现阶段和动机阶段。

1. 注意阶段

观察学习的第一阶段是注意榜样。一般而言，学习者更关注那些具有吸引力的、成功的、有趣的榜样，这也是大家喜欢模仿明星的原因。在课堂中，教师可以通过呈现清晰且有趣的线索、使用新异和新奇的材料、激励学生等方式来吸引他们的注意力。

2. 保持阶段

一旦引起了学生的关注，教师就可以示范行为，并给学生机会练习和重复。例如，老年大学教师给老年学员示范跳一段舞蹈，然后让他们独自或结伴进行模仿练习。

3. 再现阶段

在该阶段，学习者尽力使自己的行为与榜样的行为保持一致。在课堂教学中，对学生的学习评价主要在该阶段进行。例如，老年学员观察教师示范的舞蹈并且练习了多次之后，可比较自己舞蹈动作是否与教师示范的相似。

4. 动机阶段

这是观察学习过程的最后阶段。学习者之所以模仿榜样的行为，是因为他们相信这样做能增加自身得到强化的机会。在课堂教学的动机阶段中，教师可表扬模仿教师行为的学生。学生会注意榜样的行为，练习、重复这种行为，因为他们知道这是教师喜欢的，他们想获得鼓励。例如，老年学员跳的舞蹈不错时，教师可以说："跳得不错！"

(二)人与环境相互影响

行为主义的理论强调环境是怎样影响学习者的，反过来，学习者经常会自觉地、有意识地影响环境。在某种程度上学习者是通过他们的行为来影响环境的。例如，学习者做出的反应(如他们所选的学习班级、所从事的课外活动、所结交的朋友)决定了他们所拥有的学习机会和将要体验的结果。内部认知过程、人格特质和以某种方式存在于学习者内部的其他东西也会发挥作用。

班杜拉认为行为、环境与个体的认知之间的影响是相互的，但他同时反驳了"单向的相互作用"即行为是个体变量与环境变量的函数；认为行为本身是个体认知与环境相互作用的一种副产品。班杜拉指出，行为、个体(主要指认知和其他个人的因素)和环境是"你中有我，我中有你"的，不能把某一个因素放在比其他因素重要的位置，尽管在有些情境中，某一个因素可能起支配作用。他把这种观点称为"交互决定论"。

环境、行为和个体会以图 6-3 中的方式彼此影响。

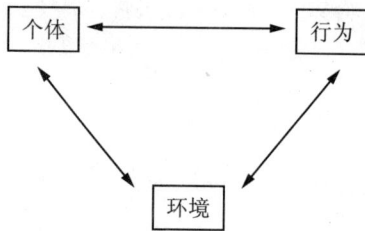

图 6-3 环境、行为和个体的关系

(三)行为逐渐变为自我调整

班杜拉认为，人们观察自身的行为，判断是否达到了自定的标准，由此决定对自己的赏罚。我们都有这样的体验：不管别人怎么评价，我们都很清楚自己出色地完成了某项工作，并感到很欣慰。同样，当我们的表现不尽如人意时，自己也很清楚。

教师可以教学生使用自我调节的策略，并提醒他们在不同情境中使用这些策略，以使自我调节成为一种习惯。例如，可以要求老年学员设定一个目标，如打算每晚学习多长时间，然后每天记录自己是否达标；可以要求老年学员从内容、技术性细节和组织等方面对文学作品进行赏析，看看自己的分析和教师的分析结果是否一致。这些策略使老年学员能调控自己的学习目标，有助于他们形成某种一般性的策略来确立和达到个人目标和标准。对于老年学员这一特殊群体，教师应该给他们创设更多不同的情境去使用自我调节策略，并理解怎么样、何时以及为什么应该使用自我调节策略。

二、行为主义的学习原理

(一)学习是可观察和可测量的

对于行为主义者来说，学习是因刺激对行为的影响从而使这一行为产生相对持久的变化，而行为的变化是可以观察和测量的，且引起变化的刺激也是可以观察和测量的。

计划一节课或策划某一课堂管理策略的第一步也是最关键的一步是：明确界定你希望自己的学习者能够做什么。这意味着教师要有清晰的和可测量的目标以指导他们的决策。例如，你希望一位老年学员提高其课堂的学习效率，那么你就应该确定能够体现这种进步的可观察的行为，也许是这位老年学员将会更多地投入学习体验，或者对别的老年学员做出更为鼓励性的或积极的评论。

学习是可以观察和测量的这一行为主义原理，也与个体对自身行动的有效性做出确定有明显的相关。在行为主义者看来，对自己的行动有效性做出确定，需将学习者当前的行为与预定的靶行为进行比较，这意味着教师需要确定某些观察或测量的行为，据此判断学生是否达到了目标。在课堂参与的例子中，教师可以统计在采取行动帮助学生更有效地参与之前和之后其干扰别人的次数。

(二)学习复杂的行为是渐进的

第二条行为主义原理源于学习复杂行为是一个渐进过程的观点，其含义在学习中体现为教师设计有组织的教学活动来指导这种渐进的学习过程。例如，老年学员在练习书法前，需要先学习挑选笔和纸。

老年学员难以在课堂上立刻掌握复杂的行为，教师要利用老年学员在学业及课堂行为方面取得的点滴进步进行强化。由于学习是一个渐进的过程，所以追踪学习者在每一步上的进步，既是必要的也是有用的。这种方法有助于教师评价自己的教学和管理策略的有效性，并做出必要的调整。例如，在展示某一技能时，可以让老年学员说出自己的理解，如果出现混淆或者理解错误，教师可以及时解答他们的疑惑。

(三)学习为刺激影响反应所致

学习为刺激影响反应所致，是指教学和课堂管理需精心计划、使用刺激，这种计划应基于对诱发刺激、前因以及后果如何影响行为的理解。一节技能课既提供了示范或演示这些前因的机会，又提供了大量的有反馈的练习机会，便是有效地使用了前因和后果。

三、社会学习理论在教学中的应用

(一)楷模的设计

社会学习理论认为行为的习得来自于对楷模行为的观察。班杜拉的实验研究发现，以下五种人物是学习者喜欢或者不喜欢模仿的楷模。(1)学习者心目中最重要的人；(2)与学习者同性别的人；(3)曾获得荣誉的人；(4)有独特行为或曾经受到惩罚的人，并不是学习者喜欢模仿的对象；(5)与学习者同年龄同社会阶层的人。

根据班杜拉的社会学习理论，他认为个人、环境和行为是可以相互影响的，所以"榜样人物"在学习者行为的养成中会占据重要的作用，人们可以通过观察榜样人物的行为来形成自己的新行为。因此，教师可以在班级内选取一位表现优秀的学习者作为榜样，以激发其他学习者的学习热情。

(二)老年学员自律行为的养成

班杜拉的社会学习理论主张个体在社会情境中通过观察学习他人的行为获得自己的行为。后来，班杜拉又将观察学习的意义扩展，认为除了观察他人的行为之外，还可以通过自我观察获得新行为。班杜拉以自律行为的形成为主题，研究了自我观察学习的过程。自律是个人根据自己的价值标准评判自己的行为，从而规范自己去做自己认为应该做的事情，或者避免自己认为不应该做的事。显然，培养学习者行为自律，是教育的主要目的之一。

传统教育中强调，学习者学会自律之前必须经过他律的阶段，即先由学会他律到自律，再由自律学会自治。但班杜拉认为，无论是消极地遵守学校制定的规章制度，还是积极主动地表现道德行为，教育都要从培养学习者的自律行为做起。

班杜拉将观察学习的四个子过程加以延伸，发展成关于自律行为养成的三阶段理论。

（1）自我观察：指个人对自己行为过程和结果的观察，即了解自己在做什么，回顾自己是怎么做的，检讨自己做得如何。例如，教师可以让学习者对自己学习过程进行记录和总结，将自己每次拖延没有完成任务的事件记下来，以减少学习者的拖延行为。

（2）自我评价：指个人通过自我观察后，按照自己的行为标准评判自己的行为。班杜拉认为，在社会情境中，学习者观察楷模人物所采取的行为标准，及成功后获得奖励或失败后受到惩罚，通过这些间接经验的获得建立起对自己或对他人行为评判的标准。

（3）自我强化：指个人按自定标准评价自己的行为之后，在心理上对自己所做的奖励或惩罚，即自我奖励或自我惩罚。自我奖励是个人对自己正确行为的肯定，在意义上符合正强化原则。自我惩罚是个人对自己错误行为的否定，否定后如果能用正确行为替代错误行为，在意义上符合负强化原则。

本章主要参考文献：

[1]刘儒德，陈琦. 当代教育心理学（第2版）[M]. 北京：北京师范大学出版社，2012.

[2][美]罗伯特·斯莱文. 教育心理学：理论与实践（第10版）[M]. 吕红梅，姚梅林，等，译. 北京：人民邮电出版社，2016.

[3]麦小玲. 行为主义学习理论在操作技能教学中的运用[J]. 中华生物医学工程学杂志，2000，6(2)：69.

[4][美]托马斯·费兹科，约翰·麦克卢尔. 教育心理学：课堂决策的整合之路[M]. 吴庆麟，等，译. 上海：上海人民出版社，2008.

[5][美]安妮塔·伍尔福克. 伍尔福克教育心理学（第12版）[M]. 伍新

春，赖丹凤，季娇，等，译．北京：中国人民大学出版社，2012.

[6]杨红燕．浅谈教育技术中行为主义学习理论的应用[J]．科教文汇（中旬刊），2010(11)：42.

[7]袁玖根，邢若南，张翌鸣．学习理论研究的主要取向及其教育启示——基于行为主义和建构主义学习理论的比较[J]．教育学术月刊，2012(11)：26-28.

[8]张春兴．教育心理学：三化取向的理论与实践[M]．杭州：浙江教育出版社，1998.

[9]赵丽霞．学习理论流派及其教学设计观[J]．天津市教科院学报，2010(2)：8-10.

[10][美]珍妮·埃利斯·奥姆罗德．教育心理学(第6版)[M]．龚少英，主译．北京：中国人民大学出版社，2011.

第七章　认知学习理论

本章提要

在学习过程中，个体的认知起着重要的作用。学习不仅受外界环境的影响，还受到学习者主动形成认知结构的影响。认知心理学重视个体在学习新信息、新技能时不能直接观察到的心理过程，它强调人们在学习中的心智变化和结构形成，注重理论在教学过程设计和促进学习者学习等方面的实际应用。本章主要介绍早期的认知学习理论、认知结构和同化学习理论、学习的信息加工理论，并分析它们在老年大学教育教学活动中的应用。

第一节　早期的认知学习理论

认知学习理论认为，学习是个体通过理解，主动在头脑内部构造认知结构的过程。学习受个体预期的引导而不是受机械支配。个体的学习依赖于他原有的知识结构和当前的环境刺激，教学的目的在于帮助个体将外在的知识及其结构内化为其内部的认知结构。

一、格式塔学派的学习理论

格式塔心理学在 20 世纪初产生于德国，在美国得到了进一步的发展，并与构造主义心理学相对立。其主要代表人物有韦特海默（M. Wertheimer）、苛勒和考夫卡（K. Koffka）等人。他们针对个体的学习提出了一系列理论，以下对这些理论做简要介绍。

（一）完形学习理论

格式塔心理学家认为学习是形成新的完形，而不是形成简单的刺激—反应联结。他们主张对意识经验采取公正、无偏的态度，使用现象学的方法对其进行整体、自然的描述。苛勒是格式塔学派的代表人物之一，在对猩猩进行试验的基础上，提出了著名的顿悟学习理论。对于实验中黑猩猩叠箱子取香蕉的学习行为，苛勒认为，在遇到具体问题时，黑猩猩会观察自己身处的情境，观察周围与问题相关的条件，当它发现箱子叠起来与高处香蕉之间的联系时，顿悟便产生了，进而解决了这个问题。

（二）学习观

根据动物研究所取得的成果，格式塔心理学家们提出了他们对个体学习的基本观点。他们认为，学习不必盲目地尝试和重复练习，只要个体理解整个情境中各问题线索之间的关系，顿悟便会发生。之所以产生顿悟，一方面是由于分析当前问题的整体结构，另一方面是由于过去经验的促进作用。

总体看来，格式塔学派关于个体学习有以下几个观点。

首先，从学习的过程来看，学习不是在头脑中简单地形成神经通路的联系，而是个体主动地、积极地对新问题进行理解和组织的过程。因此，老年学员进行学习的时候，教师所创造的整个问题情境应该是可感知、可把握的，以便老年学员建立起新问题和达成目标之间的联系，促进问题解决。

格式塔学派的顿悟学说对教育实践具有一定的指导意义，它强调整体观和经验的组织作用，关注知觉和解决问题的过程。格式塔学派的学习观点，对老年大学的教育教学活动具有以下有几点启示。

第一，老年学员要积极利用自身的知识经验，将自身知识的整体性在新的学习情境中加以迁移应用，加快对新知识的理解和掌握。

第二，教师要营造轻松愉悦的学习氛围，同时老年学员要踊跃参与到课堂中，通过经验分享，相互了解、相互鼓励，形成轻松的学习"场"。

第三，加强师生互动和老年学员间的相互学习。在轻松的环境中进行的师生互动，可以促进老年学员对新知识的组织和理解，这比仅仅阅读课本知识有更好的效果。例如，就某一话题进行经验讨论，对名家书法作品进行评鉴、赏析等活动。

老年学员丰富的知识经验及生活和工作经验，使他们对事物之间的联系把握得更加深刻和准确。从这个方面来看，这有助于他们将新知识与头脑中已有的经验建立起更好的联系。在遇到新问题时，这些丰富的经验会帮助他们将知识进行迁移，进而促进对新知识的巩固和理解。

从学习的结果来看，个体的学习不是刺激—反应之间机械的联结，而是通过对特定情境中事物之间关系的理解而构成的一种完形，这是一种顿悟形式的智慧行为。

苛勒的顿悟说认为学习不是在盲目地试误，而是在理解周围情境之后产生突然的、迅速的领悟。该观点还有以下三个特点。

第一，顿悟的产生依赖于一定的情境条件，只有在学习者理解周围情境条件中各事物之间的关系时，顿悟才会出现。学习者要先发现面临的问题情境与周围环境或者与自己的知识经验之间的关系，这样才会在理解事物间联系的基础上产生顿悟，进而解决问题。

第二，顿悟是一种质变，它的产生无须量的积累，它是突然出现的。这一点与桑代克的试误说有很大的不同，试误说认为学习是渐进的量的积累过程，而顿悟的产生不需要这种量的积累。

第三，顿悟在相似情境之中可以高度迁移。由顿悟得来的学习方法可以长久地保持，当类似的情境再次出现时，个体会将这种方法快速地迁移到新的任务情境中。

老年学员有不同于青少年学员的独特学习特征，如丰富的生活经验、沉稳豁达的心态、简单的学习目标和学习的无压力感等。老年学员可充分利用这一特征来优化自身的学习，老年大学教师也可利用这一特征组织教学活动。

二、符号学习理论

托尔曼(E. C. Tolman)是美国新行为主义的代表人物之一，是目的行为主义的创始人，他也被认为是认知心理学的先驱。他提出整体行为模式和中介变量的概念，弥补了华生古典行为主义的缺陷，并建构符号学习理论。

(一)符号学习理论

托尔曼认为，个体在达到其目的的过程中，会遇到各种各样的环境条件，个体只有对这些环境条件进行认知，才可以克服困难，达到目的。在这一过程中，个体对环境的认知并不是形成简单的刺激—反应联结，而是对所处环境形成综合表象。它不仅包括事件的基本信息，还包括方向、距离甚至是时间关系的信息，是对整体环境的领悟，即"认知地图"。由此托尔曼认为，个体进行学习的过程是在头脑中形成认知地图的过程。个体在达到目的的过程中，不断对所处情境进行认知。

根据托尔曼的观点，学习者的学习过程就是在头脑中形成认知地图的过程。这个过程强调了学习的认知性和目的性，因而个体在学习时，形成良好的认知结构是关键所在。这有助于个体快速理解问题并做出最好的解决方案来提高效率和节省时间。

(二)符号学习理论对老年教育的启示

在老年教育中，老年学员不应被动地受控于老年大学教师，而应主动地加工信息，形成认知地图。老年学员是积极的探索者，教师的作用是为老年学员创造能够独立探索的情境，而不仅是提供现成的知识。托尔曼还认为，无论有没有强化，学习都会进行。这也从另一个角度说明，老年人的学习不仅要靠外部的强化，也要靠自身的主动性。老年学员具有自我导向能力，能够明确学习的意义和价值，善于根据已有经验来同化和吸收新的知识和技能。

对老年学员来说，学习的目的不是考试，而是将所学知识运用到生活之中，使自己的生活变得更加轻松、健康，保持对生活的热爱，并且通过学习达到扩展知识、发展兴趣、结交朋友、健身养心、服务社会的目的。

因此，在教学中，要从老年学员的角度出发，针对老年学员学习的特点和学习需要，设置课程环节，创设有助于传递知识、训练技能的学习环境。对于某些技能的学习，要让老年学员有机会反复操练，直至熟练。同时，老年学员的授课地点也应具有灵活性，既可校内授课，也可远程授课。授课内容可以包罗万象，既可以是理论文化知识，也可以是政治、经济、健康、文化，以及医疗保健、书法、音乐、美术、历史等，着眼于老年学员的全面发展和整体素质的提高。

第二节 认知结构学习理论

布鲁纳是美国认知教育心理学家，他关注学校教育和学员学习的问题。他反对以强化为主的程序教学，认为学习不是简单地在强化条件的作用下形成刺激与反应的联结。布鲁纳主张，学习的目的在于发现学习的方式，使学习对象的结构转变为学习者头脑中的认知结构。因此，他的理论被称为认知结构学习理论。

一、认知学习观

(一)学习的实质

布鲁纳认为，学习的实质在于学习者主动进行加工活动以形成认知结构，认知结构主要由类别编码系统构成。个体主动获取知识，并将新获得的知识和已有的认知结构联系起来，对自身的知识体系不断地进行建构。这种各部分间存在联系的知识，使个体能够超越给定的信息，触类旁通，举一反三。布鲁纳主张，不论教什么学科，都应该使学习者理解该学科的基本结构，即该学科的基本概念、基本原理以及它们之间的关联。教师可以向学习者提供具体的材料，以便他们来"发现"自己的编码系统。

(二)学习的过程

布鲁纳通过研究学习活动的具体过程后认为，个体学习包含三个几乎同时发生的过程，即新知识的获得、转化和评价。

学习过程首先就是新知识的获得。新的知识既可以是原有知识的精细化，也可以是对先前知识的一种提炼和总结，即知识获得的过程不是突然的、迅猛的而是渐进的。其次，学习涉及新知识的转化。学习者可以超越给定的信息，运用各种方法将它变成另外的形式，在遇到新的任务时，可以适应新任务并由此获得更多的知识。最后，评价是对知识转化的检查，即检查所用的处理知识的方法是否适合这个任务，所做的总结概括是否得当。因此，评价通常包含对知识的合理性进行判断。

学习者会利用他们已有的知识辅助理解那些对自身有意义的事物，而不仅仅是按照事物所呈现的方式来习得知识。在努力使新知识变得可以理解的过程中，他们可主动对这些知识进行加工和修正，进而形成对新知识的理解。

总之，学习任何一门学科的最终目的都是帮助补充和扩大学习者的认知结构。所以，教师应该明确学习者所要建构的认知学习包括哪些组成要素，最好能给出各组成要素的具体图解，这样才能使理论知识变为学习者能够活学活用的知识。

二、结构教学观

(一)教学目标

布鲁纳除了研究学习问题外，也研究教学问题。他认为教学的目标在于让学习者理解学科的基本结构，掌握事物的基本结构，就是学习事物之间的关联。他指出，要帮助学习者了解那些看起来似乎是无关的新事物在实质上是相关的，而且与其已有的知识结构也是相关的。学习者理解学科的基本结构，更容易记忆和掌握整个学科的基本内容，进而促进学习迁移，提高学习兴趣，并促进其创造力的发展。布鲁纳从四个方面指出了掌握学科基本结构的重要性。

首先，懂得基本原理会使学科变得更加容易理解。懂得基本原理以后，个体会更清晰地了解事物之间的关联。会使学习者将新事物与其已有的知识相联系，促进学习者更有效地学习。明确学科的基本结构，有助于更好地理解新知识。

其次，布鲁纳从人类的记忆特点出发，认为"除非把一件件事情放进构造好的模型里，否则很快就会被忘记。人们所获得的知识，如果没有完满的结构把它联结在一起，那这种知识多半会被遗忘。一串不连贯的零碎知识在记忆中的寿命短促得可怜"。由此可见，知识结构的重要性不仅体现在学习的过程中，也体现在记忆的保持中。

再次，了解基本结构，将会更有助于知识的迁移。布鲁纳认为，理解事物基本结构的意义在于将事物作为普遍事物的特例去理解。学习者不仅学习特定的事物，而且学习可能遇见的其他类似事物的模式，这一模式正是迁移的基础，能进一步激发智慧行为。

最后，对事物基本原理的理解，能够缩小"高级"知识和"初级"知识之间的间隙。布鲁纳主张在一门课程的教学中，教师要带领学习者反复回到这些最基本的概念中。

（二）教学原则

布鲁纳认为教师帮助学习者掌握学科基本结构应遵循以下三条教学原则。

1. 动机性原则

在布鲁纳看来，几乎所有的学习者都具有内在的学习愿望，内部动机是维持个体学习的基本动力。学习是一个积极主动的过程，学习者在学习过程中的主动性体现在他必须主动让新知识与已有的经验和认知结构发生联系，并对新的现象进行归纳和推理。

布鲁纳强调内部动机对学习的作用，他认为学习者有三种最基本的内部动机：一是好奇内驱力，即在学习过程中表现出来的求知欲；二是胜任内驱力，即学习者总是对他们能够胜任的活动倍感兴趣，而且也只有在学习过程中经过努力达到了对知识的真正占有，才能让学习者产生自豪感、满足感，并维持高昂的学习动力；三是互惠内驱力，即人与人之间和睦共处的内驱力。他还认为，这三种内部动机都具有自我奖励的作用，因而其效应不会很快消失，教师可以设法激发学习者的内部动机，从而有效地达到预定的学习目标。

老年学员的内部动机主要表现在好奇和互惠之上。他们有强烈的求学内部动机，同时也希望在学习过程中认识更多的同伴，共同学习和交流，以此来丰富自己的学习与生活。

2. 结构性原则

布鲁纳强调学习的结果是形成认知结构，因此在学科知识的教学过程中，帮助学习者掌握学科的基本结构非常重要。他认为教学的最终目标是"对学科结构的一般理解"。为了使学习者更好地理解教材的结构，教师必须传授最佳的知识结构，根据不同学习者的年龄、知识背景将知识进行组织和呈现。

布鲁纳还认为，结构性学习有以下几个好处。

(1)有利于学习者理解学科的具体内容。因为多数具体问题都只是一些原理、法则的具体化或变形，结构性学习有助于他们更好地把具体问题与所学的原理相结合，从而达到利用知识解决新问题的目的。

(2)有助于学习者对学习内容的记忆。一门学科的基本结构实际上是一种概括化、结构化、系统化程度较高的储存知识的网络，它自身的有序性、规律性等特点能够起到简化记忆、利于检索和提取的作用。

(3)有助于知识的迁移。所谓迁移，即学习到的编码系统在新的事物中得以灵活运用。对学科知识的结构化包含了对该学科研究对象的一般编码系统，这个编码系统具有超越具体事例的特殊性和情境性，具有强大的概括性和解释力，能够把知识用于解决新问题。

(4)有助于激发学习者的学习动机和学习兴趣。好的学科结构本身就有巨大的吸引力，能激发学习者的兴趣和求知欲，让学习者发现这些学习是有价值、有意义的。

在老年大学中使用结构性学习的教学方法有诸多好处：首先，它能够帮助老年学员更好地理解基本的学科知识架构；知识模块的结构化和系统化也有利于老年学员对知识的记忆。其次，老年学员根据这些有规律的编码和系统的知识，能够进行知识迁移，将课堂知识在生活中加以应用。最后，好的学科结构还能激发老年学员的学习兴趣和学习热情。

3. 强化性原则

为了提高学习效率，学习者还需要得到学习反馈，知道自己的学习所取得的成果。因此，在教学中教师对学习者所学知识内容有计划地进行强化是促进学习成功的重要一环。结果的反馈应该适时，得到反馈过早，易使学习者慌乱，进而干扰其探索活动的进行；得到反馈过晚，易使学习者错过最佳的反馈时期，进而错过接受指导、修正的最佳时机。

根据结构教学观的教学目标及教学原则，为了促进学习者形成良好的认知结构，教师必须全面深入地分析教材，明确学科本身所包含的基本概念、基本原理以及它们之间的相互关系。只有这样，才有可能引导学习者加深对教材结构的理解。在引导老年学员对教材结构的理解过程中，应该注意以下几点：(1)教学材料应具有新异性，其难度要适中，能够激发老年学员的好奇心；(2)应该根据老年学员的经验水平、年龄特点和学习需求，选取灵活的教学程序和呈现方式来组织实际的教学活动；(3)要及时提供学习反馈信息，帮助老年学员了解自身的学习效果，以提高他们的学习自觉性和能动性。

三、发现学习

布鲁纳认为，发现学习不应局限于寻求学习者尚未知晓的事物，还应包括学习者主动获得知识的一切形式。一般来说，学习者学到的知识都是他人的总结和经验，但如果这些知识是学习者通过自学而获得，那么这些知识仍然是一种"发现"，即发现学习强调的是学习者的主动探索。因此，在教学活动中，应该鼓励学习者积极地把新知识进行理解、整理、归纳，使其成为发现者。

在教学过程中应用发现法，其灵活性和自发性都较大。一般而言，发现法没有特别固定的模式，它需要教师根据不同的教学材料、学习者的特征和教学目标来灵活运用。发现学习不是简单地让学习者去做他们想做的事，而是一些"有指导"的活动，即由教师安排活动，让学习者在活动中探索、操作、探究和调查，进而使学习者获得与活动领域相关的新知识和问题解决的技能。

一般来说，在教学活动中使用发现法有以下几个步骤：(1)提出明确的、使学习者感兴趣的问题；(2)让学习者体验到某种问题的不确定性，以激发其探究的欲望；(3)提供解决问题的各种假设；(4)协助学习者收集和组织可下结论的材料；(5)组织学习者审查有关资料，得出应有的结论；(6)引导学习者运用分析思维去验证结论，最终使问题得到解决。总之，在整个问题解决过程中，教师只是学习材料的提供者，学习者自身才是发现者。

布鲁纳认为个体是学习过程中的主动探索和发现者，因此，教师要适时营造一种独立探索的情境，让学习者在其中发挥主动性、积极性，让学习者自己去思考并获得知识，而不是教师将现成的知识提供给学习者。因此，在布鲁纳看来，教师的主要工作包括以下几点：(1)鼓励学习者大胆地发现问题；(2)激发学习者的好奇心和求知欲；(3)帮助学习者发现新问题与已有知识之间的联系；(4)训练学习者运用知识解决问题的能力；(5)协助学习者进行自我评价；(6)启发学习者进行对比。

有研究表明，发现学习有利于激发学习者的好奇心，可以调动学习者的内部学习动机和主动学习的积极性，有利于学习者批判性、创造性思维的发展。同时，发现学习在应用时也有一定的局限性，如耗时过多、不能够保持学习的进度、过分夸大学习者的自主学习能力，忽视教师的作用等。教师在教学过程中想要避免这些问题，就要在教学过程中注意扬长避短，提前做好教学规划，避免开展耗时过多的活动，保持与教学计划一致的进度等，在发挥学习者学习自主性的同时，注意给予学习者一定的引导，避免因学习者盲目地探索而浪费课堂时间。

四、认知结构学习理论对老年教育的启示

认知结构学习理论对学习内在动机和学习者主观能动性的重视应该引起老年教育工作者的注意。与其他年龄阶段的学习者不同，老年学员的学习压

力较小，甚至在有些老年学员看来，退休以后的学习是一次知识技能的"充电"，是老年生活中不可或缺的一种积极体验。因此，老年学员大多对学习抱有一定的期待，有较强的学习动机和学习积极性。教师要利用好这一积极性来开展教学活动。

老年学员虽然年纪较大，但认知能力良好，同样拥有学习能力，他们的某些能力(如逻辑分析能力)甚至会比年轻人更强。老年大学教师要多鼓励老年学员进行尝试，避免消极心理暗示。

在教学过程中，老年大学教师的角色从知识的传递者转变为老年学员建构知识的促进者和支持者。老年大学教师应本着"以学员为本、因材施教"的原则，采用灵活多样的授课方式，在课堂教学中更加强调知识结构的重要性。

第三节　认知同化学习理论

奥苏贝尔(D. P. Ausubel)是和布鲁纳同时代的美国著名教育心理学家。他根据学习的实质将学习分为接受学习和发现学习，又根据学习材料与学习者原有知识经验之间的关系将学习分为机械学习和有意义学习。他认为，学习者的学习主要是接受意义的学习。

一、有意义学习

(一)有意义学习的实质

奥苏贝尔认为，有意义学习就是学习者将新知识与认知结构中已有的观念建立起实质性联系的过程。如果学习者没有建立起这种联系而是根据字面意思生硬地记住某些名词和符号，则是在进行机械式学习。

(二)有意义学习的条件

有意义学习受到两个条件的影响，一为学习材料性质的影响，即学习的外部条件，也称为学习的客观条件；二为学习者自身因素的影响，即学习的内部条件，也称为学习的主观条件。

从客观条件来看，意义学习的材料本身必须具有逻辑意义，是在学习者可以理解的范围之内的。从主观条件来看，学习者自身必须具备实现意义学习的心理条件，主要包括三个方面：(1)学习者要有进行意义学习的内在动机，即有将新知识与自身已有知识建立联系的动机；(2)学习者的认知结构中必须要有能够与新知识建立联系的旧知识，以便学习者建立认知联系，扩充自己的认知结构体系；(3)学习者必须积极主动地建立新旧知识之间的联系，从而揭示出新知识的意义。这三个条件在学习过程中缺一不可，必须同时存在，否则就不能构成有意义学习。

有意义的知识材料与长时记忆相联系，编码是在长时记忆中表征信息的过程。如当教师告诉学习者"将行星想象为球体"的时候，对这种新知识的记忆就变得相对容易了。

(三)有意义学习的方法

教师可以通过以下三种方式帮助学习者进行有意义的编码记忆(见图7-1)。

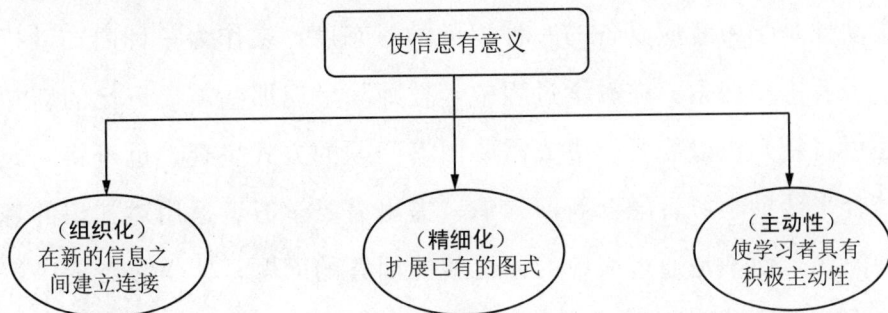

图 7-1　使信息有意义的方法

1. 组织化

组织化是指将相关条目聚集到一个可以说明其关系的类别或者模式下，在新旧知识之间建立连接。当学习者试图通过自己的努力使新知识变得有意义时，教师应该适时鼓励他们将组织化方法作为一种学习策略。然而，如果只记住组织化的内容，并不能保证学习者能够进行有效的学习，此时的知识组织结构对学习者而言没有意义，学习者会将新内容按照自己认为有意义的方式将其重新组织，而不管这种组织是否正确。

在对新知识进行组织并努力使它变得有意义时，教师和学习者之间的交流是不可或缺的。有效的交流能够让教师及时发现学习者在学习过程中存在的问题，针对问题提出解决方案并给予指导和帮助。

2. 精细化

精细化是指将新知识与现存知识建立联系的过程。其主要方法有：(1)提供例子，即提供阐明新知识的特定例子；(2)形成类比，即比较不同知识之间的相似之处；(3)利用助记符号，即通过助记符号在原本没有自然联系的知识之间建立人为的联系，以帮助学习者进行记忆和理解。

教师在讲授新课程之前，可以引导学习者回忆上节课所学习的内容，或者回忆一些与将要讲授的新知识有关的内容，以此来促进学习者对新知识的学习；同时要在授课过程中帮助学习者多探索、多发现，找到新旧知识之间的具体联系，帮助理解消化新知识。

3. 主动性

主动性是学习者应具备的一种积极学习态度，它作为一种内在动机，能推动学习者主动探索。在教学过程中，教师除呈现那些需要记忆的新知识之外，还可将新知识以需要解决或需要回答问题的方式呈现；也可将问题和解释相结合来帮助学习者融合新旧知识；提出需要学习者运用对知识的理解来回答的问题，而不是通过简单的回忆就能回答的问题；让学习者提供解决问题的依据，而不是只提供结果；更多地用事实和知识的实际应用来进行教学，而不是要求学习者生硬地记忆和背诵。

这些策略都需要有目的的认知活动的参与,在这些具体的活动中,学习者能够在不同内容之间建立联系并对知识进行深入加工。

二、认知同化过程

奥苏贝尔认为,当学习者把教学内容与自己的认知结构联系起来时,有意义学习便发生了。这里的认知结构指学习者现有知识的数量、清晰度和结构,它是由学习者当下能够回想起来的事实、概念、命题和理论等构成。因此,想要进行新材料的学习,就要建立学习者认知结构中与新材料相关的联系。

他还认为,研究认知结构,必须关注三种影响有意义学习的变量。其一,学习者认知结构中的已有观念是否可以利用。如果这些已有观念能够与新观念相联系,就能为学习者学习新观念提供一个可连接的点。其二,已有观念与新观念之间区别的程度。如果二者区别度不大就会引起新旧观念的混淆,只有两者能够明显被区分,新观念才会得以保持。其三,在认知结构中起固定作用的观念是否稳定、清晰。这不但会影响为新观念提供固定点的强度,还会影响学习者对新旧观念做出区分的程度。认知同化理论强调,在同化过程中,认知结构中原有的适当观念起到决定性的作用,它对新观念起固定作用。

奥苏贝尔认为认知同化理论的核心是,学习者习得新信息主要取决于他们认知结构中已有的有关观念。同化学习有以下三种方式。

一是,下位学习,又称类属学习,是指在知识学习过程中新知识与原有知识的部分关联,是把新知识归入认知结构中的有关部分的过程。下位学习有两种形式,一种是派生类属,是指学习者新学习的知识是学习者已有的、包含面较广的命题的一个具体实例。另一种是相关类属,这是一种新内容得以扩展、修饰或限定学习者已有的命题,并使其更加精确化时所表现出来的类属。

二是，上位学习，又称总括学习，是指原有知识为从属概念，新知识为上位概念。当学习者学习一种包含面较广，可以把一系列已有观念类属于其下的新命题时，新学习的内容便与学习者认知结构中已有的观念产生了一种上位关系。学习了"西红柿""菠菜"和"萝卜"这些下位概念以后，再学习"蔬菜"这一上位概念，会容易理解"蔬菜"的具体含义。

三是，组合学习。当学习者的有意义学习与认知结构中已有观念既不产生下位关系，也不产生上位关系的新命题时，便产生了组合学习。有许多新概念和新命题的学习都具有这类意义。

三、讲授式教学

接受学习是在教师指导下，学习者接受事物意义的学习，它也是一种概念同化过程。奥苏贝尔将这种强调接受学习的方法称为"讲授式教学"。

(一)接受学习与发现学习的关系

奥苏贝尔所提倡的学习观点与布鲁纳相反，他认为学习是通过接受而不是发现来发生的。学习者接受的材料应该是经过仔细考虑、有组织、有序列、完整的形式，这样才是最有效的学习材料。

在接受学习中，学习的主要内容基本上是以定论的方式传授给学习者，学习者的学习过程中没有主动探索，他们只需要将接受的知识加以内化（将它放入自己的知识结构体系之中）即可。而在发现学习的模式之下，需要学习的内容不是直接提供给学习者，而是提供一定的指导、情境条件，让学习者在这些情境条件下自行探索发现。在学习者将这些知识内化之前，必须由他们自己去发现这些内容。换言之，学习者的主要任务是发现，然后才将发现的内容加以内化。所以，发现学习比接受学习多了一个发现的阶段。

(二)讲授式教学的特点和性质

奥苏贝尔认为讲授式教学有四个明显的特点。

(1)讲授者和学习者之间需要有大量的互动。虽然讲授式教学是以讲解为主，但是讲授者还需要得到学习者的及时反馈，了解学习者对新知识的接受程度，以便及时调整自己的讲授内容。

(2)大量利用例证。使用例证能够帮助学习者更好地在脑中形成清晰的知识结构，帮助其理解和消化所学知识。

(3)具有演绎性。最一般的概念最先呈现，然后从中引出特殊概念。

(4)具有有序性。材料的呈现要有先后顺序，有引导性的材料首先呈现，然后再呈现要学习的材料。

(三)讲授式教学的原则和技术

讲授式教学作为一种传统的教学方式，一直存在于各类教学模式中，其基本原则如下。

一是，逐渐分化原则。逐渐分化原则指在教学中首先应该传授最一般的、概括性最广的概念，然后根据具体细节对它们逐渐加以分化，这样可以为每个知识单元的教学提供理想的固定点(对新知识起固定作用的先前知识)。

二是，整合协调原则。整合协调原则指对学习者认知结构中现有的知识重新加以组合。整合协调是有意义学习中认知结构逐渐分化的一种形式，它强调的是学科的整体性，因为学科内容不仅包括一个学科的各种概念和规则，同时也包括学科本身的特定结构、方式或逻辑，如不掌握这部分内容，则不能真正理解这门学科。

四、认知同化学习理论对老年大学教学的启示

就老年教育的讲授式教学方法而言，如果教师的讲授富有启发性，学习者进行的是有意义的言语接受学习，那么这种方式就会受到学习者的欢迎。同样，教师在技能、技巧性课程中通过示范性教学，使学习者在观察和模仿中掌握必要的技能。教师正确的、优美的、艺术的示范效果，不但能激发学

习者的学习兴趣，而且省时省力，有利于提高教学效果。

奥苏贝尔的讲授式教学方法给我们制定老年教育策略以一定的启发。

首先，老年学员已有的知识经验有助于他们对新知识的理解和学习，教育者要对这点进行把握，调整课堂授课方式，在老年学员已有经验中找到新知识的落脚点，在新旧知识之间建立有意义和能够进行转化的联系。

其次，要寓教于乐。开展丰富多彩的课外活动，使老年学员快乐、轻松地学习。这种学习有助于老年学员之间的沟通，也有利于老年学员之间和睦相处，相互学习，交流感情。通过参加各项活动，老年学员展示自身风采，发挥自身特长。同时，举办课外活动有利于加强教师、老年学员之间的交流，有利于教师了解老年学员的现状和需求，采取灵活、多样、生动的形式进行教学，激发老年学员的学习兴趣。

最后，设置种类丰富的、迎合老年学员的兴趣和需求的课程。老年学员的个体差异较大，兴趣爱好各不相同，针对这些特点和要求，老年大学一方面要根据老年学员的需求设班开课，尽量满足他们的需要；另一方面又要根据老年学员自身特点分班授课。

第四节　学习的信息加工理论

根据认知心理学的观点，学习是一个信息加工过程。学习作为信息加工的结果，使个体获得了知识并贮存在记忆中。同时，加涅认为学习是一个有始有终的过程，这一过程又被分为若干阶段，每一个阶段需要进行不同的信息加工。

一、学习的信息加工模型

信息加工理论认为，人类的学习就像是计算机那样，对接收到的外界刺激进行"编码""输入""存储"和"提取"。现代学习理论由于受到信息加工理论的影响，将学习理论类比为计算机的加工过程。阿特金森和希夫林（Atkinson & Shiffrin）提出了信息加工的模型，并指出该模型的重点是多重存储或三种加工系统，即感觉记忆、短时记忆和长时记忆三重模型。

(一)感觉记忆

感觉记忆，又称感觉寄存器或瞬时记忆，是感觉信息到达感官的第一次直觉印象。来自环境的信息首先到达感觉记忆，如果这些信息被注意，则进入短时记忆。各种刺激在感觉记忆中停留的时间很短，只有 0.25～2 秒。这一阶段刺激以映像的形式得以保存。

(二)短时记忆

短时记忆是信息加工系统的核心，是外界刺激的暂时存储设备。短时记忆的存储容量有限且保存时间较短，感觉记忆中得到注意的信息进入短时记忆后，保存的时间约为一分钟。要想保持短时记忆中的信息，学习者需要通过复述的方式加深记忆；或者将信息整合成更大、更有意义的单元，即组块。

(三)长时记忆

长时记忆是指永久性的信息存贮，一般能保持多年甚至终身。它的信息主要来自短时记忆阶段加以复述的内容，也有由于印象深刻而一次形成的。长时记忆的容量似乎是无限的，它的信息是以有组织的状态被贮存起来的。将短时记忆中的信息经过复述或精细加工可以帮助短时记忆中的内容进入长时记忆。复述是指将该信息在心中反复记忆，这是最常用的信息加工方式。精细加工是指将已经储存在长时记忆中的内容与新材料建立联系的过程，通过这一过程可以增加和扩展新材料的意义进而帮助记忆。

二、学习的信息加工阶段

典型的信息加工模式认为，学习者从环境中接受刺激，刺激推动感受器，并转变为神经信息。被感觉登记了的信息很快进入短时记忆，信息经过编码过程，进入长时记忆。当需要使用信息时，通过对已储存信息的检索可以提取自己想要的信息。被提取出来的信息可以直接通向反应发生器，从而产生反应；也可以再回到短时记忆，对该信息的合适性作进一步考虑，结果可能是进一步寻找信息，也可能是通过反应器做出反应。加涅的信息加工学习理论将学习分为七个具体的阶段。

(一)动机阶段

动机阶段是整个学习过程的预备阶段。学习者的观念受到动机的推动，形成动机或期望。个体学习的动机各有不同，动机的形式也多种多样。在教学情境中，首先要考虑激发学习者的学习动机，让学习者喜欢学习。老年学员都希望能学到实用的知识，让老年生活更加积极、有趣，他们学习的动机相对较高，教师要认真聆听他们的感受和需求。

但是，在某些场合下，学习者可能不具备这种积极的学习动机，不受想要达到的某种学习目的的诱因所推动。例如，有些老年学员本身就对整个学习过程没有太高的期望，学习的目的仅仅是因为过于孤单，在家无人陪伴，对学习的结果不是特别重视。这时教师就要帮助个体增强学习动机。

(二)领会阶段

有学习动机的学习者，会接受与学习有关的刺激，自动忽略与学习无关的其他刺激。最初的注意往往是因刺激的突然变化引起的，当学习者把所注意的刺激特征从其他刺激中分化出来时，这些刺激特征就被知觉编码，贮存在短时记忆中。这个过程就是加涅所讲的选择性知觉，即有目的地选择注意一些刺激而忽略其他刺激。

因此，教师可以采用多种刺激来引起学习者的注意，促进学习者有效地进行选择性知觉。在老年教育过程中，鉴于老年学员的年龄、感官、认知、反应等特点，教师应及时关注老年学员的动态，并且根据老年学员的反应及时调整自己的语调、语速、动作、授课时长等。例如，对老年学员授课时，语速应该放慢，但语调应该适当提升，授课内容应该多图片、少文字，以加深老年学员的记忆。同时，师生应该多交流，教师及时掌握老年学员的学习状况，尽可能让他们领悟课堂知识。

(三)习得阶段

习得阶段的主要任务是对新获得的刺激进行知觉编码，然后将其贮存在短时记忆中，最后再把它们进一步编码加工后转入长时记忆中。当信息进入长时记忆时，信息又要经历一次转换。这一编码过程的目的是便于保存信息。

在此阶段，教师可以给学习者提供各种编码方式，帮助学习者对新学习的知识进行编码，同时可以将所教授的知识按照一定的逻辑关系进行组织和排列，帮助学习者更好地识记。针对老年人的认知特点，可以用表格或逻辑图来将知识进行排列，加强老年学员对知识的领悟与学习。

(四)保持阶段

学习者习得的知识经过加工后，以语义编码的形式进入长时记忆的储存阶段。长时记忆的特点是：信息的强度不会随着时间的增长而减弱。但是，长时记忆中长时间不被提取的信息会随着时间的流逝渐渐变得模糊，因为信息的存储会受到其他信息的干扰。

因此，在对老年学员的教学过程中，首先应该避免同时或者先后呈现两个相似的刺激。在必须呈现前后相似的刺激时，教师要注意强调区分二者的不同点，并强调这些不同点以加深老年学员对它们的印象，避免信息之间相互干扰。例如，可以使用列表格比较的方法来强调两个相似刺激的不同之处，帮助老年学员对其进行区分和记忆。

(五)回忆阶段

学习者所习得的知识，要通过对知识的输出来体现，这也是信息提取的过程。相对于学习的其他阶段而言，信息的提取最容易受到外部刺激的影响。提取线索的出现会帮助学习者更好地回忆、提取信息。在学习初期，教师可以适当提供相应的学习线索来帮助信息回忆和提取，但应注意的是，不应使学习者对提示线索产生依赖，要注意引导学习者，使他们成为线索的提供者。教师可以多指导以帮助老年学员发现线索，并在必要的时候给予提示。

(六)概括阶段

学习者提取信息的情境并不始终与最初学习信息的情境相同。老年学员学习的最终目的是将学习到的知识运用到生活中去，并达到举一反三的目的。正因如此，学习过程需要一个概括的阶段，即学习的迁移。为了促成迁移，教师可以让老年学员在不同的情境中学习，并帮助老年学员概括在这一过程中所得的原理和原则。例如，教师可以让老年学员在课外实践课堂运用所学的内容，并在这一过程中发现老年学员不理解和没能掌握的地方，抓住时机进行再次讲授。

(七)反馈阶段

学习者达到学习的预期目标以后，教师应及时给予反馈，让学习者及时了解自己的理解是否正确。反馈的作用不可忽视，但反馈的方式绝不仅限于"对""错""正确"或"不正确"这类词，它可以是点点头、一个微笑或者一句鼓励的话语。

在每个学习阶段，学习者的头脑中都在进行内部的信息加工活动，使学习者接收到的信息以另外一种形式储存在个体的认知系统中。教学的程序按照必须学习的基本原理来进行，有效的教学活动要求教师了解学习者的内部学习条件，并根据这一条件创设或者安排适当的外部条件，促进学习者有效地学习。

三、信息加工理论的教学观

信息加工的学习理论可以用来解释人类的许多思维过程，使人们对学习的内部过程有更加准确的把握，进而推动人们发现更多的学习方法来提高学习效率。在对老年学员的教学中，教师需要注意以下几点。

第一，人类加工信息的能力是有限的，老年学员尤其如此。在教学过程中，老年大学教师应避免在同一时间内传递过多的新知识。否则，老年学员在这一过程中容易顾此失彼，无法准确掌握全部知识。教师可以将知识点分散呈现，每次呈现的数量要适宜，留给老年学员充足的时间进行思考和加工；每次呈现的信息量应以老年学员能够接受和理解的量为准。

第二，由于感觉记忆中的信息需要得到注意才能进入短时记忆，所以在教学过程中，教师需要采取多种方式来唤起老年学员的注意。例如，在舞蹈课上，教师可邀请老年学员作为舞伴进行授课，或者可以让老年学员自由分组练习。

第三，由于记忆受到信息编码的影响，回忆受到提取线索的影响，所以影响有效学习的因素包括外界输入信息的组织方式、短时记忆加工过程中新旧信息的相互作用以及相伴而来的知识编码方式。为了提高学习效率，老年大学教师提供的知识要有条理，老年学员要善于有条理地组织已有知识。

第四，教师要有意识地帮助老年学员进行知识的回顾与学习，因为短时记忆中的信息需要经过复述才能进入长时记忆。针对老年学员的教学，可在开始新的课程前先用一部分时间呈现上次课程学习的内容，帮助老年学员加深记忆，也可以在课程结束时再次简要总结这次课程所学习的知识要点，再次巩固。

第五，反馈有助于提高学习效率。所以，教师要及时关注老年学员的学习进展，并以适当的形式反馈给老年学员，老年学员可根据反馈适当调整自己的学习策略。

第六，由于老年学员对学习效果的期待能够调控他们的认知加工，因此在教学过程中可以利用老年学员的心理期待来调控学习。例如，教师在老年人关节保护课程之前，向老年学员说明这节课在生活中的实际作用很大，能够使老年学员对这节课程的内容有较高的期待。

大量研究表明，不同的身体活动类型、活动强度、活动量以及生命早期的身体活动可能对老年人认知功能的各个方面有积极的影响，包括执行功能、注意力、认知速度、记忆力等。这些发现对维护老年人认知功能，提高老年人的生命质量，有效延缓衰老有着重要的意义。

有研究表明，接受老年教育的老年学员能体验到更多的生活乐趣。例如，他们能学习到自己感兴趣的东西，了解更多领域的新思想，结交更多的新朋友，开阔视野等，因而变得更加积极乐观。

老年学员的认知功能随着年龄增长而逐渐衰退，但其中的某些具体功能是可以经过认知训练进行补偿的。因此，老年人有必要进行继续学习。老年人虽然离开了工作场所，但他们仍然生活在这个复杂多变的社会中，他们需要与年轻人一样的信息交流能力。在不同的情境之中，老年人也需要形成新的、以问题为中心的应对策略来帮助他们保持健康，更好地跟上时代前进的步伐。

本章主要参考文献：

[1]白蓉，范会勇，张进辅. 身体活动对老年认知功能的影响[J]. 心理科学进展，2011，19(12)：1777-1787.

[2]陈琦，刘德儒. 当代教育心理学[M]. 北京：北京师范大学出版社，2007.

[3]冯忠良. 教育心理学(第 2 版)[M]. 北京：人民教育出版社，2010.

[4]高焕民，李丽梅. 老年心理学(第 2 版)[M]. 北京：科学技术文献出版社，2017.

[5]连榕. 认知心理学[M]. 北京：高等教育出版社，2010.

[6]李伯黍，燕国材. 教育心理学(第 3 版)[M]. 上海：华东师范大学出版社，2010.

[7]吕杰. 格式塔心理学原理在设计课程教学中的运用[J]. 现代大学教育，2007(2)：106-109.

[8]莫雷. 教育心理学[M]. 广州：广东高等教育出版社，2004.

[9]潘红玉. 老年课堂教学中的"互惠学习"：内涵、特征、表现形式及推进要领[J]. 当代继续教育，2017，35(5)：50-54.

[10]韦鹊. 托尔曼认知行为理论对成人学习的启示[J]. 当代继续教育，2009，27(6)：11-13.

[11]叶浩生. 心理学史[M]. 上海：华东师范大学出版社，2009.

[12]岳瑛. 老年大学的教学创新[J]. 老年教育(老年大学)，2014(4)：8-10.

[13][美]保罗·埃根，唐·考查克. 教育心理学：课堂之窗(第 6 版)[M]. 郑日昌，主译. 北京：北京大学出版社，2009.

[14][美]劳拉·E. 伯克. 伯克毕生发展心理学：从青年到老年(第 4 版)[M]. 陈会昌，译. 北京：中国人民大学出版社，2014.

第八章 人本主义学习理论

本章提要

　　以马斯洛、罗杰斯(C. R. Rogers)等人为代表的人本主义心理学在20世纪50年代兴起于美国，研究人的需求与情感、价值与尊严、潜能与自我实现等。人本主义心理学的教学理论，对于成人教育教学具有深远的启发和借鉴意义。由于其观点不同于行为主义心理学和弗洛伊德心理分析学，故被称为心理学的"第三势力"。当下中国正迈入老龄化社会，很多老年人主动参与学习活动，体现出追求自我完善、健康发展的心态。老年人的自我发展较之个体发展的其他时期，摆脱了诸多来自职业或社会角色的束缚，更加注重自我的真实体验。本章基于人本主义学习理论，在分析老年学员的自我实现时，更多地关注他们在学习活动中如何进行"自我体验"并趋向"自我超越"这一心理历程。

第一节　人本主义学习理论的思想渊源

一、人本主义理论的哲学基础

人本主义心理学的哲学基础和理论前提是存在主义，强调人的存在，人的存在价值，主张以人为本、强调人的个性。法国存在主义哲学家萨特认为哲学的基本问题应是"存在"问题。

人作为自我的存在总是不断地超越自己，超越当下的存在，不断创造、不断地自我实现。这其中有一种驱动力在起作用，即马斯洛所谓的"超越性动机"。正是这种"动机"不断驱使人献身于某一事业，使事业成为自我的一部分，并将所献身的事业解释为内在价值，这些内在价值与存在价值合二为一组成人性的一部分。

由于受到存在主义的影响，人本主义心理学开始从人的存在出发，倡导个体关注自己的存在。所以说，存在主义为人本主义心理学的产生提供了强大的理论武器，成为它的哲学基础。

二、人本主义心理学兴起的原因

人本主义心理学认为精神分析心理学是不正常人的心理学，行为主义是低级动物和婴幼儿的心理学。人本主义心理学不但主张心理学应研究正常的人，而且更强调人的高级心理活动，如热情、信念、生命、尊严等内容。它主张把人作为一个整体来研究，而不是将人的心理肢解为不能整合的几个部分。

人本主义学习理论认为学习理论应是从学习者本身出发，而不是以任何观察者的立场来描述学习的。只有对个人有意义的材料进行学习，学习才是真正的学习。

因而人本主义学习理论认为：每一个正常的人犹如一粒种子，只要给予适当的环境，就会生根发芽，长大并开花结果。每个人在其内部都有一种自我实现的潜能，学习就是这种天生的自我实现欲的表现，亦即人本主义心理学当中的生成。

基于这种观念，人本主义学习理论的重点是研究如何为学习者创造良好的环境，让学习者从自己的角度来感知世界，达到自我实现。在人本主义学习理论看来，真正的学习关系到整个人，而不仅仅是为学习者提供材料。真正的学习经验能够使学习者发现自己独特的品质，发现自己作为一个人的特征。

第二节　人本主义学习理论的基本观点

人本主义心理学自产生起，便认为心理学应研究正常的人，而且更应强调人的高级心理活动，如热情、信念、生命、尊严等内容。它主张把人作为一个整体来研究。与传统的学习理论不同，人本主义心理学注重研究以学习者为主体的学习。在人本主义心理学家看来，学习是围绕学习者进行的。学习的目的和结果是创造完善的人，过程是全心全意地投入、主动地参与、积极创造有意义的主体活动。如果学习是在没有学习者完全投入的情境下发生，那么学习就没有任何意义。人本主义学习理论认为，学习是人固有能量的自我实现过程，强调人的尊严和价值，强调无条件的积极关注在个体成长过程中的重要作用。

一、自然人性论

人本主义的学习理论是根植于其自然人性论。人本主义心理学首先反对心理学中出现的人性兽化和机械化的倾向，强调人的尊严和价值，提出了基于自然的人性论，认为有机体均有一定的内在倾向，以有助于维持和增强机体的方式来发展自我潜能；并强调人的基本需求都是由人的潜在能量决定的。但是，他们也认为，自然的人性不同于动物的自然属性。人具有不同于动物本能的似本能需要，并认为生理的、安全的、归属的、尊重的、自我实现的需要就是人类的似本能。在此基础上，人本主义心理学家进一步认为，似本能的需要就是人性，他们是善良的或者中性的。恶不是人性固有的，它是由人的基本需要受挫引起的，或是由不良的文化环境造成的。

二、动机观

在 20 世纪上半叶，对动机的理解有两种占主导地位的取向：行为主义取向和精神分析取向。人本主义心理学在反对行为主义和精神分析"还原论"想法的基础上发展起来，其关注整个个体——身体的、情感的、人际的以及智力的——"自我实现"的动力，即个体与生俱来的实现自身潜能的需要。

马斯洛是人本主义运动之父，他发展了一个层级模型来反映"完整的人"的需要。例如，作为生理的人，个体有生存和安全的需要；作为社会的人，个体有爱与归属的需要；作为情感的人，个体有自尊的需要以及智力的、审美的和自我实现等成长性需要。

马斯洛把人类的需要分为两类：匮乏性需要和成长性需要。匮乏性需要是那些当没有得到满足时就会激发个体去寻求满足的需要，它们占据了需要层次的最底层。根据马斯洛的观点，除非个体已经满足了诸如生存、安全、爱与归属和自尊这些匮乏性需要，否则他们不会去追求更高层次的需要。

一旦匮乏性需要得到了满足，个体就会关注成长性需要，这是随人类个体经验的丰富而不断扩展和增加的需要。与匮乏性需要相反，成长性需要从来就没有完全得到过满足。比如，当个体对文学作品理解得非常好时，他们的兴趣会增加而非减少。

三、知情统一的教学目标观

罗杰斯认为，情感和认知是人类精神世界两个不可分割的有机组成部分，彼此是融为一体的。因此，罗杰斯的教育理想就是要培养"躯体、心智、情感、精神、心力融会一体"的人，也就是既用情感的方式也用认知的方式行事的知情合一的人。这种知情融为一体的人，被罗杰斯称为"完人"或"功能完善者"。

当然，"完人"或"功能完善者"只是一种理想化的人的模式，要想最终实现这一教育理想，应该有一个现实教育目标，即"促进变化和学习，培养能够适应变化和知道如何学习的人"。他说："只有学会如何学习和学会如何适应变化的人，只有意识到没有任何可靠的知识，唯有寻求知识的过程才是可靠的人，才是真正有教养的人。在现代世界中，变化是唯一可以作为确立教育目标的依据，这种变化取决于过程而不是静止的知识。"可见，人本主义重视的是教学过程而不是教学内容，重视的是教学方法而不是教学结果。

四、有意义的自由学习观

人本主义认为没有感受的学习算不上是人的学习，它强调学习者在学习中的体验性和参与性。学习者追求的是个人潜能的充分发展，是人格的发展，是自我的发展。学习不是刺激与反应的机械联结，而是一个有意义的心理过程。这种意义学习是以个体的参与和投入为特征，是在好奇心的驱使下去吸收任何有趣和需要的知识，是从自我实现的倾向中产生的一种学习。学习者可以自主、自觉地学习，成为一个有价值、情感完整的人，最终自由地实现自己的潜能，求得自己更充分的发展。

罗杰斯认为，学习方式主要有两种：无意义学习和有意义学习。有意义学习不仅是一种增长知识的学习，而且是一种与每个人的各部分经验都融合在一起的学习，是一种使个体的行为、态度、个性以及在未来选择行动方针时发生重大变化的学习。

对于有意义学习，罗杰斯认为主要具有四个特征：(1)全神贯注——整个人的认知和情感均投入学习活动之中；(2)自动自发——学习者由于内在的愿望主动去探索、发现和了解事件的意义；(3)全面发展——学习者的行为、态度、人格等获得全面发展；(4)自我评估——学习者自己评估自己的学习需求、学习目标是否完成等。因此，学习能对学习者产生意义，并能纳入学习者的经验系统之中。总之，有意义学习结合了逻辑和知觉、理智和情感、概念和经验、观念和意义。

五、以学生为中心的教学观

人本主义学习理论强调以学生为中心的学习理念，其教学观是建立在其学习观的基础之上的。罗杰斯认为教师的任务不是教学生学习知识(行为主义观点)，也不是教学生如何学习(认知主义观点)，而是为学生提供各种学习的资源，提供一种促进学习的气氛，让学生自己决定如何学习。它将学生视为学习的中心，认为学校为学生而设，教师为学生而教，应充分尊重学生的本性，争取学生潜能得到最大限度的发挥，真正体现了人本主义的精神内涵。

人本主义学习理论坚持以自由为基础、以人为中心、以过程为定向的学习方式，认为学习者要遵守相关的规则。同时，人本主义学习理论重视价值、态度、情感等因素在学习中的作用。它认为在学生的学习过程中，要引导他们形成积极向上的自我概念、价值观和态度体系，从而使学习者自己教育自己，最终成为能够充分发挥作用的人。

为此，罗杰斯认为在传统教育中，"教师是知识的拥有者，而学生只是被动的接收者；教授可以通过讲演、考试甚至嘲弄等方式来支配学生的学习，教师是权力的拥有者，而学生只是服从者"。因此，罗杰斯主张废除"教师"这一角色，代之以"学习的促进者"。

罗杰斯认为，促进学生学习的关键不在于教师的教学技巧、专业知识、课程计划、视听辅导材料、演示和讲解、丰富的书籍等（虽然其中每一个因素均可作为重要的教学资料），而在于特定的心理气氛因素，这些因素存在于"促进者"与"学习者"的人际关系之中。

罗杰斯等人本主义心理学家以学生的"自我"完善为核心，强调人际关系在教学过程中的重要性，认为课程内容、教学方法、教学手段等都维系于课堂人际关系的形成和发展；把教学活动的重心从教师引向学生，把学生的思想、情感、体验和行为看作教学的主体，从而促进了个别化教学运动的发展。不过，罗杰斯对教师作用的否定是值得商榷的，有言过其实之虞。同时，教师和学生的地位并非不平等的权威关系，而是双向沟通的关系。在老年教育教学实践中，老年学员根据自身兴趣爱好选择课程，其学习目的性和主动性强，主要为愉悦身心、扩大人际圈和掌握实用的知识技能以跟上时代的步伐。且老年学员是具有独立人格、思想的个体，具备自我完善、发展的客观条件。因此，在老年教育中更要注重以人本主义崇尚的人的尊严、民主、自由、平等的价值观为指导，构建和谐的师生关系，真正做到以老年学员为中心。

六、人本主义学习理论的独特性

与行为主义心理学和认知心理学的学习理论相比，人本主义心理学的学习理论存在两个独特之处：（1）人本主义心理学家所提倡的学习理论，不是从验证性研究中形成的推论，而是根据经验原则所提出的观点和建议；（2）人本主义心理学家所提倡的学习理论，不仅限于对片面行为的解释以及对文字材料学习的解释，而是扩大到对学习者整个成长历程的解释。人本主义学习理论依据人本主义的原则考虑学习的条件，坚持以学习者为中心，强调人的尊严和价值，关注学习者的情感、需要和愿望，强调要为学习者创设自由、宽松、快乐的学习气氛，认为学习的内容应该以对学习者有价值或有意义的知识经验为主。而且人本主义心理学家认为无条件积极关注在个体成长过程中具有重要作用，这对学习与教育的进步做出了重要贡献。

人本主义学习理论对学习者的本质持积极乐观的态度，相信任何正常的人都能自己教育自己，发展自己的潜能，都能够达到自我实现。他们强调学习过程是学习者自我指导、自我发展的过程，主张教学要以学习者为中心，提出了"学习者中心疗法"。人本主义心理学的基本观点与理论模型，不仅有力地冲击了行为主义与精神分析对教育理论与教育实践的消极影响，促进了当时的教育革新，而且为我国当前的快乐学习、情感教育、教育与教学管理心理、学校中的社会心理等问题的研究与实践提供了新的观点和途径。

当然，人本主义学习理论也存在局限性和缺陷。人本主义学习观片面强调学习者天赋潜能的作用而无视人的社会性本质，这样势必会导致放任自流式的"自由学习"，是一种片面强调遗传决定发展的观点。同时，该理论过度强调学习者的中心地位，从而使教学不恰当地拘泥于满足学习者个人自发的兴趣与爱好，否定了系统科学知识和技能的学习。这种做法忽视了教育与教学的效能，忽视了教学内容的系统逻辑性和教师在学科学习中的主导作用，势必会降低教育与教学的效能，影响教育与教学的质量。

第三节　人本主义学习理论的应用

一、人本主义教育观

人本主义教育观的哲学基础是现代哲学中与科学主义相并立的人本主义哲学思潮以及在这种哲学思潮影响下产生的人本主义心理学。在教育中，强调教育的目标是培养"完整的人"，达到人的自我实现、形成完整的人性以及让人的潜能得到充分发展。在人本主义者看来，学校教育应该创造自由的心理氛围，让个体的"先天潜能"得到充分、自由发展。在师生关系上，人本主义教育观主张"以学生为中心"，注重"体验"，提倡"非指导性教学"，强调学生的自由发展。人本主义教育观从人格和情感的视角来诠释师生关系，比之于只讲"师道尊严"的师生观无疑具有积极的意义。

人本主义教育理念主张人性向善，尊重人的生命价值，注重人性潜能的发掘。因此，"以人性为本位"是人本主义教育理念中一个极其重要的内容。人本主义教育以此作为教育改革的突破口，确立从人的本性出发，形成了具有显著特点和重大影响的教育理论和实践。人本主义的价值在于既把人看成是生产力的首要因素，又把尊重人、关心人、解放人和发展人作为追求的最高目标。

以人为本的教育理念，要求在教育工作中始终把人的发展放在首位，一切为人的发展服务。人是教育的出发点，也是教育的落脚点，一切教育活动归根结底都是为了人，使人生活富裕、精神充实，获得全面发展。人本主义教育观反对把人看成"手段"和"工具"，认为教育培养的是完整的人，强调教育的目的就是人的"自我完成""自我生成""自我实现"。

人本主义从根本上讲就是以人为本。人本主义教育基于对人的"终极意义"的追求，对人的价值的关怀和自我理解的关心，强调人的情感、审美和对无限与永恒的体验，注重学习者内心世界、主观世界的发展变化，把学习者当作一个活生生的、有个性的、有生命价值的主体来看待，深入挖掘主体的内在需要、情感、动机和主观愿望，从满足主体生存需要的角度来开发其学习和发展的潜力。

二、人本主义学习理论对教育的影响

作为富有时代特色的哲学思潮，人本主义渗透到社会生活的各个领域。在人本主义思潮的影响下，教育观念和教育活动发生了显著变化。人本主义以标新立异的观点、理论和方法为人们认识教育现象，尤其是认识教育现象中的"人"，并在此基础上认识教育规律，提供了别开生面的视角。

人本主义思潮引起人们对传统教育的反思和重构，带来了教育面貌的变化和影响。

其一，对教育观念的积极影响。人本主义教育极其重视传统教育所忽视的人类心理世界的"另一半"，即人的情感、勇气、自尊、自信等非认知领域。此影响涉及了基本的教学课堂模式：以题目为中心的课堂讨论模式、开放课堂模式和自由学习的教学模式。这些教学模式一改往日教师对学生单向的独立授课模式，在课程设计中加入学生的性格元素，鼓励学生自我发现、自我创造，提高学生对学习的兴趣；增加了教师和学生的互动过程，使教师能够更清晰地了解学生对知识的掌握情况。人本主义的教学模式在无形中拉近了师生之间的距离，消除单向授课造成的师生间的隔阂。

其二，对教育理论的积极影响。人本主义教育者以人本主义哲学为基础，建立了一系列的人本主义教育理论。人本主义认为教育与教学的过程就是要促进学习者个性的发展，发掘学习者的潜能，培养学习者学习的积极性与主动性。人本主义的教学不仅仅是为学习者提供材料，真正的学习经验能够使学习者发现自己独特的品质，发现自己作为一个人的特征。因此，人本主义理论将学生与教师的立场相融合，对整个教育学习理论产生了重大的影响。

其三，对教育的消极影响。人本主义教育理论的哲学基础是存在主义，认识基础是现象学，因而在研究方法上带有明显的主观性和含糊性。人本主义理论在研究方法上出现了主观随意性与含糊性的特点，对学校教育产生了一些负面效应。人本主义以个体为中心，在教育上只关注"个人"，将个体的需要、表现、自由看成是教育的全部，过分强调个人的价值。学校应该是学生展示自己的舞台，只有如此，学生优异的"先天潜能"才能够充分地得到实现。人本主义关于个体的绝对化论述和思想，忽略了个体的生长起点和生存环境，大大降低了学生的学习效率，削弱了学生的学习效果。

人本主义学习理论中"以个体为中心"的学习理论对教育理论产生了重要的影响，强调了学习者在教学过程中的关键作用。但是其理论也有"注重现实在人的主观意识中的意义，而不重分析客观现象运行的规律，认为只有人的意识活动的直觉，才能把握存在的真正意义"的弊端。

三、人本主义学习理论在教育中的应用

人本主义学习理论在教育教学过程中的实践和运用主要表现在教育观念的更新和具体教学模式上。

(一)人本主义理论在教育观念上的更新

1. 教学的根本目标在于促进人的全面发展

罗杰斯的教育理想是要培养"躯体、心智、情感、精神、心力融会一体"的人，也就是既用情感的方式也用认知的方式行事的知情合一的人。要最终实现这一教育理想，就要"促进变化和学习，培养能够适应变化和知道如何学习的人"。

2. 教学过程应强调学生的自由发展

人本主义强调教学的目标在于促进学习，在好奇心的驱使下，任由学生自觉吸收有趣和需要的知识。人本主义学习理论中，学习过程就是教师和学生两个精神世界互相沟通理解的过程。学生是教学活动的核心。

3. 教学基本原则是真诚、信任和理解

罗杰斯对教师提出了三条基本要求，以使学生在自由发展中自我实现：(1)以真诚的态度对待学生；(2)给学生充分的信任，相信他们的潜能；(3)尊重和理解学生的内心世界。教师要理解学生，尊重他们的自尊心，才能使学生增加学习的自信心，充分实现自我。

4. 教学方法强调非指导性的原则

人本主义主张一个称职的教师应该能使他的学生不依赖其指导而独立学习。罗杰斯认为，教师的全部责任就是帮助学生适应经常变化着的环境和自己，最大限度地发挥自己的才能。

(二)基于人本主义的课堂教学模式

1. 以题目为中心的课堂讨论模型

此模型由精神分析学家、群体心理治疗专家科恩(R. Cohen)创建于1969年，是为课堂阅读设计的一种技术。它要求教师提出有利于促进课堂讨论的课题，找到讨论的课题与群体中正在发生的问题的接触点，教师要善于运用各种方式，以促进课堂的讨论，并且在教学中体现一种真正的人本主义关怀。而且，该模型允许学生任何时候进行讨论，允许学生讨论时离题。

2. 开放教室的教学模型

开放教室的教学设计是一种适用于小学阶段的人本主义教学模型。所谓开放教室，也称开放教育，最先流行于英国，后又受到美国教育界的重视，并在美国学校里得到了普遍的应用。开放教室的典型特点是不拘形式。在实施开放教室的学校里，学生可以自选学习地点、学习材料以及学习方法等。学习的过程完全由学生主导，他们可以做想做的事，如和其他同学散步，或

交谈，或去喂养关在笼子里的小动物；可以学想学的科目，如绘画、编织、写作及阅读等。

3. 自由学习的教学模型

自由学习模型是一种更为自由的教学模式。罗杰斯认为自由学习模型更为适合大学的教学。该模型要求学生积极参与决定学习的内容与授课的方式，如他们可以决定自己希望授课的形式、时间、主题、讲授材料等。

综上所述，人本主义学习理论提倡的课堂教学模式体现的原则是：尊重学习者，把学习者作为学习活动的主体；重视学习者的意愿、情感与需要；相信学习者能够自己教育自己，发挥自己的潜能，达到自我实现。

四、人本主义学习理论在老年教育中的应用

老年教育中的人本主义学习理论的运用主要体现在课程设计上。

人本主义课程设计取向以人本主义心理学为基础，应关注老年学员的自主学习及成长，帮助老年学员争取个人价值的实现。它既关注课程内容，又要注重课程实施的过程。

人本主义的课程设计取向应关注老年学员的需要和兴趣。因此，老年教育要侧重于安排一些老年学员感兴趣的活动，以满足老年人的需要。失落、孤独、寂寞是离开工作岗位后大多数老年人的普遍特征。老年教育的课程设计旨在帮助老年人摆脱失落感而搭建求知、求乐、交友的平台，通过课堂上富有趣味性的教与学、学员间友好的相互交流、校内社团组织丰富多彩的活动、开展社会上适宜老年人身心特点的公益活动，使老年学员彰显个人才华，在学习生活中找到快乐，享受生活，实现自我价值。

同时，要安排一些老年学员希望学习的内容和学习任务，以激发老年学员的好奇心。老年人学习文化科学知识，更多是享受学习的愉悦和交流的欢欣。老年教育应从老年学员的实际出发，按"讲求实效"和"按需施教"的原则，开设多门类、多专业、多层次的学科，开展灵活多样的教学活动，以提

供文化知识为经，以提供精神情趣为纬，为开展快乐教育提供有力保障。为此，课程设置要具有广泛性、趣味性、层次性、实用性、时代性。老年学员在享受教育、学会快乐的过程中，增长了知识，提高了能力，开阔了视野，感受到党和政府的关怀，分享到改革开放的成果，体会到集体的温暖，提高了生命生活质量，从而增强幸福感。

老年教育的目的要切合"以人为本"的价值观。老年教育的目的在于享受教育。老年教育要把教育和老年人的幸福、终极价值联系起来，以人文精神重新塑造老年人的新形象。老年人不再是社会的主要生产力，其自身价值不再以生产指标的完成和实现经济增长来体现，而是通过学习成长的方式来实现。所以，在课程设置中要注意让老年学员明白完成某一学习任务的意义及影响。老年教育没有升学、就业、晋职的压力，学习内容完全是根据教育对象个人的性格、兴趣、爱好所自愿选择并确立的，学习的目的主要是为了发展兴趣与提升素质，从而使教育由接受变为个人享受。老年教育应树立以人为本的教学观，着眼于满足老年人接受终身教育的愿望。

在老年教育教学过程中要充分认识到老年学员在教学中的主体地位，确立以老年学员为中心的教学观点，培养老年学员自主学习、合作学习、探究学习的能力。另外，还要充分考虑老年学员的基本需求和发展要求，尊重老年学员的人格、情感和意志，相信其自我发展能力，充分发掘其潜能。老年课堂教学的主角应该是老年学员，只有他们自身掌握了学习的主动权，在学习中才能做到真正意义上的教学相长。

在老年教育中，教师要转变为老年学员学习上的顾问和合作伙伴，教师的职责不仅仅是教，更重要是指导老年学员如何学习。老年学员的追求不仅在于学会，更重要的是要会学。从某种意义上说，教学的过程就是教师与老年学员相互交流、心灵沟通、灵魂碰撞的互动过程。在师生互动的过程中，教师要不断主动调整自己的教学行为，使师生互动成为一个积极的、有利于老年学员自主学习的过程。

第四节　人本主义与老年学员的自我体验与超越

一、老年学员的自我体验

"自我"的真实体验对人们来说十分重要，具有存在主义倾向的人本主义心理学家罗洛·梅（R. May）将这种真实体验概括为"存在感"。他认为"存在感"是"一个人知道他发挥其作用的能力"，强调自我与经验世界的整合，人的本质就是"存在于世"。

罗洛·梅指出人存在于世表现为三种方式：一是存在于周围世界之中，主要是指客观的物质世界及人的先天遗传因素和生物性本能；二是存在于人际世界之中，人存在于其中的目的就是与他人交往，参与到社会实践中去；三是存在于自我世界之中，主要是指人的自我意识世界。

随着年龄的增长，老年人身体机能逐渐衰退，社会角色也随之发生转变。面临这些新的挑战，很多老年人会感觉到无所适从。然而随着学习型社会、终身学习理念的倡导，各地积极兴办社区学校、老年大学，为满足老年人自我发展需求、"积极老龄化"提供了多方面的渠道。张宇鹏（2013）通过访谈调查，将老年学员在活动参与中获得自我体验的途径，概括为以下几方面。

（一）认知"周围世界"中的"我"

社区学校、老年大学开设了很多关于健康常识、医疗保健、养生方面的课程或系列讲座可供老年人学习。老年人通过参与学习，结交志同道合的朋友，掌握更多实用的知识技能，对自己身体变化有了一个全面的认知，能够以坦然乐观的心态面对机体以及生活的各种变化。

另外，老年人通过学习能够深切地领悟到自我在"周围世界"中的位置，具有更强的"历史感"。进行历史课程学习的老年人表示，在课堂学习后他们经常到老年大学的图书馆浏览关于古今历史的书籍，了解中外历史以及从历史发展的视角来看待现今的社会与自身的存在，收获许多新的感悟与体验，充实了老年生活。

(二)信赖"人际世界"中的"我"

退休后个体淡出名利纷争的职场，社交圈也随之缩小，难免会有孤独感。为摆脱这种孤独感，老年人通过参与老年大学的学习，可为自己找到新的活动舞台。在学习过程中老年学员互相交流、鼓励，有助于减缓内心的焦虑、恐惧和不安。老年学员的人际关系相对单纯，少了很多世俗功利，容易从中建立信任感。很多老年大学的学员表示，通过学习交到了很多朋友，学习结束后大家仍可以一起聚会，这样的生活每天都很幸福、开心。老年学习群体中还组建了很多学习型团队，定期举办学习心得交流、组织文化观光旅游、庆贺成员生日等活动，使成员在学习团队中找到归属感与亲密感。

这种同伴之间的亲密感，对于老年人来说十分重要。友谊的确立是老年人基于自己的内心感受、兴趣爱好取向进行选择的结果，其有别于家人的陪伴。老年学员之间的包容与支持营造了一个和谐的氛围，进而使他们在相处过程中，使自我存在与他人存在能够同时得到自由展现，使老年人更加真切地体验到"人际世界"中的"存在感"。

(三)整合"意识世界"中的"我"

学习、社会活动的参与能够帮助老年人在自我发展和社会文化的历史中更理智地看待自己和经验世界，并对"自我概念"进行整合。埃里克森(E. H. Erikson)在描述自我同一性时，从个人主观体验的角度将其概括为一种鼓舞人心的一致性和延续性，并伴随一种心灵的安宁感。

据调查数据显示，很多老年学员提到自己参加老年大学的目的是圆没能读过大学或者追求艺术的梦想。老年人在退休之后重新投入学习、社会活动中恰好为弥补过往经历的缺憾，为整合"意识世界"提供了一个机会和条件，这样可以帮助老年人重新建构生命的意义。

二、老年学员的自我超越

发展心理学家罗伯特·派克在论述老年人格发展中三个重要的任务和挑战时提到，老年人面对的最后一个任务就是"自我超越对自我关注"。埃里克森在人格发展阶段理论中亦将人在临终前的同一性危机概括为"我是我死后还能留下来的东西"。老年人在参与学习活动的过程中，从不同的方面体现着他们正趋向"自我超越"这一心理特征。

(一)延续自我价值

张宇鹏(2013)通过调查发现，老年学员已逐渐将生活的关注点从当下的自我追求转移到隐性的自我价值中，他们参与学习活动的目的已不仅限于完善自我，而是通过学习和社会参与，渴望将"我"的价值融入社会的持续发展中。老年人在关注自身发展的同时，希望可以将自我价值延伸到更大的范围中，继续发挥其潜能。这种价值的延伸除了体现在社会参与上，还包括家庭责任的传承。在张宇鹏的调查访谈中，很多老年学员表示自己来参加学习是希望能够帮助子女更好地教育第三代。例如，老年学员在家中练习书法、钢琴，孙辈受其感染一起学习，老年人从中可体会到自我价值的延续。

(二)追求内心宁静、平和

老年学员能够倾听内心深处的声音，并遵从自我的真实感受来充分地体验生活。他们不在意外部环境赋予学习活动的意义，而更重视自己内心体验的过程。在反思学习活动的收获时，他们能够以"自我"为评价标准，"跟自己过去相比，学到了知识"。在学习中，他们不再为名利所动，努力只为提高和挑战自己，这也体现了老年学员独有的洒脱。

例如，很多老年人醉心于书法和国画的学习，通过创作不仅可以培养他们的审美情趣，更重要的是陶冶身心。在运笔创作的过程中往往需要静气凝神，将作品与"我"合二为一，笔下所展现的正是作者品性、心境的融合，同时也是对生活的体验与寄托。老年学员在挥毫泼墨间，体验着"物我两相忘，心清莲自开"的无我境界。

本章主要参考文献：

[1]马云鹏. 课程与教学论[M]. 北京：中央广播电视大学出版社，2005.

[2]张涛. 新形势下如何开展老年教育工作[J]. 中共伊犁州委党校学报. 2010(1)：85-86.

[3]潘光花. 人本主义学习理论主要观点研究[C]. 山东心理学会学术会议论文提要. 2002.

[4]宋晓丽. 人本主义教育观及其现实意义[J]. 韶关学院学报，1999(3)：121-125.

[5]杜光强. 人本主义教育理念对当代教育的启示[J]. 内蒙古师范大学学报(教育科学版)，2011，24(1)：1-4.

[6]李军. 人本主义学习理论浅析[J]. 今日南国旬刊，2009(5)：52-53.

[7]张宇鹏. 老年学习者的自我体验与自我超越——基于人本主义心理学自我理论的探究[J]. 高等继续教育学报，2013，26(6)：28-31.

[8]曾英. 浅谈四川老年课程设计的人本主义取向[J]. 魅力中国，2011(2)：93-93.

[9]肖静露，朱燕. 人本主义心理学对成人教育教学改革的启示[J]. 西北成人教育学院学报，2005(4)：11-13.

[10]刘海洋. 浅谈人本主义学习理论对我国传统课堂教学的启示——以学生为中心[J]. 教科导刊. 2013(19)：141-142.

第九章　建构主义学习理论

本章提要

20世纪六七十年代以来，随着人口老龄化纵深发展，西方发达国家涌现了许多现代老龄化理论，这些理论逐渐成为国内外老年教育发展的主要支持依据。对我国老年教育实践的考察可以发现，我国老年教育理论的发展相对落后于积极转换的人类老龄化理论视野，制约了人口老龄化背景下老年教育的实践发展。建构主义兴起于80年代，其学习理论对当前的教育教学实践产生了非常深远的影响。建构主义与客观主义相对立，强调学习者在学习过程中的主动性，突出了意义建构和社会文化互动在学习中的作用。本章将介绍建构主义基本观点及其教学理论与模式。

第一节　建构主义学习理论的基本观点

对于建构主义，教育心理学家、教师等不同领域的人对它都有不同的解释。例如，教育心理学家认为，建构主义是有关学习的一种观点，对教师来说，建构主义原理则是有关不同目标设置有效性、授课方法和评估的理论。以下介绍建构主义学习理论相关的基本观点。

一、建构主义的知识观

知识观是指关于知识的本质、起源、种类、范围、获得等问题的观点的总和。综观人类对知识观的研究，对知识的探讨主要从两个维度出发：第一个维度是"知识是什么"，也就是对关于知识的本质、起源等问题的探讨，第二个维度是"知识怎么样"，如对知识的获得、种类、范围等问题的探讨。

对于知识观两个不同维度的问题，客观主义做出了明确的回答。客观主义根基于现实主义和实证主义，相信真实世界的客观存在，认为这个真实世界是存在于人的主体之外，不受人类经验所支配。据此可知，客观主义的知识观致力于寻求事物的本质，把握事物发展的普遍规律。其认为知识是通过先知者传授给未知者，因而所有人在知识上具有同一性、同步性和统一性。

和客观主义一样，建构主义的知识观认为个体认识的对象是客观存在的；但在知识的性质上，它却否认客观真理或科学知识的永恒性，不承认语言符号与客观世界具有对等性。在建构主义者看来，个体对事物的认识是以自己关于世界独特的经验及信念为背景，从而建构起自己对世界的独特理解。由于不同的人有着不同的经验背景，所以他们对同一事物可能获得不同的意义理解。知识也不可能由一部分人直接传递给另一部分人，知识只能通过个体自身的积极建构获得意义。

由此看来，建构主义的"积极活动"与客观主义的"积极活动"所指并非同一内涵。从客观主义知识观来看，积极活动为学习者积极主动与客观环境相互作用，从而获得真实外部世界的信息。建构主义的积极活动则指，在认识的过程中个体根据自己已经获得的知识，应用已有的知识结构，在接受知识的过程中和原有的知识背景与知识结构形成相互作用。在建构主义者看来，知识并不是对现实的准确表征，它只是一种解释、一种假设，并会随着人类的进步出现新假设。

二、建构主义的学习观

建构主义认为学习不是由教师向学习者传递知识，而是学习者自己建构知识的过程，学习者不是被动的信息接受者，而是主动建构信息的意义。另外，建构主义重视认识主体自身的知识背景以及认识主体和认识对象之间的相互作用。因此，学习不仅是理解和记忆新知识，而且要分析它的合理性、有效性，从而形成对事物的观点；学习不仅是新的知识经验的获得，同时还意味着对既有知识经验的改造。具体来说，建构主义的学习观具有以下几方面的基本特征。

(一)学习是个体意义建构的过程

学习不仅是知识由外到内的转移，而且是新经验与原有知识经验反复的相互作用，来充实、丰富和改造自己知识经验的过程。

皮亚杰(J. Piaget)认为，认知发展的实质是个体内部的认知结构或图式的形成、转化和发展的过程，学习是一种双向的建构过程。在学习者对知识的建构过程中，一方面，学习者对当前知识或信息的理解，是以学习者原有的知识经验为基础，这就意味着学习者对知识和信息的理解将超越外部所给的信息本身。另一方面，学习者以原有知识经验为基础，并不只是简单地提取和套用原有的知识经验，外部所给的知识和信息将使学习者依据所给的新的知识和信息，相应地对原有经验本身也做出某种调整和改造。这两个方面的过程分别被皮亚杰称为"同化"和"顺应"，个体的学习过程是二者的统一。

学习是个体意义建构的过程，这意味着学习是主动的。学习者需要主动地选择和加工外部信息，而不是作为被动的刺激接受者。另外，知识或意义也不是简单地由外部信息决定，意义是学习者通过新旧知识经验间反复的、双向的作用而建构的。其中，每个学习者都以自己原有的经验系统为基础对新的信息进行编码，建构自己的理解，原有知识又因为新经验的进入而发生调整和改变。因而，学习并不仅仅是信息的量的简单积累，而是新旧经验之间的双向作用过程。

因此，在教学活动中，教师应改变传统的灌输式的教学方式，转换教学理念，让学习者以自身经验为中心进行"有意义的自主学习"，并对信息和知识加以同化与顺应。

(二)学习具有社会性

维果茨基(L. Vygotsky)的社会建构主义强调社会性相互作用在学习中的重要意义，关注社会化的学习，强调学习的社会性和文化性。皮亚杰的认知建构主义和维果茨基的社会建构主义基于相似的认识论基础，但认知建构主义强调在与物理世界的互动中个体的知识建构，认为个体认知发展是独立于社会背景的稳定的个体行为；社会建构主义认为，个体认知发展通过思想的内化来实现，社会互动是其认知的动力和前提。

社会建构主义强调，知识不仅是个体在与物理环境的相互作用中建构起来的，社会性的相互作用同样重要，人的高级心理机能的发展正是社会性相互作用内化的结果。这是社会建构主义强调"高级学习"的原因所在。

社会建构主义主张，每个学习者都有自己的认知结构。不同的学习者对同一知识、信息或问题形成不同的见解或结论。因此，群体学习中，不同的学习者可以通过相互沟通和交流共同解决问题，从而形成更丰富、更灵活的理解。学习者之间不仅可以构成群体学习，还能与教师、课程专家等就课程知识或信息展开充分的沟通。这种社会性的相互作用，可以为知识建构创设一个广泛的学习共同体，从而为知识建构提供丰富的资源和积极的支持。合作学习正是基于这样的原理而形成的一种学习方式，其关键在于小组成员在完成小组任务的过程中相互沟通、相互合作、共同负责，从而达到共同的目标。

高级学习、合作学习充分体现了学习的社会性。社会性学习一个基本的理念就在于让学习者进行相互交流，从而有助于学习者建构起新的、更深层的理解。学习者组成群体进行相互交流，不同学习者对事物理解、解决问题的思路都被明确化和外显化。学习者可以通过不断反思和对自己的思维过程进行监控，从而更好地审视自己解决问题的基本思路。合作学习发生在群体之间，即使学习者之间产生对立的观点也可能更好地引发学习者的认知冲突，而认知冲突的产生是改变学习者认知结构、提升其认识水平的一个前提条件。

(三)学习具有情境性

建构主义知识观强调学习的情境性。在建构主义看来，情境总是具体的，各种具体情境之间并没有完全普适的法则。建构主义在教学中强调把所学的知识与一定的真实任务情境联系起来，以解决情境性问题。

建构主义学习的情境性表现在以下几方面。

首先，学习的任务情境应与现实情境相类似，以解决学习者在现实生活中遇到的问题为目标。学习的内容要选择真实性任务，不能对其做过于简单化的处理，使其远离现实的问题情境。学习在真实或者模拟真实情境的场景下进行，所要解决的都是一些真实的具体问题，而这些问题并不是仅运用某一学科抽象的概念或知识就能解决，它往往同时与多个学科或理论相关。正因为此，建构主义主张在学习过程中弱化学科界限，强调学科间的交叉。

其次，学习的情境性还表现在知识的建构和问题解决的过程中。在建构主义者看来，知识获得的过程就是在一定的情境中解决问题的过程。解决问题所需要的工具、资料往往隐含于情境当中。教师并不是将提前准备好的内容灌输给学习者，而是在课堂上展示出与现实中专家解决问题相类似的探索过程，提供解决问题的范式，并指导学习者去探索。

最后，情境性教学需要进行与学习过程相一致的情境化评估，或者融合于教学过程之中的融合式测验，在学习中对具体问题的解决过程本身就反映了学习的效果。

第二节 建构主义教学理论与模式

在其学习理论的基础上，建构主义提出了系统的教学理论与模式，对传统的教学理论产生了巨大的冲击。

一、建构主义关于教学的基本思路

(一)注重学生中心观和教师辅助观

建构主义学习理论认为，学生是信息的加工者，是意义的主动建构者，而不是外部刺激的被动接受者和被灌输的对象。学习是学生有目的的、受意志调节的内部控制过程。学生之间有经验背景、文化背景以及建构过程的差异，因此，教学目标应该灵活，有针对性，它不应该强加给学习者，而是同学习者商量决定，或由学习者在学习过程中自由调整。同时，建构主义理论认为，学生是形成现实生活事件特定含义的"思想家"，教师不应视学生为"知识的接受者"。因此，教育教学应以学生为中心。

教师辅助观是与学生中心观相一致的。教师不再是传统意义上的"传道、授业、解惑"，而是学生意义建构的帮助者、促进者和辅助者。教师应善于引起学生观念上的不平衡，高度重视对学生错误的诊断与纠正，充分注意每个学生在认识上的特殊性，努力调动学生的学习积极性，并很好地发挥教学活动组织者和"导向"的作用。在建构主义模式的课堂中，课堂重点从教师转移到学生身上，因为学生才是主动建构知识的人。教师的作用则变为协助学生成为自主的思考者，建构对概念的完整理解，引导学生提出问题并自己寻找解决问题的答案。

但是人们常常误解了这个观念的含义，认为教师不应该在上课前设定清晰的目标；或者当学生遇到困难、产生错误概念时，教师不应该进行干预。事实上，提前确立清晰而具体的学习目标并激励学生努力达成，并不意味着教师不能采用任何"演讲式教学"或者纠正学生所犯的错误。研究者认为，以建构主义学习理论为指导的教师，应有明确的授课目标，当学生发生认知上的冲突时，教师会及时介入并给予帮助，这样的授课方式是很有效的。

此外，教师是解决问题的教练和策略的分析者，应注意对自身科学观和教学观的自觉反省与必要更新。教师的职责在整个教育体制与教育对象之间发挥了一个重要的"中介"作用。这就意味着对教师分析学生个体差异、教学设计、教学方法选择等方面的要求更高。

(二)注重在实际情境中进行教学

建构主义强调开发围绕现实问题的学习活动，尽量创设能够表征知识的结构、能够促进学习者积极主动地建构知识的社会化的、真实的情境。其认为结构良好领域只能使学习者获得低级的、单一的知识，强调让学习者在结构不良领域中进行学习的重要意义。

建构主义强调创建与学习有关的真实世界的情境，注重让学习者解决现实问题，强调提供复杂的、一体化的、可信度高的学习环境的重要性。这种教学情境应具有多种视角的特性，可以将学习者嵌入现实和相关情境（真实世界）中，作为学习整体的一部分为他们提供社会性交流活动。

知识背景对学习者知识的建构十分重要，呈现的内容与真实生活越接近，例子本身的价值就越高。教师向学习者提供高质量的实例和学习内容的其他表征形式，是学习者建构知识的基础，使学习者能够从不同的视角去探索问题并形成交叉的概念领域。因此，在老年大学课程教学过程中，教师应该提供对老年学员建构理解有用的各种实例和其他表征形式，以扩充老年学员的背景知识。

(三)注重协作学习

建构主义认为，学习者以自己的方式建构对事物的理解，因此不同人看到的是事物的不同方面，不存在标准的理解。但是，我们可以通过学习者的合作使理解更加丰富和全面。目前的课堂教学形式不适合学习者进行高级学习，高级知识的教学应该提倡师徒式的传授以及学习者之间的相互交流、讨论与学习。教学过程需要围绕亟待解决的重要问题进行，并对学习者的问题解决过程给予高度重视，在该过程中，鼓励学习者和教师进行对话与协商。因此，建构主义指导下的教学组织形式有小组学习、协作学习等，主要在集体授课形式下的教室中进行，提倡在教室中创建"学习社区"。

社会交流能使学习者在共享观点、完善知识理解、清晰表达思路方面受益；同时，在学习者与教师讨论的过程中，教师的促进学习、注意力、工作记忆力和评估学习进步的能力也得到提高。

(四)不要过分依赖解释

传统观念认为教学就是把知识传输给学习者。尽管认知学习理论和建构主义者，尤其是后者一直在努力试图纠正大众的这种错误观念，但仍然有很多教师认为给学习者作解释是帮助他们理解知识的最有效方法。实际上，要想促进学习者对知识的建构，教师应该多听学习者的想法而不是一直讲授自己的观点。教师应该把解释与实际动手体验和具体例子结合起来，并对单纯依靠解释来促进学习者学习这一观点持怀疑的态度。

二、建构主义的几种主要教学模式

建构主义者提出了许多体现上述教学思路的教学方法与模式，主要有如下几种。

(一)随机通达教学

建构主义代表人物斯皮罗(R. J. Spiro)等人提出了认知灵活性理论。该理论认为,学习者在学习过程中对信息意义的建构可以从不同角度入手,从而获得不同方面的理解。据此,他们提出了"随机通达教学"。

所谓随机通达教学,是指学习者可以随意通过不同途径、不同方式进入同样教学内容的学习,从而获得对同一事物或同一问题的多方面的认识与理解。学习者从不同角度对信息的意义建构,所获得的不同理解可能会漏掉事物的某些方面,以及在运用已有知识解决实际问题时存在复杂概念和实例间的差异。它认为,传统的教学设计只适合于低级学习(主要涉及结构良好领域),而对于高级学习(主要涉及结构不良领域)是无能为力的。

根据知识是由围绕关键概念的网络结构所组成的观点,这种教学设计主张,真正的学习可以从网络的任意部分进入或开始,而且这种进入可以是多次的;这种多次进入,不像传统教学中那样,只是为巩固一般的知识、技能而实施的简单重复,而是伴随新知识的建构;学习者每次进入都有不同的学习目的,每次的情境都是经过改组的,都有不同的侧重点;从不同的角度入手,分别着眼于同一问题的不同侧面,这使学习者能够获得新的多维的理解,同时能够与具体情境联系起来,产生与丰富的背景经验相关的大量的复杂图式。因此多次进入的结果,是使学习者获得对事物全貌的理解与认识上的飞跃。

(二)抛锚式教学

抛锚式教学也称情境性教学。建构主义认为,学习者要想完成对所学知识的意义建构,即达到对该知识所反映事物的性质、规律以及该事物与其他事物之间联系的深刻理解,最好的办法是让学习者到真实环境中感受、体验(即通过获取直接经验来学习),而不是仅仅聆听别人(如教师)关于这种经验的介绍和讲解。

　　抛锚式教学是使学生学会独立识别问题、提出问题和解决问题的有效的途径。例如，在指导老年学员探索生命意义的课程中，教师先提出一个命题："假如你的生命只剩下 3 天时间，你将做些什么?"让老年学员充分思考临终老人的需求，进而讨论人生的价值和审视生命关怀的意义。

　　因此，教师应使教学活动方式与现实情境相结合，使老年学员学到的知识更有意义，以解决老年学员在现实生活中遇到的问题，其教学过程与现实的问题解决过程相类似。这种教学要求建立在有感染力的真实事件或真实问题的基础上，学习的内容要选择真实性的任务，确定这类真实事件或问题被形象地比喻为"抛锚"，因为一旦这类事件或问题被确定了，整个教学内容和教学进程也就被确定了(就像轮船被锚固定一样)。建构主义认为，教学应创设与真实任务类似的问题情境，呈现真实性任务、案例或问题给学习者(即"抛锚")，尽可能让学习者在一个完整、真实的问题情境中产生学习的需要和兴趣，并通过亲身体验和感受，主动识别、探索和解决问题。

(三)支架式教学

　　根据欧共体"远距离教育与训练项目"的有关文件，"支架式教学应当为学习者建构对知识的理解提供一种概念框架。这种框架中的概念是发展学习者对问题的进一步理解所需要的。为此，事先要把复杂的学习任务加以分解，以便于把学习者的理解逐步引向深入"。在支架式教学中，教师引导着教学，使学习者掌握和内化那些能使其从事更高认识活动的技能，这种掌握和内化是与其年龄和认知水平相一致的。

　　总之，支架式教学强调教师指导下的以学习者为中心的学习，可以充分发挥学习者的主动性，使他们有机会在不同情境中实现知识内化和掌握问题解决能力。在实际教学过程中，教师可以根据教材内容和学习者的发展水平，搭建不同层次的支架，并给予及时的帮助和指导，以利于学习者沿"脚手架"一步步地攀升，从而完成对知识意义的建构。

　　具体来说，支架式教学的构成要素或基本环节一般包含以下五个方面。

（1）进入情境——将学习者引入一定的问题情境，并提供必要的解决问题的工具。

（2）搭脚手架——这是教师引导学习者探索问题情境的阶段。首先，教师要帮助学习者确立目标，为学习者探索问题情境提供方向；其次，教师要围绕当前的学习内容，为学习者提供探索该学习内容所需要的概念框架，该概念框架应置于学习者的最近发展区；最后，教师可以通过演示、提供问题解决的原型、为学习者的问题解决过程提供反馈等方式引导学习者探索问题情境。教师的引导应随着学习者解决问题能力的增强而逐步减少。

（3）独立探索——教师放手让学习者自己决定探索问题的方向，选择自己的方法独立进行探索。

（4）协作学习——通过学习者与学习者之间、学习者与教师之间的协商讨论，可以共享独立探索的成果，共同解决独立探索过程中所遇到的问题。在共享集体思维成果的基础上，达到对当前所学知识的比较全面、正确的理解，最终完成对所学知识的意义建构。

（5）效果评价——对学习效果的评价包括学习者个人的自我评价和学习小组对个人的学习评价，这种评价依然是与问题探索过程融为一体的，不能仅用脱离问题解决过程的所谓客观性测验（标准化测验）来评价这种教学的效果。考核评价方式可以采用以角色扮演、专题演练、平时表现、学习态度、作业和专题报告（口头或书面的、社会实践、课程总结等）为主的过程性评价，对学习者进行各种沟通技巧的训练，并促进学习者合作学习、自主发展，重视考核学习者主动性的发挥、解决实际问题的能力以及学习者的创新能力。

支架式教学是基于建构主义关于概念框架的观点，借用建筑行业中使用的"脚手架"作为概念框架的形象化比喻，利用概念框架作为学习过程中的脚手架的一种教学设计。其主张是为了更好地促进学习者对知识意义的建构，教学应围绕和结合当前的学习主题，为学习者提供意义建构的概念框架，而不是具体的学习内容，框架中的概念可以启动并引导学习者对问题作进一步的理解。

这种概念框架是继续学习所必需的，就像建筑行业所使用的脚手架一样。学习者沿支架逐渐攀升，不断进行更高水平的认知活动，最终完成对所学知识的意义建构，同时其智力水平也得以不断提高。这样，通过这种脚手架的支撑作用把学习者的智力从一个水平提升到另一个新的更高水平，真正做到使教学走在发展的前面。并且，通过支架（即概念框架）把管理调控学习的任务逐渐由教师转移给学习者自己，最后撤去支架。

(四)自上而下的教学

建构主义者批判传统的自下而上的教学设计，认为它是使教学过程过于简单化的根源，主张自上而下的教学设计模式。即首先呈现整体性的任务，同时提供用于更好地理解和解决问题的工具，让学习者尝试解决问题。在这个过程中，学习者可以自己发现完成任务需首先完成的子任务，以及完成各级任务所需的各种知识技能，在掌握这些知识技能的基础上，最终使问题得以解决。

在教与学的活动中，知识是由围绕着关键概念的网络结构组成的，因此不必要组成严格的直线型层级。学习可以从网络的任意部分进入或开始，教师既可以从要求学习者解决一个实际问题开始教学，也可以从给一个规则入手。当然，在实际操作中这些都必须适应一定的教学目的，根据具体的教学目的和条件而确定。

(五)互惠式教学

当今建构主义比较重视教学中师生以及学习者之间的社会性相互作用，即合作学习和互惠式教学。教师和学习者是由不同年龄、不同生活阅历、不同知识背景组成的两个不同群体，其对同一事物的建构是不一样的。所以，通过教师和学习者的交流互惠，学习者既可以反思自己的建构，以使理解更加准确全面，又可以发展自己的建构能力；教师也可以从学习者的建构中，分析学习者的思维过程、反思自己的教学内容和方法是否恰当。

　　总之，建构主义的教学设计强调以学习者为中心，认为学习者是知识意义的主动建构者，教师只对学习者的意义建构起帮助和促进作用，应注重发挥学习者的首创精神，让他们在不同情境下应用所学的知识并实现自我反馈。

　　无论是随机通达教学，还是抛锚式或支架式教学，都支持和鼓励学习者的自主学习和相互间的协作学习。同时，都强调"情境"对意义建构的作用，重视教学中教师与学习者以及学习者与学习者之间的相互作用，倡导协作学习与交互式教学；强调对学习环境（而非教学环境）的设计；强调利用各种信息资源来支持学习者的自主学习和协作式探索；强调学习过程的最终目的是完成意义建构而非完成教学目标。这些与传统的教学设计大相径庭。

　　建构主义的教学设计一般包含下列内容与步骤：教学目标分析，情境创设，信息资源设计，自主学习设计，协作学习环境设计，学习效果评价设计，强化练习设计。他们认为每个人都在以自己的经验为背景建构对事物的理解，不存在对事物唯一正确的理解。教学要使学习者超越自己的认识，通过协作和讨论使他们相互了解彼此的思路，形成更丰富的理解，以利于知识广泛的迁移。

三、对建构主义、学习理论的全面评价

（一）建构主义学习理论对教育、教学的贡献

　　建构主义学习理论对当今教育理论与实践产生广泛而深远的影响。建构主义学习理论丰富和深化了学习理论的研究，对改革传统的"填鸭式"教学提供了有力的理论支持。它告诉我们为何背景知识和社会互动对建构认知如此重要，为何监控学习者的思维过程非常关键。根据建构主义学习理论的观点，每个人都是根据自己的理解来建构知识的，因此我们就能明白为何讲述多次的知识有些学习者还是没有掌握，为何已经强调过多次的内容学习者还

是会忘记，为何学习者仍顽固地记着我们多次试图帮助他们纠正的错误概念。建构主义还帮助我们理解为何口头解释所起的作用不大，以及为何工作表和大量的练习并不能有效地促进学习者的学习。

建构主义学习理论对教学领域的贡献可概括为以下几方面。

第一，拓宽了学习研究的领域及范围。建构主义学习理论从产生时起就在重视学校、课堂学习的同时，重视日常生活中的学习，从而使其自身有更好的生态效度。这一方面对教育教学实践有更好的指导意义；另一方面拓展了学习研究的领域及范围，从而丰富了学习理论。

第二，深化了关于知识及学习的本质性认识。建构主义学习理论放弃了行为主义客观反映论的认识论信条，认为知识是主体在原有的经验图式上建构客观世界的过程，学习是一种自我组织的认知结构的改变过程。建构主义关于知识、学习的这种认识论立场实现了由客体到主体、由外向内的认识论倒转。

第三，推动了认知科学及现代教育信息技术的发展。建构主义学习理论非常重视以认知科学特别是认知神经科学作为其理论基础。认知神经科学中的信息封闭系统、非特殊编码模型、自我生成模型等对建构主义学习理论都产生了重要的影响；同时建构主义理论所提出的一系列问题又丰富和推动了这些模型的发展和进步。建构主义学习理论与现代教育信息技术一直存在一种互动关系：一方面，计算机多媒体信息技术借助于建构主义理论的教学设计思想，开发出了极具人性化和高效率的实用教学软件；另一方面，建构主义学习理论在现代多媒体信息技术的支持下，将自身的学习、教学理念转化成教学行为、教学产品等，从而扩大了建构主义理论自身的影响。

第四，促进了教学改革。建构主义理论的倡导者们十分重视建构主义理论同教育教学实践的密切结合，提出了随机通达教学、支架式教学、抛锚式教学以及自上而下式教学等教学方法与模式；并成功开发不少出色的教学软件，冲击了传统教学模式，推进基础教育的教学改革。

（二）建构主义学习理论的局限性

建构主义理论是一种非常庞杂又相对完善的认识论和学习理论，在知识观、学习观、教育观、学习环境、意义建构等方面的观点十分丰富，但它也存在一些缺陷。

首先，建构主义过于强调知识的相对性，否认知识的客观性，使其具有主观经验主义倾向。其认为客观世界是不能被人真实地反映的，人所认识的世界图像是按照其已有的认知图式，有目的地建构的，每一个主体只能认识自己所建构的经验世界。不同的人有不同的认知图式或不同的原有经验，所以对同一事物的认知会产生不同的建构方式与结果。没有一个世界比另一个世界更加真实，不存在唯一的真实或任何客观的实在。这使得人与世界、人与社会、人与人的关系变得主观经验化，具有狭隘的、唯我论的主观经验主义倾向。从哲学上看，这种观点与主观唯心主义的不可知论相似，与科学精神和当代科学教育目标相悖。

其次，过于强调学习者学习过程即个体知识在生产过程的信息加工活动的个别性和独特性。建构主义认为"学习是学习者主动地建构内部心理表征的过程；是学习者从不同背景、不同角度出发，以已有的经验为基础，通过与外界的相互作用来对新信息进行加工，建构自己新的理解"，这一过程，一方面是对新信息的意义建构，同时又包含对原有经验的改造和重组，否认认知主义理论强调的"在相同经验的学习过程中所进行的信息加工活动本质上的共同性"的观点。

再次，过于强调学习者学习知识的情境性、非结构性。这虽然有助于克服教育的空泛性和脱离实际的现象，但建构主义过分强调真实情景中的教学，忽略了教学中抽象与概括的重要功能，从而走向了另一个极端。

最后，它在一定程度上忽视了教师的作用。建构主义所持的"学习者是学习的主体"，不仅认同学习者处于教学活动的"主体性地位"，教学目的是使学习者获得知识，并且认为学习者不是被动地接受知识，而是主动地进行选择性加工，建立起自己对知识的理解，教师在学习活动中起的是"组织者"和"中介"的作用，因此，建构主义在理论上重视的是学习者的"学"，忽视了教师的作用。

任何理论都不可能是十全十美的。建构主义学习理论指导下的教学，其优点是有利于培养具有创新思维和创新能力的创造型人才；其缺点则是忽视教师的主导作用，不利于系统知识的传授，甚至可能偏离教学目标。作为一种行之有效的学习理论，建构主义学习理论在教育教学中发挥了积极的指导作用；其指引下的多样纷呈的教学模式已与教学改革、课程改革、教学软件开发紧密结合。同时，建构主义学习理论仍是一个正在发展中的理论，其发展进程依然是动态的、开放的；在认识论立场上如何处理好建构与反映、个体性与社会性、真理的绝对性与相对性，将是实现其理论超越的根本问题。建构主义学习理论的不足之处，在其指导教学改革和教学实践过程中应予以纠正和消除。

第三节　新建构主义教学法

一、新建构主义教学法的基本理念

新建构主义学习理论认为，网络时代学习面临两大挑战：一是信息超载，一是知识碎片化。为了应对这两大挑战，一方面新建构主义强调要教会学习者学会选择，即打破传统的学科知识体系，根据个人需要和兴趣来选择学习的内容，构建个性化的蛛网式知识结构；另一方面采用零存整取式学习策略来整合信息与知识碎片，实现知识内化乃至知识创新。

新建构主义把网络视为虚拟的知识银行，主张通过与网络建立联系，来进行知识的建构与创造。其认为教师在传授专业知识之外，更重要的是要教会学习者五大技能，即教会学习者如何搜索、选择、思考、交流和写作。根据上述指导思想，新建构主义教学法主张鼓励学习者在课外通过网络开展丰富多彩的个性化的自主学习；通过课堂上的分享与交流，选择共同感兴趣的内容开展协作与探究，进一步深化学习；在教师的示范与指导下，逐渐实现知识碎片的加工与整合，最终实现知识创新。

二、新建构主义教学法的关键环节

(一)分享与交流

这一环节主要是在课堂上进行。课程开始时，教师应介绍新建构主义教学法的基本理念和操作方法，与学习者共同商讨学习主题；然后让学习者围绕主题分享自己的见解与疑惑，并提出个人的学习愿景；接下来让学习者根据相同或近似的愿景或兴趣进行配对或分组交流，进一步确定学习内容和计划。课程进行中，教师可根据学习者的进度和遇到的问题进行必要的讲解、示范和引导。课程结束时，教师应要求学习者在课堂上分享自己的学习成果，并进行自评和互评。

(二)协作与探究

这一环节可以在课堂上进行，也可以在课外进行。学习者们围绕共同感兴趣的问题，开展协作学习、探究性学习。新建构主义主张的协作与探究，是围绕建构个性化知识体系进行的，而不是为了完成某个学科的教学任务或教学目标，因而更具有自主性、开放性和非正式性。

(三)整合与重构

整合是指学习者将信息与知识碎片进行有机组合，并与个体原有的认知结构进行对接，使新旧知识融为一体的过程。重构是指当信息与知识碎片无法按常规进行组合，或者与个体原有认知结构无法进行有效对接时，个体对信息与知识碎片进行加工改造、形成新信息新知识，或主动改变原有认知结构，以与新信息新知识有机结合的创新过程。整合与重构可能发生在任何时间和地点，需要进行较长时间的积累或顿悟。王竹立在新建构主义理论中提出，零存整取学习策略是实现整合与重构的最好方法，包容性思考是整合与重构的思维基础。

上述三个环节是一个相互重叠、循环往复的过程。分享与交流带来协作与探究的问题，协作与探究过程中产生信息与知识的整合与重构，整合与重构又带来进一步的分享与交流，新建构主义教学法就是在这样的循环中螺旋式上升。

(四)新建构主义教学法的教学推进策略

在新建构主义教学法中，可以采取两种策略来推进教学的顺利进行。

一是，逐级推进策略。新建构主义教学法采取三个步骤来逐级推进学习过程，分别是"说出""写出"和"做出"。

(1)说出。教师要求学习者用口头语言，将自己获得的信息与知识完整地说出来，与大家分享。这一过程不仅是新建构主义教学法中的必要环节，而且可以训练学习者的口头表达能力和媒体应用能力。

(2)写出。新建构主义认为，写作对于零存整取式学习至关重要，写作即思考。新建构主义的写作，包含积件式写作、个性化改写和创造性重构三个环节，不断改写是零存整取的关键。

(3)做出。做出既可以指完成一件完整的作品或产品，也可以指解决某个具体问题。做出是写出的深化或实现，是知识的应用或迁移过程。

通过不断让学员说出、写出和做出，逐级推进学习过程，循环往复，实现学习的螺旋式上升。

二是，课程整合策略。新建构主义教学法并不排斥传统的课程教学，而主张与传统的课程相结合，利用传统课程的教学流程作为线索，引导课程教学循序渐进地向前推进。只不过这时候教学目标不再是传统的共同目标，而是个性化的个人目标；教学流程也不会完全按照事前制订的计划一成不变地进行，而可能随时转向或分流，以实现帮助学习者建构个人知识体系、实现知识创新的终极目标。

传统的教学流程可作为一个推进教学的策略，其一方面可以使学习者的学习相对聚焦，另一方面可以在学习者的互相分享处于停滞状态时继续推进学习进程。如果说传统的课程是一个一环扣一环的线性过程，那么新建构主义教学法主张的学习过程则更像一棵树，开始的时候有一个主干，在成长的过程中会陆续发出分支，逐渐演变成密密麻麻的细枝和树叶，最终结出累累的硕果。

三、新建构主义教学法应处理好的几个关系

新建构主义教学法要顺利实施，需要处理好下列几个关系。

（一）教师与学习者的关系

教师不再是课堂的绝对控制者，也不是主动者，而是分享者、示范者和组织者。教师应该是学习主题的专家和有经验的组织者。在开放的课堂上，教师应该充分保障学习者分享自己的收获的权利和时间，允许学习者按照个人兴趣爱好或需要开展自主学习、协作学习和探究式学习。

教师需要引导、鼓励学习者将碎片化知识进行整合，实现零存整取的目标。在学习者遇到困难、感到困惑的时候，教师应分享个人的学习经验，示范自己的碎片整合过程。在活动进展不顺利的时候，积极介入推动活动的顺利进行。新建构主义不赞成教师导而不教，而主张教师既导又教。对于已有现成答案的问题，教师可以采取讲授式的教学策略。对于没有现成答案的问题，教师则应该鼓励、引导学习者进行协作和探究。

(二)个别学习与共同学习的关系

对于大家共同感兴趣的内容，教师应组织大家开展协作和探究；对于个别学习者感兴趣的内容，教师应该允许其自行研究并要求其将自己的学习进展和成果与大家分享。新建构主义不主张所有学习者都达到某个共同的学习目标；其教学目标是帮助每一个学习者建构个性化知识体系。

(三)课堂学习与网络学习的关系

新建构主义教学法是课堂教学与网络学习有机整合的新模式。新建构主义理论认为，网络(互联网和社交网络)是知识的重要来源，也是知识形成和流通的主要场所。知识来源于网络，形成并流通于网络，教育信息化的本质特征就是网络化。这里的网络不仅仅指互联网，不仅仅指物理的网络，还包括人与人之间社会交往的各种网络。尽管人类知识的最初来源是生产实践、生活实践和科学实验，但这些原始的信息与知识只有通过网络的流通才能更快地成形与完善，才能产生实际的价值。

因此，新建构主义教学法鼓励学习者通过网络获取信息与知识，并与面对面学习交流有机结合起来。离开网络的学习与新建构主义教学思想无关。具体来说，在课前应该鼓励学习者围绕某一开放性主题，通过网络进行自主学习；在课中则要求学习者分享所学，并发现共同感兴趣的问题，开展协作与探究；课后则继续借助网络来进行协作与探究式学习，以实现零存整取、构建个性化知识体系的目标。

四、新建构主义教学法与相近教学法辨析

(一)与建构主义教学法比较

建构主义学习理论认为，知识是主客观因素相互作用的结果，是学习者在

原有认知基础上自主建构的结果；知识具有情境性与相对性。建构主义主张学习者应该在教师指导下，在真实情景中开展自主、协作和探究性学习。激进建构主义完全排斥"传递—接受式"教学方法，而一味强调发现式教学方法。

新建构主义既继承了建构主义的合理部分，又去除了其片面性部分。新建构主义主张"知识嫁接学说"，认为教育是一个知识嫁接体系和过程，模仿、背诵、强化练习和意义建构都是知识嫁接技术。个体知识分为三级结构，学习既包含由下至上的"发现"过程，也包含由上至下的"接受"过程。知识"嫁接"就是由上至下的学习与由下至上的学习进行"对接"的结果。网络时代，知识由"被嫁接"更多地向"自嫁接"方向转变。

可见，新建构主义教学法与建构主义教学法存在下列异同点（如表 9-1 所示）。

表 9-1　新建构主义教学法与建构主义教学法之比较表

比较项目	建构主义教学法	新建构主义教学法
理论基础	建构主义学习理论	新建构主义学习理论、知识嫁接学说
关键词	情境、协作、会话、意义建构	分享、协作、探究、零存整取
主要类型	教师指导下的自主学习、协作学习和研究(探究)性学习	基于网络和课堂的分享式学习，可采取多种方法和策略
学习内容	主要由教师确定	由学习者自定或学员之间互相商定
教学目标	帮助学习者建立以学科和专业为基础的系统化知识结构	帮助学习者建立以个人兴趣和需要为中心的蛛网式知识结构和实现知识创新
教学策略	自主学习策略、协作学习策略、支架式教学策略、抛锚式教学策略、随机进入式教学策略	除建构主义教学策略之外，还包括讲授式教学策略、逐级推进教学策略、零存整取式学习策略等
教师角色	教师是学习者学习的帮助者、促进者和同伴	教师是学习者学习的共同分享者、示范者和组织者
学员地位	学习主体	学习主体、学习分享者和自我责任人
学习评价	基于单一学科和跨学科的标准化评价与多元性评价	基于个人贡献和系统化成果的个性化评价

续表

比较项目	建构主义教学法	新建构主义教学法
适用范围	适合基于课堂和学科的教学活动，对学习者的自学能力、合作意识、探究能力和自制力有较高要求	适合开放性、综合性课堂的学习，对学习者利用网络学习的意识和能力、学习动机及自制力有较高要求

资料来源：王竹立. 新建构主义教学法初探[J]. 现代教育技术，2014，24(5)：5-11.

(二)与翻转课堂比较

翻转课堂，又称"反转课堂"或"颠倒教室"。在"翻转课堂"式教学模式下，学习者在家完成知识的学习，课堂变成教师与学习者之间、学习者与学习者之间互动的场所（包括答疑解惑、知识的运用等），从而达到更好的教育效果。这种新型的教学形式，让处于课程教学改革胶着状态的人们看到了课堂改革的新希望。新建构主义教学法与翻转课堂在流程上有某种相似之处，但也有明显的不同（如表9-2所示）。

表9-2　新建构主义教学法与翻转课堂教学法之比较

比较项目	翻转课堂	新建构主义教学法
课前	学习者自学教师指定的教学视频和相关内容	学习者通过网络和其他途径进行自主学习，学习主题可由教师和学习者共同商定，具体内容由学习者自定
课中	学习者在教师指导下开展交流讨论或进行作业练习	学习者以全班或小组形式分享所学到的东西，教师进行点评和引导，大家结成兴趣小组或选出共同感兴趣的内容，安排下阶段协作或探究式学习
课后	学习者开始新一轮的视频及相关内容学习	学习者以个人或小组形式继续开展网络或其他形式学习，同时以说出、写出、做出等方式提升知识和能力，实现碎片整合

续表

比较项目	翻转课堂	新建构主义教学法
目标	提高学习效率，促进知识内化	引导学习者通过零存整取方式建构个性化知识体系，实现知识创新
评价	以学科目标为主进行统一评价	以个人目标为主进行个性化评价
适用范围	各学科教学，要求学习者有自学能力和自制力	适合开放性、综合性课堂的学习，对学习者利用网络学习的意识和能力、学习动机及自制力有较高要求

资料来源：王竹立. 新建构主义教学法初探[J]. 现代教育技术，2014，24（5）：5-11.

五、建构主义理论对老年教育的建议

建构主义理论提出新的知识观和学习理论，重新解释了知识的本质和学习发生的机制，并为老年教育课程设置提出了一些建议。

（1）由于老年人的生活经验和受教育程度的不同，课程设置要满足不同老年学员的兴趣、适合不同老年学员的技能水平；在设定共性目标基础上，根据每个老年学员活动知识背景、学习能力等为老年学员设置个性目标。

（2）构造真实的情境开展教学，使老年学员通过与情境的相互作用获取知识和技能。

（3）在课程开始就要确立明确的规则，以便开展小组讨论和参与。

（4）促进对等学习、小组讨论和社会接触，促进相互合作、分享与交流。

（5）使老年学员参与规划自身课程，鼓励自主学习、交叉学习。

（6）充分发挥网络在老年学员自主学习过程中的作用。

（7）鼓励老年学员自己发现问题、提出问题，并为其提供足够的思考和讨论时间，使初学者和高水平的老年学员都能通过努力取得进步。

（8）为老年学员提供清晰、及时和个性化的反馈。

本章主要参考文献：

[1][美]保罗·埃根，唐·考查克. 教育心理学：课堂之窗（第六版）[M]. 郑日昌，主译. 北京：北京大学出版社，2009.

[2][美]罗伯特·斯莱文. 教育心理学：理论与实践[M]. 吕红梅，姚梅林，等，译. 北京：人民邮电出版社，2016.

[3]谈玲芳. 基于建构主义课程观的老年服务沟通课程开发研究[J]. 北京劳动保障职业学院学报，2013，7(4)：52-55.

[4]田延明，王淑杰. 心理认知理论与外语教学研究[M]. 北京：北京大学出版社，2010.

[5]杨维东，贾楠. 建构主义学习理论述评[J]. 理论导刊，2011(5)：77-80.

[6]郑云翔. 新建构主义视角下大学生个性化学习的教学模式探究[J]. 远程教育杂志，2015(4)：48-58.

[7]王竹立. 新建构主义教学法初探[J]. 现代教育技术，2014，24(5)：5-11.

第十章　教学设计与评价

本章提要

　　教学设计贯穿于整个教学过程。教师的教学设计在很大程度上决定了课程的内容、方式和手段。好的教学设计有一定的灵活度和可变性，教师可根据课堂情境对教学设计进行相应的调整。教学评价，是在教学活动开始后，通过衡量学习者的学习成就和教师的教学质量，以评价教学活动是否达到社会、学校的要求和教学设计的目标。本章概述教学设计的目标、内容和手段，并简要介绍教学评价的类型和方法。

第一节　教学设计概述

一、教学设计的含义与功能

(一)教学设计的含义

教学设计是指对教学的系统规划及教学方法的选择、安排与确定。即为了达到一定的教学目标对课程内容、教学组织、教学模式和教学媒体等的选择、安排与规划。教学设计是教师施教前的一种创造性活动，是课堂教学的重要准备。良好的教学设计可以促进教学活动的顺利实施和教学目标的有效达成。

教学设计应用范围广阔且日益受到重视。它不仅关注学科中某个知识点的学习过程，还关注学习的认知过程和学习者的全面发展。教学设计可运用系统的观点和方法，按照教学规律和教学对象的特点来制定教学目标，规划教学全过程诸因素的相互联系和合理组合，确定实现教学目标的方法、步骤，为优化教学效果制定实施方案。

(二)老年大学教学设计的功能

1. 有利于提高老年大学教学的科学性

教师在规划教学设计时，可根据实际情况运用教学理论来制定切实可行的教学目标，客观分析老年大学教学内容以及老年学员的实际特点，制定达成教学目标的一系列教学流程。

2. 有利于达成教学目标、教学过程、教学评价的一致

老年大学教学设计旨在以老年学员为中心，设计有效的方法，让老年学

员积极参与到整个教学过程中。这反过来又促进教学过程的顺利实施，有利于教学目标的实现。并且，在有具体规划的前提下，教学设计使得教学评价有了一定的参考依据，有利于教学评价科学有序地进行。

3. 能提高教师的教学质量

教学设计的过程是教师研究教学的过程。在这个过程中，教师需要根据老年学员的特点以决定教学内容、使用的教学方法以及工具等。这一系列的设计都需要教师不断思考、学习、查阅相关资料，对教师来说也是能力的提升和锻炼。经过多次设计和实践，教师自身的教学素质、能力和专业性能够得到提升。

二、教学设计的依据

(一)一般系统理论

一般系统理论作为一种科学的方法论对教学设计有举足轻重的作用。一般系统理论要求教学设计要系统地设计教学过程，关注各种教学要素，既要设计教学之始的活动，也要设计教学过程之中的活动。一般系统理论为制订计划和解决问题提供了系统工具；为教学设计提供了一种系统方法，按照这一理论进行教学设计符合教育科学和教学实践的要求。

(二)传播理论

运用传播理论分析教学活动，可以看出教学信息传播过程的复杂性。其中，有四方面的因素会影响教学信息传播的效果。第一，从传播者的特征角度来看，传播效果受其态度、认知水平、社会以及文化背景等因素的影响。有耐心的教师更容易将信息解释清楚，帮助学习者理解新知识，有利于教学信息的传播。第二，从信息接收者的特征角度来看，传播效果受其经验、态度、教育水平等因素的影响。虚心好学的学习者更容易学到更多的知识。第三，从信息本身的角度来看，信息自身的特征可影响传播的效果，如信息量的大小、清晰程度等。信息越清晰，传播效果越好。第四，从信息传播的渠道来看，不同的传播媒体也会产生不同的传播效果，如电视、多媒体等。电视和多媒体的传播特点是直观性强、视听合一，多媒体传播的最大特点是时效性强和信息量大。在教学设计过程中，教师首先要了解这些传播途径和方式，尽可能多地运用多种渠道和方式展现知识，促使学习者运用多种感官接收信息，进而取得更加满意的教学效果。

(三)学习理论

教学设计就是通过选择适当的技术、工具、方法来帮助学习者获得知识，掌握技巧。在这一过程中，离不开学习理论的指导。其中，行为主义学习理论和认知学习理论对教学设计的过程和决策都产生了深远的影响。概括地说，行为主义学习理论把学习看作建立刺激与反应之间的联结；认知学习理论则认为学习是一种组织过程，是学习者知觉的再构造或认知结构的变化。二者虽然对学习产生的情境的理解有所不同，但它们都为教学设计的实践提供了相应的理论基础。

(四)教学理论

良好的教学效果离不开教学理论的指导。教学理论是教学设计者最直接的理论来源，是关于教学的系统观点，它回答了在教学活动中如何教与学的问题。教学理论以教学的普遍规律为其主要的研究对象，其研究范围包括了教学任务(目的)、教学内容、教学过程、教学原则、教学方法、教学评价等，为教学设计提供了最基础、最核心的理论。

三、教学设计的特点

教学设计具有创造性、系统性和最优化的特点。

(一)创造性

从某种意义上来说，教学设计是一种创造性的活动。教师在进行教学设计时，要设法把教材包含的知识转变成学习者的素质能力，并且让学习者感受到学习过程的愉快。教师自身不仅要掌握丰富的理论知识，还要能帮助学习者习得新知识。这就意味着教师不仅自身要有良好的知识技能，而且要学会如何把这些知识技能传授给学习者。因此，教师应设计好教学方案，其中不仅包括教学目标、教学内容，而且包括教学方法和师生双向活动内容的教学程序。教学设计是教师的创造性劳动成果，它能体现一个教师的创造性能力。

(二)系统性

教学设计把教学过程视为一个由诸多要素构成的系统，因此需要运用系统思想和方法对参与教学过程的各个要素及其相互关系做出分析判断和操作。这里的系统方法是指教学设计要从"教什么"入手，对学习需要和学习内容进行分析；然后从"怎么教"入手，确定具体的教学目标，制定行之有效的教学策略，选用经济实用的工具，具体直观地呈现教学过程中各要素之间的关系，并根据学习者对教学效果做出的反馈信息调控教学设计各个环节，以确保教师教学和学习者学习取得成功。

(三)最优化

教学设计的过程也是寻求最优化的教学实施方案的过程。教学系统的优化，既有赖于教学要素的优化，也有赖于各个要素之间的结合方式的优化，从而使整体功能达到最优。教学设计的最优化特点要求教师确定教学系统的结构要素，设置全面、可操作的教学目标和教学内容，并选择和应用合适的教学方法和教学工具，使整个教学方案的制订完整可靠。需要注意的是，系统的整体功能并不是各个要素的简单相加，而是这些要素的有机协调与整合。所以，教学设计要从总体效益出发，合理考虑各要素在整个教学结构中的地位和作用，优化各要素间的组合方式，使教学效率和质量都能得到提高。

四、教学设计的原则

老年大学教学设计是以促进老年学员的学习发展为根本目的，运用系统的方法将学习理论与教学理论的原理转换成对教学目标、教学内容、教学方法、教学策略和教学评价等环节的具体计划，创设有效的教与学系统的"过程"或"程序"。为使老年大学教学设计更加合理、科学，应遵循以下三个原则。

(一)教学设计与老年学员兴趣相结合的原则

老年学员所选的学习科目，往往与他们自身的兴趣相关。这就要求教师要根据老年学员的兴趣合理地选择教学内容，并使用合适的方法来传授知识。通过学习，老年学员不断提高自身的知识水平和技能，享受学习的乐趣。

(二)传授知识技能与陶冶情操相结合的原则

教学既是一门科学也是一门艺术。首先，教学在科学理论的指导下进行，能够把科学理论与教学设计相结合，使理论转化为实践；其次，教师可以凭借自己的教学经验和老年学员的实际情况选择合适的教学策略，通过授课传授知识。

老年大学针对老年学员兴趣爱好所开设的音乐、舞蹈和书法课程，能够起到陶冶情操、愉悦身心的作用，课堂氛围也会更加融洽。老年学员在这样的教学环境下进行知识和技能的学习，有利于其知识技能的掌握。

(三)老年学员主体和教师主导的原则

在老年大学教学过程中，教师应注意发挥其主导作用，在整体的目标和方向上起到引领作用。老年学员学习的主动性、积极性较高，对课程的期待也较高。因此，教师在教学过程中需要组织好教学，解答老年学员的困惑，对老年学员进行正确的方向引导，提供支持、鼓励和启发，保持老年学员的求学自信心。

教学设计不同于传统的备课，它是教学规划的系列过程，教师根据教学目标对课程进行总体的规划，在课堂上按照计划和步骤实施教学。要注意发挥教师主导和老年学员主体的作用，把课堂交给老年学员，多鼓励、多发现、多总结，以促进老年学员之间互相启发、互相帮助、共同提高。

第二节　教学目标设计

一、教学目标设计的前提分析

教学目标，是指教学活动实施的方向和预期达成的结果，是一切教学活动的出发点和最终归宿。它既与教育目的、培养目标相联系，又是整个教学计划的目的性和计划性的体现。教学目标的设计要有科学性和合理性，才能取得良好的教学成果。

(一)教师自身因素分析

首先，专业知识丰富、热情和思路清晰的教师能够传授给老年学员更多的知识，知识的传授过程也会更顺利。在教学过程中，如果教师的讲解足够清晰，老年学员就能够更好、更快地学到更多的知识，并且老年学员对教师的评价也更为积极。教师在指导老年学员和解答问题的过程中，应该通过举例、讲述和活动的方式传递知识，使老年学员有更大的收获。

其次，教师的专业知识和经验也是影响老年学员学习效果的关键因素。在老年学员遇到具体问题的时候，教师可以调动其知识系统中有关该问题的最优、最适合的方法以帮助老年学员解决问题。

最后，耐心也是一名老年大学教师必备的基本素质。老年学员由于自身的生理因素，其听力、反应速度和灵活性等不如年轻学员，所以老年大学教师在教学过程中要投入更多的耐心。例如，教师可以适当放慢语速、反复讲解、及时聆听老年学员的反馈，让老年学员有一种被理解被尊重的感受。

总之，老年大学教师在教学活动中的重要地位毋庸置疑，做好教师自身的因素分析，有助于教学目标的顺利、高效实现。

(二)老年学员的特征分析

老年学员的一般身心特征会影响他们学习的效果和效率，与具体的学科内容之间也有一定的联系。这些因素对老年学员学习新知识起着促进或妨碍的作用，影响教学设计者对学习内容的选择和组织，影响教学方法、教学工具和教学组织形式的选择与运用。老年学员的一般特征主要有以下几种。

1. 理解能力强，记忆能力差

随着年龄的增长，老年人的某些身体机能下降是不可避免的事实，但与积累知识和经验有关的晶体智力却随年龄增长而增强。因为老年学员有丰富的知识经验和生活阅历，所以他们在课堂上最突出的特点就是对知识理解较好，但他们自身也有遗忘速度较快的生理特点。例如，在教师的示范下，老年学员能学会如何使用流行的社交软件，但是间隔一段时间后老年学员可能就会忘记正确的操作方法。这些都是老年人正常的生理特点，教师在教学过程中应给予理解。

2. 心理素质好，调适能力弱

老年学员大都有丰富的社会阅历，在面对问题时能够不急躁、不慌乱、情绪稳定、富有预见性，往往能未雨绸缪，这些特点都为老年学员的学习打下了很好的基础。他们面对新知识时更愿意反复去练习直至完全掌握，而不会急于求成，更不会因为一次失败的学习体验而悲观消极。这种积极乐观的心态是学习者所需要的，也是老年学员的学习优势。

随着年龄的增长，老年人的身体各部分机能都处于衰退状态，使得老年学员会比青少年更少地接受外界信息；对外界刺激的反应能力下降、反应时间延长、动作灵活性降低、协调性差；动作迟缓，活动能力和适应能力都降低，且容易疲劳。老年大学教师要了解和把握老年学员的生理特点，适当调整自己的教学方式，如缩短课程时间、丰富课堂内容等。

3. 学习态度好，学习效果不佳

老年学员大多是主动参加学习，其学习积极性和主动性较高。但由于自身的生理因素，老年学员的学习效果不是非常好。因而需要教师对老年学员进行合理分析，制定合理的教学目标，适当调整每堂课、每个模块、每个学期、每个学年的目标规划，不盲目设定遥不可及的远大目标，以免打击老年学员的学习积极性。

（三）教学工具特点分析

教学工具是教学内容和教学方法的载体，它包括教材、呈现教材的多媒体等各种在教学过程中使用到的器具。其中，教材是进行教学的最基本工具。选择好的教材，一方面有利于教师更好地理解教学要求和内容，以便进行更好的规划；另一方面有利于老年学员更加系统地了解学科相关知识。应根据老年学员的学习特点选择内容丰富、语句简洁易懂的教材，避免选择文字密集、过于繁杂的理论性较强但无实用性的教材。有趣且实用的教材有利于老年学员学习兴趣的保持。

除了教材之外，对其他教学工具的选择和应用也尤为重要。现代教学经常使用多种多媒体教学，让教材内容的呈现方式更加多样，同时也增加了学习的方式。教师可以根据教学内容选择合适的教学工具，提高课堂活跃度，营造轻松愉悦的课堂氛围。

二、教学目标设计的意义与原则

(一)教学目标设计的意义

1. 教学目标是教学的出发点和最终归宿

教学目标是教学的出发点和最终归宿，是教师对学习者达到的学习成果或最终行为的明确阐述。教学中的大多数教学活动都是围绕教学目标来进行和展开的。就其本身而言，教学目标对教学活动起到支配和指导作用，也是教师进行课堂教学设计的基本依据。教学目标的分析与确定是教学设计的起点，首先要确定教学对学习者学习内容所达水平和程度的期望，使教学有明确的方向；其次要给教学任务是否完成提供测量和评价的标准。因此，教学目标是教学的出发点和最终归宿。

2. 教学目标是教学过程的基本依据

教学目标是教师选择教学内容、运用教学方法、教学策略、教学工具以及调控教学环境的基本依据。教学目标规定着教学活动的方向、进程和预期结果，只有知道了具体目标之后，才能选择适当的内容、方法来达成预期目标。如果缺乏清晰的目标，教学将失去导向，只能盲目进行。因此，设计教学的第一步即为确立明确的教学目标。

3. 教学目标是教学效果评价的基本依据

教学目标具有重要的评价功能，由于它规定着具体教学活动的预期结果和质量要求，因而在检验、评价教学效果时必须从目标出发，坚持以教学目标为基本的评价尺度。缺少教学目标或教学目标不明确，都会给教学评价工作带来困难。从这个意义上讲，设计明确的教学目标是由教学评价工作的需要所决定的。

4. 教学目标是学习者自我激励、自我评估、自我调控的重要手段

由于教学目标能提供给学习者一个明确的方向，使他们明确通过学习要达到的具体目标，因而在学习过程中能有效激发其学习的内部动力，增强学习的兴趣，帮助学习者根据目标指引的方向不断调整学习方式，努力克服困难，为达到预定的学习目标而努力。

(二)教学目标设计的原则

为了使课程更加适应学习者的实际需求和能力，良好教学目标的设计应遵循以下几条基本原则。

1. 科学性原则

科学性原则是指教学目标的设计要注意其实现的可能性与科学性，不能仅凭教师的主观臆想随意设置教学目标。较高层次的教学目标可以考虑设计成动态的、相互联系的若干中间目标，使目标具有发展性。例如，老年学员对某个社交软件的学习，可以先从基本的打开登录软件开始练习，再到后来的开始打字、发图、视频聊天，这个过程并不会一气呵成，教师要对老年学员付出更多的耐心，这也是教学的一种策略。

2. 具体性原则

具体性原则是指在设计学习者的教学目标时，必须明确、具体、有针对性。在针对老年学员来设计教学目标时，要根据教材的内容和老年学员的认知结构、能力水平、生活阅历、兴趣、习惯等，把教学目标具体化。例如，根据老年学员记忆功能的特殊性，可以将教学目标设定为理解型而不是记忆型；根据老年学员学习目标的特殊性，可以将教学目标设置得更加贴近生活、更加实用，避免出现太多抽象的理论化内容。

3. 操作性原则

明确而具体的教学目标设计，能够提升教学实践的操作性。教师要依据学员的实际情况，设置可实际操作的教学目标，引导学习者围绕教学目标的实现开展有效的教学活动，并对教学效果进行准确的评价。在老年大学教学过程中，可操作性的教学目标设计应包含两方面要求：第一，教学目标能指明老年学员学习的过程与结果；第二，教学目标能指引老年学员对学习行为结果的衡量。

4. 特殊性原则

在老年大学教育教学过程中尤其应遵循特殊性原则。首先，这些老年学员无论是学习目的、兴趣、动机，还是自身的生理、心理条件，都与青少年有很大的不同。面对这一特殊的群体时，老年大学教师更要考虑所制定的教学目标的可行性。其次，部分老年人进入老年大学学习是为了提高自身的生活质量，帮助自己适应退休后生活环境的变化。老年人在退休后社会角色发生了巨大变化，他们从社会活动的主角变为配角，从社会舞台的中心走到边缘，从主要生产者变为消费者。这些变化使他们的社会关系也发生相应的变化，往往让他们无所适从。进入老年大学后，老年学员们经过交流和学习，找到学习的乐趣，在学习中重新发现生活的乐趣和自身价值。

三、教学目标设计的步骤

在明确课堂的教学目标设计的基本原则后，可在遵循这些原则的基础上进一步分析教学目标设计的基本程序。老年大学教学目标设计包括需求分析、需求类别化、目标筛选、目标分解、目标表述五个基本操作步骤。

(一)需求分析

需求分析的目的是了解老年学员的真实需要，即在接下来的一系列学习过程中，了解老年学员想要掌握的基本技能有哪些、想要了解的知识是什么、想要获得的收获是什么、对学科的基本期待是什么、老年学员的现有基础和以往的阅历各是什么、老年学员的自身特点、兴趣是什么等。需求分析作为教学目标设计的第一步，具有不可替代的理论与实际意义。了解老年学员的学习需求，有利于提高老年学员的学习积极性和热情，也避免了教师设置的教学目标过于空洞和理论化，提高了教学目标的可操作性。同时，了解老年学员的期待，有利于教师对老年学员最终所取得的成绩做出合理的评估。因此，需求分析在教学目标设计中的重要位置是不可替代的。

(二)需求类别化

通过需求分析得出老年学员的需求是广泛的、繁杂的。为了进一步明确目标，有必要把需求进行类别化，转化成目标项。需求类别化的结果是形成类别目标。

教学目标分类理论是把各门学科的教育目标按统一标准进行分类，使之规范化、系列化、具体化。它对我们进行需求类别化具有积极的指导作用。教师可以根据不同的需求形成比较全面的目标类别系统，再把各种需求归入各类。例如，教师可将老年学员的具体需求分为认知能力改善、技能掌握、社交、网络学习、书法艺术等几类，将老年学员分别按照这些基本类别进行分班、分类教学。

(三)目标筛选

按类别分成的目标并不是都能成为具体的课堂教学目标，这需要教师根据客观条件和学科性质与特点等因素筛选目标。目标筛选的结果是形成与教学目标相符合的课堂教学。目标筛选的方法有以下两种。

一是，结合学科筛选。不同的学科、学科中不同的课题不仅能满足与本学科相关的需求，也能实现与本课题相关的目标。所以教师必须结合学科特点筛选教学目标，而且根据学科特点筛选出来的目标也有轻重之分。如带有一定操作性技术的课程可能更注重技能和实践，这时知识的记忆、领会之类的目标就应筛选出去或列为次要目标。而对于一些知识性比较强的课可能更应注重知识的记忆、领会和应用等目标，那么动作技能之类的目标就应筛选出去。

二是，结合环境条件筛选。有的目标虽然可能在本学科内实现，但是由于环境和条件的限制不可能在课堂上实现，这就需要教师结合环境与条件进一步筛选目标。一些老年学员需要的但现实的教学条件暂时不能满足的目标就要剔除，改为更加合理有效的目标。

(四) 目标分解

经过需求类别化和目标筛选后形成的目标仍然是概括性的。为了进一步明确目标，还必须对目标进行分解细化。目标分解就是进一步使目标具体化、明确化。目标分解的结果是形成具体的阶段性目标。

目标分解必须结合学科的知识内容或是某一课题的知识内容进行。例如，上述"培养老年学员对社交软件的使用能力"这一需求，可以类别化生成"学员的操作理解能力得到增长"这一目标项。为了达成这一目标项，老年大学教师可以将这一整体目标分成几个小目标进行间断学习，每次达成一个小目标。这种目标分解的教学方法更加适合老年学员。

(五) 目标表述

课堂教学目标的表述也称课堂教学目标的书写、陈述等。其实质是把已经确定好的课堂教学目标用书面的形式展现出来。清晰、准确的目标描述，有利于教师和老年学员更好地理解和把握教学目标。

第三节　教学内容设计

教学目标设计完成后，需要编排与设计具体的教学内容。教学内容设计是教学设计的一项重要内容。教学内容设计的过程是教师分析教材，合理选择、组织教学内容以及合理安排教学内容的呈现过程。教学内容集中体现在所选的教材之中，由于教材的编排和编写要受到书面形式等因素的限制，它所呈现的知识内容和知识结构必须经过教师的再选择，再组织，再加工，进而将其内化为学习者掌握的知识，切合教学的实际需要。

教师应重视教学内容的设计。教学内容设计不同，最终的教学效果也不同。识别不同类型的知识，并针对不同类型的知识特点进行教学设计，是教学内容设计的重要方面。

一、根据陈述性知识的特点进行教学设计

陈述性知识，主要是有关世界是什么的知识，这是一种基本的描述和总括，是对事实、定义和原理的描述，它容易被人意识到，而且能够明确地用词汇或其他符号将其系统地表述出来，这类知识可进一步细分为三种形式。

一是，有关事物的名称或符号的知识。陈述性知识的学习要求记住事物的符号和符号代表的个别事物，获得的是一种孤立的信息。例如，老年学员进行外语单词的学习时，要求他们掌握的就是这种知识。

二是，简单命题知识或事实知识。例如，学习"英文字母有 26 个"这样的单个命题所获得的知识。

三是，有意义命题的组合知识，即经过组织的言语信息。例如，陈述老年记忆功能变化的原因所需要的就是这类知识。

根据陈述性知识的特征进行教学设计，有利于知识的贮存、提取和回忆。这类教学设计的目标为培养和锻炼老年学员回忆知识的能力。因此，教师在陈述性知识的教学设计中，要将设计的重点放在如何帮助老年学员有效地理解、掌握这类知识上，注重老年学员对陈述性知识中符号或语词意义的获取。要做到这一点，教师在具体设计过程中应解决好以下几方面的问题：(1)找出新知识与原有相关知识的结合点，讲清二者之间的相互联系，以帮助老年学员在理解的基础上有效吸收和同化新知识；(2)对老年学员的学习准备状况作认真分析，不仅要了解老年学员的一般学习状况，还应对他们已

有的知识储备、知识结构、学习动机和学习习惯等作深入分析；（3）恰当引入教学媒体，如教具、学具的使用，变换教材呈现手段等，这些媒体工具的引入，比单独呈现文字更容易帮助老年学员接受和理解教学内容。

二、根据程序性知识的特点进行教学设计

程序性知识是有关"怎么办"的知识。例如，要学习者根据语法将杂乱的单词组成句子就属于这类知识。学习者能正确和顺利地完成这些任务，就是应用了相应的程序性知识。程序性知识主要涉及概念和规则的应用，即对事物分类，进行一系列运算、操作等。在教学实践中，如何将贮存于头脑中的原理、定律、法则等命题知识转化为技能，从而实现学习的发展，是教学设计的一个关键问题。因此，程序性知识的教学设计应制定明确的教学目标，这主要是帮助增强学习者运用概念、规则和原理解决问题的能力。

检验这种能力的行为指标，是学习者能否运用学过的概念和规则顺利进行具体的操作。为达成这一目标，程序性知识教学要有充分的练习设计。在设计概念练习时，应注意充分应用正反例的方法。呈现正例有助于概括和迁移，但也可能导致泛化；呈现反例有助于辨别概念，使概念精确。此外，老年学员对规则的学习掌握也应配合一些练习，教师应及时引导老年学员将新习得的规则应用于问题解决的情境，使老年学员在遇到具体相关的问题时，能够做出相应的反应。

对于周期较长的程序性知识的教学，还应考虑练习时间的分散与集中以及部分与整体的关系。对老年学员而言，应该先练习局部技能，然后进行整体练习，以达到对该项技能的掌握。总之，老年大学教师在进行这类知识的教学设计时，要对讲授与练习的时间作合理规划，使规则、概念的掌握与问题解决技能的形成在课堂教学中都能得到有效保障。

三、根据策略性知识的特点进行教学设计

策略性知识也是回答怎么办的问题的知识，它与程序性知识的主要区别在于它所处理的对象是个人自身的认知活动，是个体调控自己的认知活动的知识。例如，在陈述性知识具备的条件下，有些学习者面临新的学习任务时显得灵活、适应能力很强、对问题的解决方法提取很快，而有些学习者则显得难以适应，造成这种学习上的差异的一个重要原因就是学习者是否掌握了一定的策略性知识。

一般来说，策略性知识分为两级水平：较低级的为一般学习活动的策略知识，如控制与调节注意策略、记忆策略和提取策略等；较高级的为创造思维策略知识，这类策略往往因时、因人、因内容而异，是一个推理过程，难以程式化，目前尚没有明确分类。根据策略性知识的特点进行老年大学教学设计，需要注意以下三方面的内容。

一是，教材方面。目前针对老年大学学员的教材，远不如青少年教材种类多样和规范。因此，对老年学员教材的选择显得尤为重要，在为老年学员选择教材时，要注意选择与认知策略训练相关的、能够对老年学员的认知策略起到激发和锻炼作用的教材。

二是，教师方面。策略活动是一种内在思维活动，让老年学员掌握这种思维活动的关键是老年大学教师要善于描述和表达，要使老年学员可以进行具体的想象。缺乏策略教学方面知识和训练的教师，难以对老年学员的思维活动起到启发和引导作用。因此，要组织策略性知识的设计，老年大学教师自身应加强策略教学知识的学习和训练。

三是，老年学员方面。老年学员丰富的生活经验和阅历，使他们形成独特的认知策略，而这一认知策略在一定程度上制约着策略性知识的获得。因而教师在教学过程中要注重对老年学员进行认知策略分析，了解学员的认知策略，以便调整自己的教学方式，帮助老年学员更快地接受知识，这也是教

学内容设计的一个重要部分。

总之，要组织好策略性知识的教学设计，老年大学教师必须先学习和掌握有关学习策略、认知策略方面的知识，加强策略教学的训练，同时注意挖掘教材中的策略性知识，在此基础上根据策略性知识的特点和老年学员学习的特点进行有针对性的教学设计。

第四节　教学手段设计

一、教学手段概述

教学手段是运用教学辅助工具进行课堂教学的一种方法，其方式可以是视听，也可以是实践活动。随着科学技术的更新，教学手段日益增多，其中多媒体教学尤为突出。现代化教学手段是相对于常规教学手段而言的。常规教学手段主要以"讲述＋板书"的形式进行讲授，多以语言讲述为主，辅助工具多为板书、教科书、粉笔、黑板和挂图等。现代化教学手段是指各种电化教育器材和教材，即把投影仪、录像机、电视机、计算机等搬入课堂，作为直观教具应用于各学科教学领域。

教学手段的使用，并非取决于其制作手法或科技含量，而是看它是否适合教学，是否能给学生以启发和引导，是否能提高课堂效率。只要运用得当，多媒体教学和常规教学手段都能充分显示和发挥其最大优势。因此，老年大学教师的教学手段应该灵活多样，最大限度调动老年学员的兴趣和积极性，使得教学效果保持更久。

二、教学手段的类型

从大的方面来说，教学手段可分为常规教学手段和现代化教学手段两大类。

(一)常规教学手段

常规教学手段是指使用教科书、黑板以及为教学而特别设计的教具等进行教学。相对于现代化教学手段来说，它是一种基本静态的、功能较单一的、为直观教学服务的一种教学方式。

使用常规教学手段进行教学的过程中，老年大学教师面对老年学员进行授课，能随时了解老年学员的学习情况，并对自己的教学内容、方式、讲课速度等进行及时的调整。也就是说，老年大学教师作为动态的教学信息源，应具有较强的应变能力。另外，这种教学方式还为老年大学教师与老年学员、老年学员与老年学员之间的情感交流营造了良好的氛围。

当前，老年大学在教学过程中采用最多的是"讲授—接受式"和"示范—模仿式"的教学方式。一般书面知识教学较多采用讲授—接受式的教学方式，而技能技巧类知识则较多采用示范—模仿式的教学方式。

老年大学教学过程中会用到常规教学手段，这是教学过程中的基本手段，易被老年学员理解和接受。这类教学方式适用于以传授知识和技能为目的的教学情境，更适用于教材是唯一信息来源的教学情境。同时，使用这种方法增加了老年大学教师与老年学员的接触，能够及时了解老年学员对课堂教学的反馈。

(二)现代化教学手段

随着科技的不断发展，教学手段更加多样和复杂，教师在教学过程中适当引入现代科技，有助于激发学习者的学习动机。教师在运用科技手段进行教学的过程中要注意以下几点。

一是，设置清晰的目标。教师和老年学员在使用计算机或者其他形式的教学手段时，应该有清晰的教学或学习目标，如掌握网上下载课件、观看教学视频的技能。设置清晰的目标能够使老年学员的学习更加具有目的性。

二是，同时强调目标和过程。鼓励老年学员多思考科技手段是如何起作用的，以及如何被用作学习的工具。让老年学员了解为什么他们要用某种特定的学习程序，他们为之努力的目标是什么以及他们是如何知道自己取得了进步的。

三是，让科技手段的用途变得多样化。科技可以在很多方面促进老年学员的学习。它可以被用于进行有反馈的练习、问题解决、文字处理以及查找所需的大部分信息。要给老年学员提供机会，让他们学习使用科技手段，了解各种科技手段在学习中的不同用途。

三、新型教学手段

教学手段能够在师生之间相互传递信息，适度好用的教学手段更是能够促进教学效果。以下简单介绍三种目前使用较多的教学手段。

(一)翻转课堂式教学设计

互联网和计算机技术在教育领域的应用，使"翻转课堂"教学模式变得可行。老年学员可以通过互联网获取优质的教育资源，而不是单纯地依赖教师教授知识。与此同时，老年大学教师的角色也发生了变化，老年大学教师更多的责任是了解老年学员的问题，帮助老年学员将所学知识运用到实际生活中去。

在教学中使用翻转课堂也能够起到较好的教学促进作用。传统的教学模式是教师在课堂上讲课，然后布置作业，让学生进行课后的练习。而翻转课堂式的教学模式与传统模式不同，学生可以在课后完成知识的学习，如利用电脑、手机等多种设备进行自主学习。课堂变成教师与学生、学生与学生之间互动的场所，包括答疑解惑、知识的运用等，从而收到更好的教学效果。

翻转课堂之所以倍受关注，主要是因为翻转课堂有如下几个鲜明的特点。

1. 教学视频短小精简

每一个视频都针对一个特定的问题，针对性较强，查找起来方便；视频的长度控制在学习者注意力比较集中的时间范围内，符合学习者身心特征；通过网络发布的视频，具有暂停、回放等多种功能，可以自我控制，有利于学习者的自主学习。

2. 教学信息清晰明确

这些教学视频的一个显著特点，就是在视频中仅呈现教师的手在书写一些课程相关内容。除此之外，就是配合书写进行讲解的语音。这种教学方式，不会像教师在讲台上讲课那样让人感到有距离，而更像学习者同坐在一张桌子面前一起学习。这是翻转课堂的教学视频与传统的教学录像的不同之处。

3. 重新建构学习流程

通常情况下，学习者的学习过程由两个阶段组成：第一个阶段是"信息传递"，即通过教师和学习者、学习者和学习者之间的互动来实现；第二个阶段是"吸收内化"，是在课后由学习者自己来完成。翻转课堂中的信息传递是学习者在课前进行的，教师不仅提供相关学习资料，还提供在线的辅导；翻转课堂的吸收内化是在课堂上通过互动来完成的。老年大学教师提前了解老年学员的学习疑问，在课堂上给予有效的辅导；老年学员之间的相互交流更有助于促进学员对知识的吸收和内化。而在常规情况下，由于缺少老年大学教师的支持和同伴的帮助，吸收内化阶段常常会让老年学员有挫败感，进而丧失学习的动机和成就感。翻转课堂对学习者的学习过程进行了重构，减少了这一阶段中的学习阻碍。

4. 复习检测方便快捷

学习者观看了教学视频之后，可以通过做视频后的练习题来检测自己是否理解了学习内容，并对自己的学习情况做出判断。如果发现有问题了解得不够透彻，学习者可以回过头来重新观看视频，查漏补缺。同时，教师可以通过网络平台了解学习者的学习状况。教学视频另外一个优点，是学习者在进行一段时间的学习之后，还可以通过再次观看原视频使旧知识得到复习和巩固。

(二)微课

微课是指运用信息技术按照认知规律，呈现碎片化学习内容、过程及扩展素材的结构化数字资源。微课的核心组成内容是课堂教学视频(课例片段)，同时还包含与该教学主题相关的教学设计、素材课件、教学反思、练习测试、学习者反馈、教师点评等辅助性教学资源，它们以一定的组织关系和呈现方式共同营造了一个半结构化、主题式的资源单元应用小环境。因此，微课既有别于传统单一资源类型的教学课例、教学课件、教学设计、教学反思等教学资源，又是在其基础上继承和发展起来的一种新型教学资源。它的特点主要有以下几个。

其一，教学时间短、主题突出。微课的时长一般为 $5\sim10$ 分钟，一个视频针对一个问题，学习者可随时通过微博、微信等进行观看、学习。它还具有移动学习、在线学习、远程学习的特点，可以让学习者进行自主性、探究性学习。

其二，教学内容较少。相对于较宽泛的传统课堂，微课的问题聚集，主题突出，更迎合老年学员的学习需求。微课主要是为了突出课堂教学中某个学科知识点(如教学中重点、难点、疑点内容)的教学，或是反映课堂中某个教学环节、教学主题的教与学活动。

其三，资源容量较小。从容量大小上来说，微课视频及配套辅助资源的总容量一般是几十兆，视频格式须是支持网络在线播放的流媒体格式(如 rm、wmv、flv 等)，师生可在线观摩课例、查看教案、课件等辅助资源；也可灵活方便地将其下载保存到终端设备(如笔记本电脑、手机等)上实现移动学习。

其四，成果简化、多样传播。因为具有内容具体、主题突出的特点，所以研究内容容易表达、研究成果容易转化；因为课程容量小、用时简短，所以传播形式多种多样。

(三)慕课

慕课是新近出现的一种在线课程开发模式，是一种有一定规模的网络开放课程。这些课程跟传统课程一样，通过教学让学习者从初学者成长为各级人才。它一般是由具有分享和协作精神的个人或组织发布于互联网上的开放课程。

慕课的主要特点有：一是，大规模。"大规模网络开放课程"是指那些由参与者发布的课程，只有这些课程是大型的或者大规模的，才是典型的慕课。二是，开放性。只有当课程是开放的，才可以称之为慕课。三是，网络课程，这些课程材料被上传在互联网上。人们上课地点不受局限，无论身在何处，只要有移动设备和网络，都可以观看到这些课程。使用慕课学习不断被证明是一种高效的学习方式。

第五节　教学评价

一、教学评价概论

教学评价是以教学目标为依据，按照科学的标准，运用有效的技术手段，对教学过程及结果进行测量，并给予价值判断的过程。它是对教学工作质量所做的测量、分析和评价，是根据教学目的和教学原则，利用可行的评价方法及技术对教学过程及预期效果给予价值上的判断，以提供信息改进教学和对被评价对象做出某种资格证明。教学评价在老年大学教学过程中，能够起到研究教与学的价值，并提升其质量的作用。

教学评价一般包括对教学过程中教师、学习者、教学内容、教学方法手段、教学环境、教学管理等因素的评价。老年大学教学评价有两个核心环节：一是对教师的教学工作（教学设计、组织、实施等）的评价，即对教师教学质量评估（课堂、课外）；二是对老年学员学习效果的评价，即对学习成就的衡量。教学评价对提高教学质量具有重要作用，对教学活动具有诊断、激励、调控等功能。

教学评价为教学提供了大量的反馈信息，任何教育决策的制定都必须建立在评价的基础上。科学全面的评价可以为教学改进提供可靠的反馈信息、质量监控及导向，还可以对学习者的发展起到诊断、激励和强化的作用。总的来说，在老年大学教学中，教学评价的功能主要体现在以下几方面。

（1）提供反馈。教师根据所获得的反馈信息，发现教学方法和教学过程中的问题，调整教学计划，明确教学活动中所采取的形式和方法。老年学员获得反馈信息，能深入了解自己当前的学习状况，调整学习策略，进而实现学习目标。

（2）作为诱因。教学评价对老年大学教学过程有监督和调控作用，对教师和老年学员起促进和强化作用。积极正面的评价能给教师和老年学员以心理上的满足和精神上的鼓舞，可激发他们向更高的目标努力。

（3）引导教学。老年学员学习的方向、重点及学习时间的分配，会受到教学评价内容和评价标准的影响。同时，教师教学目标、教学重点的确定、教学过程的掌握也会受到教学评价的制约。

二、教学评价的类型

教学评价是对教学效果进行价值判断。它以教学目标为依据，按照科学的标准，运用有效的技术手段，对教学过程及其结果进行测量，并给以价值判断。根据教学评价的不同功能可分为诊断性评价、形成性评价和总结性评价三类。

(一)诊断性评价

老年大学教学中教育诊断的目的不是给老年学员贴标签，证明其在学业上能与不能，而是根据诊断结果设计一些依赖或发挥老年学员长处并补救或克服其短处的教学活动方式，帮助老年大学学员在原有的基础上掌握新知识、新技能。

诊断性评价一般在课程之前进行，有利于了解老年学员入学前的素质与准备程度。例如，广东省老干部大学开设研修班时，对报名研修班的老年人进行入学测评，了解报名老年人在报考专业（如书法、音乐、舞蹈等）方面已有的造诣，以确定他们是否具备读研修班学习的资格。教师在了解老年人入学时的素质特点后，可根据他们实际的需要调整教学计划，使教学计划符合老年学员的特点和需求。如果教师发现老年学员的学习困难不是产生于教学过程，那就应同其他教师在一起进行"教育会诊"，分析造成老年学员学习困难的原因。如果估计老年学员的学习困难是由非教育方面的原因造成的，那就应由学校出面，请教有关方面的专家（如心理学家、医生等）或转介有关机构进行进一步的诊断。

(二)形成性评价

形成性评价是在教学过程中，为引导该项教学前进或使教学更为完善而进行的对学习者学习结果的一种评价。实践经验表明，经常向教师和学习者提供有关教学形成性评价的反馈信息，可以使学习者和教师了解学习者在学习中易犯的错误和遇到的困难。如果学习者和教师能有效地利用这些信息，按照需要采取适当的修正措施，就可以提高教学效果。根据需要定期进行这类测试和检查，可以使教学过程成为一个"自我纠正系统"。

首先，要把形成性评价用于改进教学，教师应把评价目的定位为提供信息，而不要把它简单地作为鼓励学习者学习或为总结性评价收集资料的手段。其次，教师应注意把形成性评价和对学习者的日常观察结合起来，从而清楚地了解自己的教学。最后，教师应仔细分析评价结果，发现问题出现的具体模块或者阶段，有针对性地帮助学习者解决问题。

(三)总结性评价

总结性评价的首要目的是给学习者评定成绩，并为学习者提供关于某个教学方案是否有效的证明。在教学中使用总结性评价，其目的是对学习者在某门课程所取得的学习成果进行全面的鉴定，对学习者的综合成绩予以评定和衡量学习者达到该课程教学目标的程度，以便清晰地了解学习者对基本知识和技能的掌握情况。

值得注意的是，老年大学的总结性评价不能只用分数或单一的综合等第来表示，而应伴随比较详细、具体的评语，最好是编制一份关于该学习者学习成绩或成就的"明细表"，详细说明该学习者已经掌握了哪些知识和技能或取得哪些成就、具备了哪些能力或进一步学习的先决条件。

三、教学评价的方法

教学评价可以分为对学习成果的评价和对教学质量的评价，即对学习者的评价和对教师的评价。

(一)学习成果评价

对学习者学习成果进行的教学评价方法有很多，针对老年学员的教学评价要与传统的教学评价相区分，要尽可能使用鼓励式、接纳式的评价方法，避免否定式、消极式的评价方法。

老年学员的学习成果丰富多样，评价时要注意灵活使用多种方法，不能仅对其学习成果作简单的分数评定。评价时可采用自我评价、作品汇报和教师评价相结合的方法。

1. 自我评价

老年学员可以根据自己本学期的收获，对自己的学习成果做出相应的评价。老年学员的思想较为成熟，对自我的认识相对来说比较客观，能更清楚地认识、分析自己。教师可以鼓励老年学员将自己的书法作品、绘画作品或者习得的其他技能进行展示，同时给出自己的评说，并与前一阶段的成果作对比。老年学员通过对自己该学期的收获做出展示与评价，有利于了解自身的学习，也有利于老年学员对下学期的学习进程进行安排与规划，使自己目标更明确。在开展自我评价时，教师要注意适时对老年学员进行引导和鼓励。

表 10-1 广东省老干部大学老年学员自我评价表

姓名		课程名称	
任课教师		上课时间	
上课地点			
本学期收获	收获 1：		
	收获 2：		
	收获 3：		
	收获 4：		
	收获 5：		
	其他：		
自我评分（优秀为 90～99 分；良好为 80～89 分；中等为 70～79 分；合格为 60～69 分，请填优、良、中、合格等级）			
教师评定	（请填优、良、中、合格等级）		

2. 教师评价

教师评价主要是指被评价老年学员的任课教师根据平常的观察和了解，对老年学员进行概括式评价，主要参照老年学员平时的课堂表现和相关"作业"情况。

在实际操作中，教师可以制作一张评价表让老年学员填写自己本学期的收获，可相互交换后进行互评，最后让教师填写对该老年学员的评价，并让教师做出最后的等级评定。

（二）教学质量评价

教学质量评价是指对教师的学术业务水平、教学方法、教学态度等进行评价。一门课程的教学质量与诸多因素密切相关，如前期各课程的教学质量、本门课程各个教学环节的互相配合、教师的教学效果、学生的素质及学习态度等。

1. 教学质量评价的意义与功能

教学质量评价，是衡量教师的教学设计、教学过程、教学水平、教学效果的重要依据，因此依据现代教育管理理论，在研究国内现有指标体系的基础上，建立一套科学可靠且适合老年大学课堂教学质量的指标体系，并借此探索一套建立教学质量评价体系的科学程序和方法，具有十分重要的意义。

教学质量评价能从课堂教学和各个具体教学环节分析课堂教学质量，研究、评价课堂教学结构、教学程序、目标达成，促进课堂教学不断科学化，为教师研究、改进、提高教学质量提供及时的调控反馈信息。进行教学质量评价有利于教师进一步优化教学过程，加强教学管理，形成良好的教学指挥系统；有助于教学行政管理人员和教师进一步认识教学规律、强化教学管理、提高教学管理科学决策水平、优化课堂教学过程和课堂教学结构。

2. 评价指标体系的项目

关于指标体系项目的确定，目前比较普遍的策略是依照课堂教学的各个要素进行分析，即先把课堂分成几个要素再逐级分解，直到形成完整的课堂教学质量评价项目。教学评价有各种模式，在实际工作中，评价人员可根据具体需要，选择使用适当的教学评价表。老年大学在建立教学质量评价指标体系的过程中，应根据实际情况，采用简洁、合理的评价指标，科学、有效地评估教学质量，同时避免给学员、教师带来过重的负担。

表 10-2　广东省老干部大学教师教学质量评价表

课程名称：		任课教师：	
项目	评估内容		分值（每项 10 分）
教学态度	教学态度认真、工作负责；认真辅导、及时了解学员的技能学习、实际操作情况。		
教学能力	教师在课堂中范例合理；教学组织周密，时间分配合理；普通话标准，吐字清晰，语速适中。		
教学内容	课程内容讲解清晰，授课内容充实；内容与社会实践相联系，实用性强。		
教学方法	注重调动学员学习的积极性和主动性；教学方法适合本课程的需要。		
教学效果	学员学完本课程后能掌握课程的基本知识，并能实际应用。		
总分：			
其他建议：			
评价的学员（可匿名）：			
备注：本评分表总分为 50 分，各题可填写分值为 1~10 分。			

本章主要参考文献：

[1]陈琦，刘德儒. 当代教育心理学[M]. 北京：北京师范大学出版社，2007.

[2]陆贵道.《增广贤文》教学设计（片断）[J]. 老年教育（老年大学），2011(3)：47-48.

[3]孙迎春. 高职高专《老年社会工作》项目化教学设计及实践[J]. 职业技术，2014(z1)：116-117.

[4]朱家存，王守恒，周兴国. 教育学[M]. 北京：高等教育出版社，2010.

[5]薛彦华. 教育学[M]. 北京：科学出版社，2009.

[6]岳瑛. 老年大学要重视引入现代教学观念与方法[J]. 老年教育(老年大学)，2015(6)：13-16.

[7][美]保罗·埃根，唐·考查克. 教育心理学：课堂之窗(第6版)[M]. 郑日昌，主译. 北京：北京大学出版社，2009.

[8][美]安妮塔·伍尔福克. 伍尔福克教育心理学(第12版)[M]. 伍新春，张军，季娇，译. 北京：中国人民大学出版社，2015.

[9]何建平，何西平. 浅议学校本位课程评价的内涵及其途径[J]. 科教导刊：电子版，2016(7)：26-27.

[10]胡谊. 教育心理学：理论与实践的整合观[M]. 上海：华东师范大学出版社，2009.

[11]桑青松. 教育心理学(适用于小学教师)[M]. 北京：北京师范大学出版社，2008.

[12]陆桂芝，任秀华. 教育心理学[M]. 哈尔滨：哈尔滨工业大学出版社，2015.

[13]沈翼鸣，李和平，王宪平. 老年大学的教学质量评估[J]. 老年教育(老年大学)，2009(10)：33.

[14]王琴. 课堂教学评价的类型和方法[J]. 青海师专学报(教育科学)，2005，25(6)：45-47.

[15]吴柳明，梁莲. 浅谈动态教学评价及其研究意义[J]. 经营管理者，2014(35)：453.

第十一章 老年心理健康与心理测验

本章提要

随着医学模式的改变，健康的概念已不再局限于身体健康，还包含心理健康和社会功能完善两方面。在此背景下，老年人的心理健康问题越来越受到人们的重视。本章从心理学角度出发，探讨老年人心理健康的划分标准、存在的问题及影响因素，以及老年大学教育教学中的心理健康教育渗透的相关内容。

第一节 老年心理健康

1947 年世界卫生组织（WHO）将健康定义为"一种身体上、心理上和社会上的完美状态，而不只是没有疾病"。随着我国老龄化程度日益加深，老年心理健康日益凸显其重要性，老年心理健康教育的发展受到了政府和社会各界的关注与重视。老年心理健康有其独特的特点，本节介绍老年心理健康的衡量标准及测量、心理健康教育等内容。

一、老年心理健康的标准

心理健康指个体能够适应发展着的环境，具有完善的个性特征；且其认知、情绪反应、意志行为处于积极状态，并能保持正常的调控能力；在生活实践中，能够正确认识自我，自觉控制自己，正确对待外界影响，从而使心理保持平衡协调。

老年群体是一个独特的群体，其心理健康具有自身的特点。尤其是退休后老年人的社会身份、交往范围、生活内容、生活方式等方面发生很大变化，其原有的价值观可能受到冲击，这些变化直接影响着老年人对退休生活的适应。综合国内外学者对老年心理健康标准的研究，老年心理健康的标准有以下几方面的内容。

(一)认识和悦纳自我

每个人对自己都有基本的评估与了解，对自己过高或过低的评价，都是自我认知水平不高的表现。认识自我要求能够客观分析自己，并做出恰如其分的判断，既不高估自己的能力、追求过高的目标，也不低估自己；既了解自己的优缺点，又能正确对待自身变化。对于老年人来说，退休是人生的一个重要转折点，地位、权力、经济、与家人关系的变化会对老年人造成一定的心理压力，因此老年人更要积极调整心态，发现并利用自身潜能，继续创造价值。

(二)人格健全，个性心理特征相对稳定

人格又称个性，是个体所具有的稳定心理特征的总和，是个体独特性的体现。个性中的各种心理特征如能力、兴趣、性格、气质等应该是和谐统一的。具有健全人格的老年人，能够与他人友好相处，保持良好的关系，进行有益的学习活动、娱乐活动等。稳定的情绪有益于老年人的日常生活和学习活动，心理健康的老年人有健全的情绪反应，能够更好地调节和控制情绪，

保持愉快积极的情绪状态。

(三)个体与环境协调，人际关系和谐

人际关系的形成包括认知、情感、行为三方面的心理因素，情感方面的联系是人际关系的主要特征。人际关系的协调与否，对人的心理健康有很大的影响。有着良好人际关系的老年人，不仅能够收获更多的生活乐趣和维护心理健康，保持良好的情绪状态，而且能满足其内在心理需要。人际关系和谐的老年人具有真诚、礼让的心态，在与人交往的过程中，可以与人友好相处，收获交友的乐趣。

(四)社会适应良好

老年人良好的社会适应主要表现在以下几方面。

1. 建立新的社交圈

老年人退休后，社交活动排除了金钱、权力、地位因素，这样对于保持和建立社交圈具有正面影响。老年人的人际关系原则是总量对等、交往互补，在平等的基础上，从兴趣、爱好、知识、心理等方面相互补充、支持、交流。

2. 接受新事物

社会是不断变化发展的，人生是一个不断适应社会的过程。老年人生活在一定的社会环境中，只有通过不断学习新的规则，适应新的社会角色、新的社会模式，不断调整自己的角色和态度并做出相应的变化，才能更好地适应客观环境，与不停变化的生活保持一致。因此，具有良好社会适应能力是个体生存发展的必要条件，也是个体心理健康的重要组成部分。社会适应良好的老年人能够意识到生活的变化，主动认识、理解、学习新事物，顺应时代发展，不断更新知识、获取经验、调整自身价值观，这有助于老年人以积极向上的心态面对现实，保持良好的心理状态和人格的完整，并保持对生活的信心。

(五)智力活动正常

正常的智力活动能够帮助老年人更好地适应环境。智力包括感知觉能力、

记忆力、想象力、创造力、逻辑思维能力和操作能力。老年人的智力活动主要表现为：感知觉良好，能对事物进行逻辑判断，可以记忆必要的知识、技能，有创造力，可以客观看待问题，具有解决问题的能力，不逃避现实等。

第二节　老年人常见身心问题及影响因素

随着年龄的增长，老年人除了会产生生理上的改变，心理也会产生一定的变化，有其独特的心理特点。本书中所说的老年人心理问题，不包括心理异常问题，仅讨论困扰老年人的常见身心问题，并就其影响因素做进一步分析。

一、老年人常见身心问题

(一)衰老与疾病

随着生理机能的衰老，很多老年人可能同时患有多种疾病，严重影响他们的生命质量和生活质量。生老病死是自然规律，但衰老与疾病并非必然联系。随着科学技术的发展、医学水平的提高，人类寿命逐渐延长，对于"老"的传统观念已然发生转变。

(二)离退休的心理反应与适应

研究表明，约 1/3 老年人退休后会有不适应退休生活的现象，出现孤独、焦虑、抑郁和烦躁等负性情绪。有的老年人还伴有血压波动、食欲不振、睡眠不宁和容易疲劳等"离退休综合征"症状。如果在退休前有充分的心理准备，提前调适情绪，则有利于顺利完成角色转换。

(三)疑病症

疑病症指有的老年人对自己的健康状况过分关注，怀疑自己患有某种疾病，甚至医生的解释和客观的医疗检查结果都不足以让其消除顾虑。尽管不同年龄层次的人都有可能患有疑病症，但老年人因体质较弱，更有可能导致该症状。

(四)老年痴呆和记忆障碍

老年痴呆是老年人因生理、心理机能的衰老，在外界强烈刺激作用下引起的缓慢发展的智力缺陷症。但不能将一般的智力衰退等同于老年痴呆，老年痴呆在临床上以记忆障碍、失语、失用、失认、视空间功能损害、执行功能障碍以及人格和行为改变等全面性痴呆表现为特征。

在老年期，大脑细胞数量会在一定程度上减少，出现记忆衰退现象。并且这个时期的老人往往能够记住陈年旧事，但对新近事件却很快忘记。大量研究表明，老年人的智力衰退并非智力的全面衰退。老年人只是在认知信息加工的速度方面有所减缓。老年人也许不能很快地回忆起过去某个事件的细节，如准确的时间、地点，但几分钟或几小时后，他们可能会回忆起来。在智力测验上，大多数老年人的得分并不比中青年人差。不过，在进行测试时老年人需要更多的时间和更宽松的环境。

二、影响老年人心理健康的因素

(一)生理因素

生理上的衰老是引起老年人心理变化的最直接原因。个体的衰老速度不一样，但衰老的进程都无可避免，死亡是衰老的最终结果。身体上的衰老和死亡的威胁，对老年人的心理具有持久的影响。

1. 感官功能衰退

老年人的感觉器官随着身体的衰老逐渐迟钝，使老年人直接体验到衰老感。例如，老年人的视力和听力减退，对温度、味道的感觉反应也变得迟钝，使老年人对外界刺激的反应变慢。这些变化会对老年人的心理产生消极影响，主要表现为对生活兴趣降低、社交活动减少、产生孤独感等。

2. 疾病增加

疾病的增加能直接影响老年人的心理状态。随着年龄的增大，心脑血管、内分泌等系统的生理功能衰退，老年人对疾病的抵抗能力下降，器官机能的衰退让老年人感到身体疲惫或其他不适症状，这使老年人感到苦恼和焦虑，有些重大疾病如高血压、心脏病、癌症等还会使他们感到恐惧、绝望甚至产生轻生念头。

3. 死亡的威胁

死亡的威胁与老年人心理障碍密切相关。医学技术的改善能够延长人类平均寿命，但死亡依旧不可避免。面对死亡，大多数老年人都会感到恐惧，死亡恐惧症成为老年人一种常见的心理障碍。

(二)社会因素

退休是人的职业生涯结束的标志。退休以后，个体的生活圈子大大缩小，老年人回归到家庭之中。社会角色的转变、人际关系、家庭环境、社会环境等社会因素的变化，会使老年人的心理状态受到影响。

1. 社会角色转变

退休是人生的一个重要转折事件，它不仅导致老年人社会角色发生改变，而且会引起老年人心理发生波动，其原因主要有以下两个方面。

一是，忙碌转为闲暇。老年人退休后，生活重心转向家庭，由职业角色转为闲暇角色，这种角色转换对老年人是一种很大的心理冲击。首先，退休后老年人的经济收入减少；其次，职业生涯的结束使老年人丧失了一个获得成就感的主要平台，失去了一个实现自我价值的途径；最后，退休后，原本的生活习惯被打破，让老年人感到无所适从。

二是，主角转为配角。退休前，老年人有自己的工作和人际关系，以及稳定的收入来源，不需要依附他人，在工作、家庭中，还能够收获成就感。退休后，老年人的社会价值感降低，从财富的创造者转变为财富的享受者；经济收入减少，有时需要依赖子女的照料，因此，老年人原有的主体角色所伴有的权威感随之丧失，产生失落感、自卑感。

2. 家庭条件改变

退休后，老年人的生活范围主要是家庭，家庭对老年人的心理影响主要有以下几方面。

(1)家庭经济状况改变。退休后有较高退休金的老年人，不仅物质生活能够得到保证，而且能够因此产生足够的自信心和满足感；若经济比较拮据，老年人则易产生焦虑不安的情绪；对于身患疾病的老年人，处境则更为艰难。

(2)家庭人际关系改变。尊重和爱是老年人的重要心理需求，这种需求在与子女、晚辈的交往中可获得。如果家庭人际关系和谐融洽，给予老年人足够的尊重，对老年人表现出无微不至的关心和照顾，老年人能够获得较大的心理满足。如果家庭给予不了老年人以上的需求，老年人则较容易感到孤独。

(3)婚姻状况变化。离婚、丧偶和再婚是老年人遇到的主要婚姻问题。其中，丧偶对老年人心理的影响是最大的。老年人丧偶后的心理变化十分复杂，部分老年人丧偶后会出现抑郁，有些则会再婚。老年人再婚也会遇到许多问题，如适应对方生活习惯、双方子女的关系等，这些问题都会对老年人的心理产生影响。除此之外，社会外界对老年人婚姻状况的看法也会在无形中增加老年人的心理负担。

3. 社会环境变迁

除老年人自身家庭因素之外，外界环境的变迁也会对老年人心理产生一定的影响。社会有责任为老年人营造一个愉快的生活环境，这也是衡量一个社会文明程度的重要标志。

（1）社会风气。敬老爱老是中华民族的传统美德，在老龄化社会阶段，社会更应该营造敬老爱老的良好风气，这有利于老年人的心理健康。

（2）社会福利。我国对老年人有生活、医疗、保健、教育等社会福利保障，这为我国实现老有所养、老有所医、老有所乐、老有所学提供了保证，也为老年人安度晚年创造了一个良好的条件，这无疑对老年人的心理有积极的影响。

第三节　老年心理健康教育的意义与途径

心理健康教育是针对不同群体的需要而开展的教育活动，旨在提高和培养个体的心理素质，帮助个体学会恰当有效地应对现实生活中所面临的各种压力，进行情绪调节等，使个体更有效、积极地适应社会，适应自身的发展变化，促进心理健康的发展。所以，预防问题发生、促进心理素质提高才是心理健康教育的主要目标。老年心理健康教育从本质上来讲，是对老年人关于老年期心理素质的教育和培养，是促进老年人身心继续发展、社会适应良好的重要方面。

一、老年心理健康教育的意义

（一）老年心理健康教育是构建和谐社会的要求

老年心理健康教育有利于老年人保持积极乐观情绪，缓解老龄化带来的社会问题，使老年人以一个主动的姿态去关心家庭、关注社会，促进社会和谐发展。对老年人进行心理健康教育在构建与推进和谐社会进程中有着重要的作用。

(二)老年心理健康教育是素质教育的基础

老年心理健康教育不仅对老年人心理健康有直接作用，同时对老年人实施素质教育具有基础性作用。心理健康在人的素质结构中具有重要作用，深刻影响老年人各方面素质的发展，如老年人人格的继续发展与完善和心理健康有着千丝万缕的联系。老年人学习的过程与他们的意向相关，心理健康的老年人能够积极自觉地进行学习活动。

(三)老年心理健康教育是健康长寿的保障

研究指出，由于疾病或心理创伤、社会因素等影响，人类的实际寿命低于自然寿命。在过去，我们衡量人的健康、疾病和寿命往往只看重生物、物理、化学等因素，却忽视了心理因素。有医学研究指出，30％～40％的常见病及其恶化都与人的心理因素相关。此外，心理疾病还会诱发或加重其他疾病。消极的情绪是破坏身体免疫系统的主要元凶，也是导致身心疾病的重要原因。

开展老年心理健康教育，有利于引导老年学员正确预防疾病，提高老年人生活质量与健康水平。老年人的心理健康不仅关系到老年个体的健康长寿，还对家庭、社会乃至国家都有着重要影响。

二、老年心理健康教育的目标和原则

(一)老年心理健康教育的目标

1. 了解老年人的合理需要

实现心理健康教育的目标首先要了解并分析老年人的不同需求，满足老年人的合理需求有利于减少老年人的不良情绪。

2. 消除不良情绪

及早发现并分析造成老年人不良情绪的原因，采取相关措施进行心理干预，帮助老年人面对并妥善解决问题，消除不良情绪。

3. 提高适应能力

调动老年人的积极性，提高老年人适应环境和应对各类事件的能力，学会处理各种人际关系。鼓励老年人主动对自身情绪进行调节，保持健康心态。

(二)老年心理健康教育的原则

1. 针对性原则

(1)身心特点。老年心理健康教育要依据老年人身心特点来安排相应的内容。老年期主要包括四个时期：角色转换期、适应期、重新计划期和稳定期，要依据每一个时期老年人易出现的心理问题，有针对性地进行心理健康教育。

(2)性别差异。在中国的父系社会历史文化背景下，女性老年人更容易出现自卑、抑郁等心理问题。因此，老年心理健康教育应依据现代心理学关于性别差异的研究成果，帮助女性老年人提升自信心。

(3)时代特点。老年人的生活习惯具有时代特征，他们的思想较为固执，对于新事物新思想持排斥态度，很难适应生活变化。老年心理健康教育需要根据老年人的时代特点，有针对性地进行相关心理健康教育，帮助老年人解除固化的思想束缚，融入新时代当中。

(4)个性特点。每个人的个性特点都不相同。个性由遗传因素决定，并且受到生活环境、教育、个人经历等后天因素的影响。因此，对老年人的心理健康教育要建立在充分了解老年人个性差异的基础上，灵活运用心理健康教育原理，发挥心理健康教育的最好效果。

2. 尊重性原则

在老年心理健康教育的过程中，心理健康教育工作者要尊重老年人的人格尊严与合法权利。心理健康教育需要以相互尊重为基础，这样才能达到最好的情感交流目的。针对老年人开展的心理健康教育，要给予老年人尊重、包容和理解，才能搭建沟通的渠道，否则，会让老年人产生反感、抵触情绪。

三、老年心理健康教育的途径

(一)社会层面

社会层面的老年心理健康教育途径，主要包含社会支持系统和家庭支持系统两个方面。

1. 社会支持系统

社会支持指个人出现心理问题时，一切有利于解决个人心理问题的社会因素。随着我国老年人口比例的增加，老龄化问题日益凸显，其主要包括两方面。一方面是社会老龄化带来的一些特殊问题，如老年人的保健、住房、医疗、教育、社会福利等；另一方面是社会老龄化带来的经济问题，如对生产、消费、投资等方面的影响。很多国家在制定老龄化社会政策时，把提高老年人综合生活质量放在核心位置。

目前迎接老龄化的最佳对策是积极老龄化，要尽量延长老年人在健康状态生活的年限，让老年人参加各种交流活动，延长独立生活的时间。健康的生活应包括身体、心理和社会生活等方面。因此，以老年人为对象的心理辅导、心理咨询等心理支持工作应参与到老龄社会对策和老年工作的各个方面。同时，政府应在政策上给予适当扶持，不断扩大老年组织的队伍，满足老年人社会交往与自我实现的需要。

2. 家庭支持系统

家庭作为社会的单元，对个人有着无可替代的作用。研究显示，与子女共同生活的老人更长寿，子女应该多关心老人物质与精神生活的需要。促进良好家庭养老氛围，要通过深入地宣传，树立先进典型，进一步弘扬中华民族敬老养老的传统美德，进一步唤起子女对父母的亲情，营造温暖的家庭环境。同时，增强对家庭养老的社会监督，对违反伦理道德、不赡养父母的行为进行道德谴责。

(二)老年大学层面

老年大学的心理健康教育主要通过心理辅导课程、教育教学、心理咨询以及校园文化建设等多个途径使心理健康教育渗透在教学活动的各个方面。

1. 心理辅导课程

心理辅导课程包括讲座、心理训练、情境角色扮演、游戏辅导等，以一定的心理学理论与技术为指导，由专业教师进行授课。心理辅导课程一般通过小组活动的形式进行，是有目的、有计划地提高个体的心理素质，维护心理健康，达到健全和完善人格品质的集体心理辅导形式。心理辅导课程不同于其他课程，它有两个目标：发展性目标和预防性目标。

其中，发展性目标侧重于个体心理潜能的开发，心理素质的培养，帮助个体自我完善，提高生活质量；预防性目标是帮助个体及时发现自己在生活、学习中的心理问题，学会矫治和调节心理偏差，培养良好的心理适应能力和积极健康的心态。心理辅导课程能够把个体需求与团体目标结合，借助团体的动力，让学员不断获得情感体验，培养老年学员逐步认识自我并获得自我成长。

2. 教育教学

心理健康教育不应该只局限在心理辅导课程，还应该在学校的其他教育教学活动中体现。所以，需要对教师进行心理健康教育的相关培训，让教师在传授知识的同时，通过课堂教学有目的地对老年学员进行心理健康教育。

3. 心理咨询

(1)个别咨询，即一对一的咨询，是心理咨询中最常见的形式。个别咨询包括鉴别、诊断、干预三个环节。第一，鉴别，发现老年人心理问题；第二，诊断，对老年人心理问题的特征、性质和原因做出诊断分析；第三，干预，通过心理健康教育干预心理问题或行为问题。

(2)团体咨询，由一个或一个以上的咨询师同时对多个对象进行咨询，它是一种在团体情境下提供心理帮助与指导的咨询形式，即由咨询师根据来访者问题的相似性或来访者自发组成课题小组，通过团体内人际的交互作用，共同商讨、训练、引导，解决成员共同的心理问题，促使个体在交往中通过观察、学习、体验，认识自我，探讨自我，接纳自我，改善人际关系，学习新的行为方式，以发展良好的生活适应能力。

(三)个体层面

老年人要关注自己的心理状态。毕生发展观认为，老年人心理也在发展，这意味着老年人仍可以不断完善自我、实现自我、超越自我。从个体层面来看，可以从以下几方面入手。

1. 调整自己的观念和行为

生老病死是自然规律，但是，适者生存又是生存竞争的发展规律。人的生老病死虽不可逆，但包括老年人在内的所有人，都有适者生存的问题，都面临适应与改造环境的任务。老年人需要不断调整自己的观念和行为以适应环境的变化。

2. 角色变化过程中的情绪调适

情绪与人的需要紧密相关。与本人的需要有关系的事物会使人产生满意、愉快、欣喜等情绪；反之，干扰需要满足的事物，会引起不满意、痛苦、忧愁、愤怒等情绪。老年人应主动调整自己的角色和行为方式，转变观念，使自己尽快适应退休后的生活，找到能够实现自身需求的新途径，这有利于老年人保持情绪稳定。

第四节　老年心理健康教育在教学中的渗透

老年心理健康教育在教学中的渗透是老年教育工作的重要组成部分，对老年学员身心健康具有不可忽视的影响。老年大学教育教学活动与心理健康教育的内容是相互促进、相互结合的整体，教师在学科教学活动中不能把二者割裂开来。本节将介绍老年教育中心理健康教育渗透的内容及途径。

一、心理健康教育渗透的概念

老年大学心理健康教育渗透，是指老年大学教师在各学科教学中自觉地、有意识地运用心理学的原理和方法，在授予老年学员一定的知识、技能，发挥他们创造力的同时，维护和增进老年学员的心理健康，激发老年学员学习动机，培养良好学习习惯，开发心理潜能，增强老年人对社会变化适应能力和自我发展能力，全面提高老年人的心理素质。

二、心理健康教育渗透的可行性

老年大学心理健康教育渗透是必要的，也是可行的。第一，就教育目的而言，各学科教学的目的是使老年学员掌握科学文化知识和技能，促进学员身心健康和谐。第二，就教育载体而言，老年大学开设的各类课程中有许多心理健康教育资源可供开发利用。第三，就目前老年大学现状而言，各类课程体系已经相对稳固，以教学渗透的形式进行心理健康教育，可以充分利用人力物力资源，符合经济实用的要求。

三、在教学中渗透心理健康教育

(一)在教学中渗透心理健康教育的策略

1. 正确树立现代教学观和学生观

现代教学观明确提出要把学生看作学习活动的主体，注重"以学生为本""一切为了学生"。新时代的老年大学教师必须树立现代教学观。一是要有正确的教学目标观。把促进老年学员的全面发展作为教学的终极目标，让老年学员形成积极主动的学习态度和树立正确的价值观念。二是要树立正确的教学评价观。重视教学活动中的过程性评价和形成性评价，更多的去发现老年学员身上的闪光点，开发其潜能、健全其人格。

2. 营造民主、平等、和谐的课堂心理氛围

课堂心理氛围对老年学员的学习状态和情绪的变化产生重要的影响。良好的课堂心理氛围有助于教师授课、老年学员积极参与到课堂教学活动之中，还能提高课堂教学质量和老年学员的学习效率。过于紧张压抑的课堂心理氛围则会使老年学员情绪紧张、惶恐不安和学习状态不佳，造成老年学员记忆力下降，学习效果也随之下降。因此，营造民主平等、自由和谐的课堂心理氛围，不仅可以开阔老年学员思路、缓解老年学员心理紧张、丰富老年学员想象、激发老年学员的求知兴趣、提高老年学员记忆，还可以有效加强教育教学过程中教师与老年学员之间、老年学员彼此之间在认知方面和情感方面的交流互动，从而缩短教师与老年学员的心理距离，更有利于教师与老年学员的双向和谐发展。

3. 充分发掘教材

老年大学教师要找到所授课程与心理健康教育的契合点，让老年学员在获得心理健康知识的同时，产生情感上的共鸣，从而认识和把握自己的心理，使得心理素质得以提高。同时可以选取图文并茂、简单易懂的教材来激发老年学员的学习热情，这种热情将产生持续、稳定、巨大的推动力，给老年学员的学习以巨大的鼓舞，使他们积极主动地完成学习任务。

4. 合理设置学科心理健康教育目标

教学目标是教学顺利开展与进行的方向标，科学合理的教学目标是决定教学工作成败的重要环节。在教学中设置心理健康教育的教学目标应该体现科学性。首先，教材本身应该直接或间接蕴含着心理健康教育的内容。其次，各学科教学的目标应把知、情、意、行相结合，各目标相互交融、相互渗透。最后，由于学科间存在不同程度的差异，所以在制定各学科教学目标时要做到"因地制宜"。

(二)在具体学科中渗透心理健康教育

1. 音乐教学中渗透心理健康教育

在老年大学音乐课堂当中，教师可以给老年学员搭建一定的平台。比如在欣赏完歌曲之后，让学员谈谈心理感受，或者在学习完歌曲之后，教师给每位学员都提供试唱和表演的机会，这样不仅能够鼓励内向的学员参与其中，而且有助于发现他们的闪光点。在这个过程中教师需要通过鼓励来肯定学员的进步，这样不仅能有效提高学员的自信心，而且能够及时发现问题，并能够使他们更好地把握歌曲基调，真正做到一举两得。

实践证明，不同的音乐旋律、速度、强弱、音色、节奏可以触动人们不同的情绪、产生不同的身体机能反应。如轻缓柔美的音乐，能够调节心率和呼吸，消除紧张情绪，从而起到平复心情的作用。相对欢快的乐曲，可以帮助老年人消除压抑感，缓解疲劳、带来愉悦。因此，在音乐教学的同时，教师可通过充分挖掘并合理利用音乐学科的有利素材，在教学活动中渗透心理健康教育。

2. 体育教学中渗透心理健康教育

在体育教学中有意识地渗入心理训练，即在组织开展老年人体育教学活动时，有意识、有目的地对老年学员的心理施加影响，并以此来提高学员的自我调控能力和心理素质，实现心理健康教育的目的。例如，在团体性体育运动项目的教学中，可以着重培养学员的团结协作意识和竞争精神，以提高老年人的社会适应能力，这些均是对老年学员进行心理健康教育的有效途径。

例如，在柔力球教学课程中，教师通过演示使老年学员能够较好地学会柔力球的五类基本技术和普通套路、老年学员通过课程学习，了解体育锻炼对身心发展的益处，并能持之以恒地加以练习，养成自觉锻炼身体的习惯，培养自身平衡、协调、柔韧和耐力素质，从而达到在体育教学中渗透心理健康教育的目的。

3. 文学欣赏中渗透心理健康教育

角色扮演可以让老年学员体验各种情感，有助于其提高社会认知能力，更好地理解他人的感受，从而更好地适应社会。在文学欣赏教学过程中，角色扮演是经常用到的教学方法，教师指导老年学员扮演文本中的正面人物，引导其融入文本人物的时代、情境，促进换位思考，达到理解人物心理和思想感情的目的。

在文学欣赏教学过程中，为了激发老年学员的学习兴趣，教师可以创设典型的情境，寓教学内容于具体的情境之中，以促进老年学员情感活动和认知活动的结合。例如，实物情境演示、生活情境再现、音乐情境渲染等，帮助老年学员理解教材，并使其心理机能得到发展。

四、心理健康教育教学渗透的原则

心理健康教育教学渗透的目的是消除教学设计、评价和管理中一切不利于老年学员心理健康的因素，预防由此导致的老年学员心理健康问题，使老年学员能够在和谐、愉快的环境下学习，以维护和促进老年学员心理健康。在教学中渗透心理健康教育，可遵循如下原则。

(一)积极情绪原则

老年学员在课堂上的情绪状态，对其学习效果具有重要影响。老年学员积极参与课堂教学，可以提高学习效率，且易获得教师与其他老年学员的尊重与接纳。

(二)积极教学环境原则

积极的教学环境，指良好的课堂气氛，它是教学的软情境，通常指课堂上某些占优势的态度与情感的综合状态。研究表明，教师的教学和领导方式、教师的移情、教师对老年学员的期望以及教师的焦虑是影响课堂气氛的主要因素。

1. 创设安全的教学环境

安全的教学环境，指教师接纳老年学员，并设法使老年学员互相了解和接纳，形成师生之间、老年学员之间彼此接纳的心理气氛，调动老年学员的成就动机，积极参与到学习活动中。为此，教师在进行教学时，要注意保护老年学员的自尊心和自信心，尊重每位老年学员的人格。

2. 体验成功原则

教学不仅要让老年学员掌握知识技能，更重要的是让他们在学习和掌握知识技能的过程中，通过体验到学习成功的喜悦，获得成就感和自信心，达到增进老年学员心理健康的目的，这是发展老年教育的重要目标，也是促进老年人心理健康的重要途径。

成功所产生的是一种自我满足和积极愉快的情绪体验，它与自尊自信相辅相成，互为因果，是使老年人自身潜能得以发挥的强大动力。对于老年学员来说，成功本身并不重要，重要的是体验成功的感觉。

3. 有机渗透原则

教师要根据不同学科教学内容所蕴含的可利用资源，寻找心理健康教育的合理渗透点。虽然学科课程中蕴含着丰富的心理健康教育资源，但并非任何内容、任何时候都可以渗透心理健康教育。如果教师为了完成心理健康教育的任务而进行强行渗透，这显然走进了学科渗透心理健康教育的误区。学科教学中的内部渗透应自然、贴切，它与整个学科教学的具体过程是紧密联系、有机融合的。

4. 适时有度原则

学科教学本身的内在规定性目标才是主要目标，心理健康教育目标是次要目标。因此，在具体教学中，渗透心理健康教育应遵循适时有度原则。适时即在课程教学的有限时间内，渗透心理健康教育的时间不宜过长，一般只利用5～15分钟。有度，一是要注意渗透程度，即渗透的目标不宜过高也不宜过低；二是要注意渗透梯度，即在了解老年学员个性心理及个别差异的基础上，要尽量考虑各层次老年人的可接受性；三是要注意渗透效度，即教师要经常关注老年学员的动态信息，灵活调整渗透策略，把握渗透的最佳时机。

5. 灵活渗透原则

在学科教学中渗透心理健康教育没有固定的方法。从教学设计取向看，学科教学中渗透心理健康教育可以老年学员为中心，重视老年学员人格特点，促进老年学员心理健康；可以问题为中心，理论联系实际，帮助老年学员解决心理问题；也可以活动为中心，加强心理训练，发扬老年学员良好的心理品质。从渗透形式上看，有分散与集中式，集体与个别式，讨论与写作式等。从具体渗透方法看，有移情体验法、角色扮演法、认知矫正法、游戏法等。

第五节　老年心理健康测量

心理测量是通过科学、客观、标准的测量手段对人的特定素质进行测量、分析、评价。这里的素质是指完成特定工作或活动所需要形成与之相关的感知、技能、能力、气质、性格、兴趣、动机等个人特征，它们是以一定的质量和速度完成工作或活动的必要基础。

老年群体是较容易发生心理障碍的一个特殊群体。随着我国社会的发展，人口平均寿命的延长，老年人口比例逐渐增加，老年人的心理健康问题日益突出。老年期的心理障碍常伴有年龄特征，因此研究者根据老年人身心特点编制了适用于老年人的心理评估量表。

老年心理健康评估量表大致分为三类：第一类，智力量表，包括简易智力状态检查(MMSE)、痴呆筛查量表、日常生活能力量表等；第二类，单一心理问题反应评估量表，包括老年抑郁量表(GDS)、焦虑自评量表(SAS)等；第三类，基本状况调查工具，包括生活满意度及主观幸福感测查量表、国家健康成果量表(HONOS)等。以下介绍几种常用的老年心理评估量表。

一、智力测验

智力测验是一种重要的心理测验技术，它不仅能够对人的智力水平做出评估，而且可在某种程度上反映与来访者有关的其他精神病理状况。因此，智力测验是心理测验中应用较广、影响较大的工具。

(一)简易智力状态检查(MMSE)

有研究表明，在65岁以上的老年人群中，5%患有痴呆，痴呆的核心症状为智力减退，其检查虽然也可以应用标准化的智力量表检查，如韦氏成人智力测验，但对人力和时间的要求较高，且不易取得老年人的合作。简易智力状态检查是最具影响的认知缺损筛查工具之一，具有快速、简便的优点，对评定员的要求不高，只需经过简单的训练便可以操作，适用于社区和基层，可为进一步检查和诊断提供依据。

1. 结果分析

MMSE共30个条目，其主要统计指标为总分，为所有记"1"的项目(小项)的总和，即回答(操作)正确的项目(小项)数，范围为0～30。

根据国内对5055例社区老人的检测结果证明，MMSE总分和教育程度密切相关，提出教育程度的分界值：文盲组(未受教育)17分，小学组(教育年限≤6年)20分，中学或以上组(教育年限＞6年)24分。

2. 评定注意事项

(1)第11项只允许主试讲一遍，不要求按物品次序回答。如第一遍有错误，先计分，然后再告诉其错在哪里，并再让他回忆，直到正确。但最多只能学习5次。

(2)第12项为"连续减7"测验，同时检查其注意力，故不要重复其答案，也不得使用笔算。

(3)第17项的操作要求次序准确。

表 11-1 中文版简易智力状态检查(MMSE)

	正确	错误
1. 今年的年份?	1	5
2. 现在是什么季节?	1	5
3. 今天是几号?	1	5
4. 今天是星期几?	1	5
5. 现在是几月?	1	5
6. 您能告诉我现在我们在哪里吗? 例如:现在我们在哪个省、市。	1	5
7. 您住在什么区(县)?	1	5
8. 您住在什么街道(乡)?	1	5
9. 我们现在是第几楼?	1	5
10. 这儿是什么地方?	1	5

11. 现在我要说三样东西的名称,在我讲完之后,请您重复说一遍,请您好好记住这三样东西,因为等一下再问您时(请仔细说清楚,每一样东西用 1 秒钟),请您把这三样东西说一遍(以第一次答案记分)

	对	错	拒绝回答
皮球	1	5	9
国旗	1	5	9
树木	1	5	9

12. 现在请您从 100 减去 7,然后从所得的数目再减去 7,如此一直计算下去,把每一个答案都告诉我,直到我说"停"为止(若错了,但下一个答案是对的,那么只记一次错误)。

	对	错	不会做	其他原因不做
93 _____				
86 _____	1	5	7	9
79 _____	1	5	7	9
72 _____	1	5	7	9
65 _____	1	5	7	9
停止				

13. 现在请您告诉我，刚才我要求记住的三样东西是什么？				
	对	错	不会做	拒绝回答
(1)　皮球	1	5	7	9
(2)　国旗	1	5	7	9
(3)　树木	1	5	7	9

14.（访问员：拿出您的手表）请问这是什么？

	对	错	拒绝回答
手表	1	5	9

（访问员：拿出您的铅笔）请问这是什么？

	对	错	拒绝回答
铅笔	1	5	9

15. 现在我要说一句话，请清楚地重复一遍，这句话是"四十四只石狮子"（只许说一遍，只有正确、咬字清楚的才记 1 分）。

	对	错	拒绝回答
四十四只石狮子	1	5	9

16.（访问员：把写有"闭上您的眼睛"大字的卡片交给受访者）请照着这卡片所写的去做（如果闭上眼睛了，记 1 分）。

	有	没有	不会做	拒绝	文盲
闭眼睛	1	5	7	9	8

17.（访问员：说下面一段话，并给他一张白纸，不要重复说明，也不要示范）请用右手拿这张纸，再用双手把纸对折，最后将纸放在您的大腿上。

	有	没有	不会做	拒绝
用右手拿纸	1	5	7	9
把纸对折	1	5	7	9
放在大腿上	1	5	7	9

18. 请您说一句完整的、有意义的句子（句子必须有主语、谓语）。记录下所叙述句子的全文＿＿＿＿＿＿＿＿＿＿＿＿＿＿＿＿＿＿。

句子合乎标准＿＿＿＿＿＿＿＿＿＿＿＿＿＿＿＿＿＿＿＿＿　　1

句子不合乎标准	5
不会做	7
拒绝	9
19.（访问员把卡片交给受访者）这是一张图，请您在同一张纸上把它照样画出来（两个五边形图案，交叉处形成一个小四边形）。	
对	1
不对	5
不会做	7
拒绝	9

（二）日常生活能力量表（ADL）

日常生活能力量表主要用于评定老年人的日常生活能力。

1. 项目及评定标准

ADL 共 14 项，由躯体生活自理量表（6 项）和工具性日常生活活动量表（8 项）组成。组成 4 级评分：（1）自己完全可以自理；（2）有些困难；（3）需要帮助；（4）无法自理。

2. 结果解释

主要统计量为总分、分量表和单项分。总分最低为 14 分，为完全正常；大于 14 分表现有不同程度的功能下降，最高为 56 分。单项分 1 分为正常，2—4 分为功能下降。凡有 2 项或 2 项以上单项分≥3，或总分≥20，表明有明显功能障碍。

3. 评定注意事项

评定时如老年人因故不能回答或不能正确回答（如痴呆或失语），则可根据家属或护理人员等知情人的观察评定。如无从了解则记为 9 分，以后按具体研究规定处理。

表 11-2　日常生活能力量表(ADL)

	在合适的分数上打√			
	可自己完成	有些困难	需要帮助	无法完成
1. 乘公共汽车	1	2	3	4
2. 行走	1	2	3	4
3. 做饭菜	1	2	3	4
4. 做家务	1	2	3	4
5. 吃药	1	2	3	4
6. 吃饭	1	2	3	4
7. 穿衣	1	2	3	4
8. 梳头、刷牙等	1	2	3	4
9. 洗衣	1	2	3	4
10. 洗澡	1	2	3	4
11. 购物	1	2	3	4
12. 定时上厕所	1	2	3	4
13. 打电话	1	2	3	4
14. 处理自己的财物	1	2	3	4

二、人格测验

人格也被称为个性，是指一个人比较稳定的心理活动特点的总和，它是个体能否施展才能，有效完成工作的基础。人格包括性格、兴趣、爱好、气质、价值观等。人格测验是针对人格特点的标准化测量工具，它根据人格理论，从特定的几方面对测试者的人格特征进行考察。

(一)简版老年抑郁量表

1986 年，研究者(Sheikh & Yesavage)在 30 条目版本基础上开发出 15 个项目的简版老年抑郁量表(GDS-15)，由于其更易于操作，简版抑郁量表作为 GDS 的替代同样得到临床工作者和心理学研究者的肯定和广泛使用。简版老年抑郁量表含 15 个项目，被试以"是"或"否"作答，每回答一个"是"计 1 分，"否"计 0 分，分数越高表示抑郁症状越明显。

表 11-3　简版老年抑郁量表（GDS-15）

指导语：请选择最切合您最近一周以来感受的答案			
	是	否	评分
1. 您对自己生活基本上满意吗			
2. 您是否放弃了很多遗忘的活动和爱好			
3. 您是否觉得自己生活不够充实			
4. 您是否常常感到心烦			
5. 您是否多数时候都感到精神好			
6. 您是否担心有不好的事情发生在自己身上			
7. 您是否多数时候都感到幸福			
8. 您是否常常感到无依无靠			
9. 您是否宁愿在家，也不愿去做自己不太熟悉的事情			
10. 您是否觉得自己的记忆力要比其他老人差			
11. 您是否认为活到现在真是太好了			
12. 您是否觉得自己很没用			
13. 您是否感到精力充沛			
14. 您是否觉得自己的处境没有希望			
15. 您是否觉得多数人比自己富有			

（二）老年焦虑量表

老年焦虑量表（GAI）由研究者（Pachana et al）于 2007 年在 60 条目的老年焦虑量表基础上开发而来，可以测量老年人的焦虑程度。临床试验表明，它能够有效甄别老年人焦虑症状。GAI 的克隆巴赫 α 系数在正常老年人中为 0.91，样本的总平均分为 2.3，标准差为 3.8。在正常样本和精神疾病样本中均显示了良好的关联效度和重测信度。

有研究者(MingGuan)首次尝试在中国老年人中验证中文版老年焦虑量表(GAI-CV)。研究结果表明，GAI-CV 不仅适用于西方国家的研究，也适用于中国老年群体。

表 11-4　老年焦虑量表(GAI)

指导语：请选择最切合您最近一周以来感受的答案，在空格内打√	同意	不同意
1. 我在很多时候担心很多		
2. 我很难做出决定		
3. 我经常感到忐忑		
4. 我很难放松		
5. 我常常因为担心而无法享受		
6. 小事情让我很困扰		
7. 我经常紧张得发抖		
8. 把自己当成一个担忧者		
9. 微不足道的事情我也无法避免担心		
10. 我经常感到紧张		
11. 我自己的想法经常让我着急		
12. 我因担心而胃不舒服		
13. 我认为自己是一个紧张的人		
14. 我总是预感最坏的事情发生		
15. 我经常感到内心动摇		
16. 我认为我的担心干扰了我的生活		
17. 我的担忧往往压倒我		
18. 我有时在我的胃里感觉到一个很大的结		
19. 因为我太担心了，我错过了一些事情		
20. 我常常感到不安		

本章主要参考文献:

[1]Byrne，G. J.，& Pachana，N. A. Development and validation of a short form of the geriatric anxiety inventory—the GAI-SF[J]．International Psychogeriatrics，2011，23(1)，125-131.

[2]Guan，M. Factor structure of the Chinese version of the geriatric anxiety inventory[J]．Annals of General Psychiatry，2016，15(1)，1-5.

[3]Pachana，N. A.，Byrne，G. J.，Siddle，H.，Koloski，N.，Harley，E.，& Arnold，E. Development and validation of the geriatric anxiety inventory [J]．International Psychogeriatrics，2007，19(1)，103.

[4]傅宏，陈庆荣．积极老龄化：全球视野下的老年心理健康研究和实践探索[J]．心理与行为研究，2015，13(5)，713-720.

[5]刘杰，王瑛，王晓慧，宋瑞华，易晓宏．中文版老年抑郁量表在城市社区老年人群中应用的信效度研究[J]．中国临床心理学杂志，2013，21(1)：39-41.

[6]孙颖心．老年心理护理与康复咨询[M]．北京：经济管理出版社，2006.

[7]杨心德．老年心理障碍[M]．上海：上海三联书店，2001.

[8]唐丹．简版老年抑郁量表(GDS-15)在中国老年人中的使用[J]．中国临床心理学杂志，2013，21(3)：402-405.

[9]曾慧，姚树桥，蒋莉，唐细容．中华成人智力量表老年常模的制定及信效度研究[J]．中国临床心理学杂志，2009，17(5)：521-525.

第十二章　积极老龄化

本章提要

　　积极老龄化是人类老龄观的重要变革，强调以积极心态看待老龄化，发掘老年人的潜在价值，是应对人口老龄化挑战的关键。在积极老龄化理论的视野下，老年人保持身心健康、延年益寿，只是老年教育的一项基础性内容，老年教育也不只是停留在满足老年人的兴趣、爱好、技能上，更可向"参与、健康、保障"拓展。本章在分析积极老龄化概念产生与发展的基础上，立足于老年教育，探讨其对积极老龄化的作用，并对完善多元化老年教育提出参考建议。

第一节 积极老龄化理论

一、人口老龄化与老龄观

人口老龄化作为人均寿命不断延长与人口生育率不断下降相互作用的产物，已成为世界性现象。国际上关于人口老龄化国家的标准为：一个国家 60 岁以上的老年人占总人口的 10％以上或 65 岁以上的老年人占总人口的 7％以上。1999 年，我国 60 岁及以上老年人口达到总人口的 10.01％；2001 年，65 岁及以上老年人口达到总人口的 7.10％。按照国际通行标准，我国开始进入老龄化社会。此后，人口老龄化程度持续提高，我国《老年教育发展规划(2016—2020 年)》明确提出，"当前我国已进入老龄化社会，2015 年底我国 60 岁以上老年人口已达到 2.22 亿，占总人口的 16.1％，预计 2020 年老年人口将达到 2.43 亿，未来 20 年我国人口老龄化形势将更加严峻"。据此，我国人口老龄化程度将进一步提高并长期处于高位。

传统上，人们倾向于将老龄化看作是不可避免的生理与心理的衰减与退化。美国著名老年学家卡明和亨利的脱离理论认为，老年是一个不可避免的角色、关系等的退出时期，脱离是老龄化过程的最主要的结果。脱离既有利于老龄化的个体，也有利于社会：老年人不必像过去那样承担过多的劳动任务，同时年轻人也可以担任过去由老年人占据的职位，以保持社会体系效率的平衡。

在这种理论下，长寿是"一种灾难"，老龄化被看作是一个消极的过程。人口老龄化常被认为是劳动适龄人口的负担，还会带来劳动力减少、老年抚养系数上升、社保基金支出剧增和老年人口占用各项社会资源份额增加等诸多问题。传统的文化价值、经济环境及制度化的生活曾经导致出现老龄化的黑暗时代，即消极老龄化时代。

然而，老龄化不是一个简单的生理变化现象，而是一个被社会和历史环境所建构的概念。随着经济环境和年龄认知的变化，对老龄化的看法逐渐从消极向积极转变。拉斯勒（Laslett）将人生分为四个年龄段：第一阶段具有依赖、社会化、不成熟、受教育等特征；第二阶段具有独立、成熟、责任、收入、储蓄等特征；第三阶段具有个人价值实现或成功的特征；第四阶段具有依赖、衰老、死亡等特征。其以第三年龄阶段的概念为基础对老年生活进行讨论，认为仅关注老年人的衰老和依赖会扼杀人类潜能。在拉斯勒看来，老年生活应分为两个部分，即拥有健康身体追求自由发展的第三阶段和出现生理与心理功能障碍只能被动依赖的第四阶段。

即使老龄化曾经被认为是威胁，但它是我们当代社会最伟大的成就之一。对老龄化的担忧忽视了健康老年人的宝贵技能和经验，及其能够对社会做出的并可以使青年人获益的重大贡献。因而，促进老年人保持积极的心态和独立，继续为社会做贡献，是应对人口老龄化挑战的关键。由此，成功老龄化、生产性老龄化、健康老龄化以及积极老龄化理念应运而生。

二、成功老龄化

20 世纪 80 年代，美国学者罗威（Rowe）和卡恩（Kahn）在对老年医学和老化过程研究之后，开始从积极的角度来审视老龄化，并提出了较为系统的成功老龄化理论。他们认为，就老年总体而言，其生理呈现出增龄性减退的特点，这一特点在老年个体中体现不一。衰老是一个个性化的过程，不同老年个体之间存在个别差异。延缓衰老的关键在于保持良好的身心平衡，推进平衡的扩大化是老龄化社会的一项重要任务，也是摆脱老龄化社会困境的方法。

罗威和卡恩把"成功老龄化"的要素表述为低疾病率、高体能/智能和积极参与，这是应对人口老龄化的一个重要理念。成功老龄化强调个体追求长寿、健康与幸福生活的能力，是维系老年个体和外部世界建设性的平衡关系和良性的互动关系，并在这个过程中使老年人的价值实现最大化。20 世纪 90 年代，巴尔特斯(P. B. Baltes)等人认为，成功老龄化没有确定的唯一标准，是一个涵盖身体、心理健康以及认知功能、社会参与、生产力、个人控制和对生活满意度的多维度概念。

研究者认为老年个体生理功能的衰退差异性较大，应探索老年人保持健康状态的方式和方法，提出老龄化整体水平向"成功"的趋近是摆脱老龄化困境的有效出路。此后就成功老龄化展开的大部分研究主要围绕身体健康这个核心指标进行。

三、生产性老龄化

生产性老龄化开始注重老年人的社会参与。生产性老龄化是指老年人从事有产出(产品、服务或者是自身的生产和服务能力)的活动，但不一定有报酬。20 世纪 80 年代，美国学者首次提出生产性老龄化。该理论主张没有必要把老龄化和生产率描述为人生命中两个完全不同的阶段，所谓老年人缺乏生产率是一个虚构的概念。实际上，如果不是因为疾病和社会不利环境的影响，老年人能够也确实有生产率，并且可以积极参与生活。

生产性老龄化理念强调老年群体是一种社会资源，可以在生产和生活中发挥重要作用，并鼓励老年人积极参与到经济和社会生活中。对这一理念的深入讨论势必会涉及劳动力市场和服务市场。工业化社会的经济增长为国家提供了重新分配所有年龄人口的休闲时间的机会。

随着产出和休闲的增加，老年人可以承担一些中年人的工作，这样年轻人可以从劳动力和家庭角色的巨大压力中解脱出来。正如一些研究者所倡导的，老年群体的生产性参与能够缓解劳动力市场的压力，也有助于保持老年人的健康。这些生产性活动可以发生在社会经济领域中，也可以体现在社会服务和社会产出(志愿服务、照顾和教养孙辈)方面。从根本上说,生产性老龄化将老年群体视为家庭的支持者和社会经济的参与者,而不仅仅是依赖者、消费者或服务的对象。

四、健康老龄化

20世纪90年代初期,世界卫生组织提出了健康老龄化目标,"在人口老龄化社会中,如果绝大多数老年人处于生理、心理和社会适应的健康状态,那么社会发展就不会受到过度的人口老龄化的影响",即老年人的健康有利于解决老龄化社会难题。健康老龄化追求健康长寿,提高生命质量,将个体、群体和社会相统一从而解决老龄化问题。其理念的核心内容包含两方面:一是为老年群体提供医养结合的服务;二是通过完善养老服务体系和相关政策来满足老年人的福利需求。

在第一方面,我国目前失能老人已突破4000万人,患慢性病的老年人数量也已突破1亿人大关,因此,发展对需求老年群体的长期照顾服务已十分迫切。在第二方面,针对普通老年人群,健康老龄化理念要求大力发展公共的以及非公共的养老服务体系,采用包括有偿照顾服务、家庭健康护理和家政服务等形式来满足养老需求。

健康老龄化理论研究关注影响老龄健康的主要因素,把老龄化研究视角从结果移向进程,对于维护老年人口的基本健康和提高其生活质量具有积极的社会意义。这一理论第一次抛弃了就老年讨论老年或仅从生理角度评说老年的狭窄研究视角,把人口老龄化问题置于个体、群体(包括家庭)、社会三者统一的平台上进行考察,建构了囊括各年龄阶段人群的大健康概念。

随着人口老龄化的发展,健康老龄化理念受到越来越多的关注与重视。目前老年人普遍重视自身身体健康状况,并逐渐意识到心理健康及社会参与的重要性。在老年群体中开展有益身心健康的活动,帮助老年人关注国家和社会发展,为实现健康老龄化而努力。

五、积极老龄化

（一）积极老龄化的进步意义

积极老龄化概念最先由世界卫生组织于 1996 年提出，在 2002 年的联合国第二届世界老龄大会被写入《政治宣言》和《行动计划》中。积极老龄化理念强调以积极态度面对老年群体，其基本要义为"健康、参与、保障"。其中以健康为前提，包含有老年人的身体健康以及心理健康；参与指社会参与，包含了老年人参与社会、经济和文化文体活动；保障则指为老年人提供社会保障，保障其生命质量。

积极老龄化的目的在于促进老年人保持身心健康、延长寿命；使老年人认识到自身潜能，积极参与社会活动，继续为社会做出贡献；并且保障老年人生活质量，提高其生活水平。与健康老龄化相比，积极老龄化表达更广泛的意义，它从新的视角看待老年人的角色、价值和生命的意义，认识和研究老龄化。积极老龄化是老龄观的一次革命性变革，在各个国家受到普遍认可。

积极老龄化被视为一个维持最佳身体（包括健康）和心理（运动、认知和情绪动机）机能的适应过程以及高水平社会参与。这个定义的多维性意味着其与其他概念相互融合，如成功老龄化、健康老龄化等。然而，正是在这个多维度结构中，我们可为老龄化研究找到一个广泛的参考框架。从心理角度看，积极老龄化包括老年人的身心健康、认知功能以及社会参与。

积极老龄化不同于健康老龄化和成功老龄化。健康老龄化强调老年个体、群体的健康长寿，成功老龄化除强调个体追求健康长寿以外，还关注成功的标准。社会建构论认为，所谓"成功"的标准具有潜在的文化偏见，我们需要的并不是发现关于老龄化的真理，而是在反思与批判中展现更多的积极老龄化景观，应该关注被消极老龄观时代所忽视的老年人群所具有的能动性、积极性和创造性。积极老龄化最重要的思想在于把战略计划建立在"尊重""权利"的基础上。它不仅承认老年人具有的积极品质，并将其转化为社会发展动力，而且是应对老龄化、保证经济社会协调发展的重要策略。

积极老龄化以积极的老龄观代替消极的老龄观，强调以积极的心态看待老龄化、尊重老年人，不仅保障老年人的身心健康，而且鼓励其参与社会活动，从而使老年人从社会的负担转变为社会发展的动力。积极老龄化导致人类老龄观的两大变革：一是人口老龄化是社会的重大成就，老年型社会象征着人类社会的成熟，在人口日趋老龄化的过程中，社会经济的发展也是日新月异的，人口老龄化可以与社会经济协调发展，老龄化的社会同样能够实现可持续发展；二是老年人口是社会的宝贵财富，是社会经济发展的资源。老年群体不应该被视为社会的问题和包袱，他们的经验、智慧和创造力是整个社会的宝贵财富。挖掘老年人潜能，是建设未来美好社会的重要组成部分。积极老龄化是人类老龄观的重要变革，有利于消除对老年人的消极态度，使老年人生活更加舒适、更有尊严和价值。

(二)积极老龄化框架下老年人的健康问题

积极老龄化提出，老年人不仅需要积极、提早参加各种健身活动，拥有健康的身体，而且需要得到社会的尊重，享有参与社会事务的权利，提高生活幸福感，拥有健康的心理。身体健康被认为是积极老龄化的前提条件，也是以往有关老龄化研究中关注的焦点。

随着我国经济的发展，城市中大部分老年人家庭经济条件较好，加上老年保障制度的不断完善，疾病医治有了保障，老年人生活水平不断提高。但是，幸福悖论理论指出，幸福指数的增长与经济指数的增长并不一致，更多的财富并没有带来更多的幸福。对老年人来讲，社会经济的不断发展反而加重了老年人的抑郁情绪。2012 年在全国开展的一项调查中发现，城市老年人中具有抑郁情绪症状的人高达 39.86%。心理健康与身体健康是互为依存的，身体健康是心理健康的基础，心理健康不仅可以促进身体健康，也是提高老年生活质量的重要因素，是积极老龄化的重要内容。因此，实现积极老龄化，需要重视老年人的心理健康问题。

（三）积极老龄化与社会参与

社会参与是积极老龄化的核心和精髓。世界卫生组织指出，"积极"是指不断地参与社会、经济、文化、精神和公民事务。从工作岗位上退休的老年人和那些患病或残疾人仍能对其家庭、社区和国家做出积极的贡献。对老年人而言，社会参与更多强调"老年人能够按照自己的需要、愿望和能力参与社会"，参与的范围可以是正规的工作岗位，也可以是非正规的工作岗位；所从事的活动可以是有报酬的，也可以是无报酬的，还可以是参与民间社团、老年协会、私营机构、老年大学、学术团体、文体团体、志愿者，甚至宗教团体的活动等。积极老龄化最重要的改变在于，它把一个战略计划从"需要为基础"，转变为"以权利为基础"，不仅承认社会参与是老年人的权利，更致力于把老年人社会参与的权利还给老年人。这样，老年人就从社会问题的制造者，变为问题的解决者；从社会财富的耗费者，变为财富的创造者；从社会发展的拖累者，变为发展的推动者，从根本上获得了与中青年人的同一性。

一个健康生命体的存在是老年人社会参与的前提和必要条件；反之，社会参与也有助于老年人生命体的延续。在消极老龄化的观念下，老年人的生活质量必然是"衰退"的，只能安度晚年、消磨时光，或者等待着社会的救济。而积极老龄化则强调人类在本质上不存在老龄化过程，老年人的技能、经验和资源是一个成熟、充分融合、高度社会发展的宝贵财富。老年人能够按自己的需要、愿望和能力参与社会。拉斯勒把老年期称为"第三年龄"，它是一个积极的生命时期。他强调处于第三年龄阶段的老年人仍有开发自己的潜能、服务社会、追求创造的强大动力。他们参与社会的权利和对教育的需求不应被忽视。

在积极老龄化的视野下，"我们不仅要给生命以岁月，努力实现寿命的延长目标，而且要给岁月以生命，努力赋予长寿以质量与意义"。

(四)积极老龄化与延迟退休

老年群体是蕴藏着技能、经验、智慧的人才宝库，只有被开发，才能转变为社会有用的资源。随着科技教育的发展，人的寿命延长，许多老年人受过良好的教育，身体更加健康，人生更加活跃，他们具有宝贵的才能和经验，能够积极参与社会活动，对社会做出比以往更大的贡献，必须善加利用。挖掘老年人潜能，是建设未来美好社会的重要组成部分。忽视这一群体的作用，会导致人才资源的极大浪费，影响社会经济的持续发展。

在积极老龄化理念下，世界各国政府相继出台延迟退休、促进老龄劳动者就业的政策。欧洲各国相继将领取退休金的最低年龄提升到65~68岁，美国废除了强制退休年龄，以日、韩为代表的东亚老龄化国家也相继出台渐进延迟退休方案。我国人社部也在相关调查研究的基础上，出台每年渐进延退几个月的"小步慢走"方案。

积极老龄化和延迟退休带来的不仅是必须多工作几年的问题，而且还有是否有能力多工作几年的问题。在工业4.0带来的智能化生产时代，更多的劳动人口被解放出来。单从健康角度来看，延退老人的身体状况完全可以胜任对体力要求不高的劳动，老年人力资源可用来弥补青年人力资源的不足。然而，和青年劳动力相比，老龄劳动力在知识更新方面存在明显不足。年龄与学习时间在生命周期中表现为负相关关系，年龄越大，学习时间越少，并且终身教育体系也不完备。因此，实现积极老龄化，需重视老年人的教育问题，大力发展老年教育。

第二节　老年教育与积极老龄化

老年教育是成年教育的重要组成部分，是终身教育的最终阶段。它指以退休期的老年人为教育对象，以满足老年人求知、进取、康乐、有为的需求为教育目的，从而增进老年社会参与、实现老年价值、提高生活质量与生命质量的教育过程。贾维斯（Jarvis）总结了不断变化的老龄化世界中不断学习的要求：传统的生活划分为不同的时期，即童年和青少年专注于上学、成年后致力于工作以及退休，这种划分不再符合今天的情况，并且未满足未来的需求。

一、发展老年教育的理论基础

（一）马斯洛需求层次理论

美国心理学家马斯洛的需求层次理论可以用来解释发展老年教育的必要性。该理论的五个层次分别为：生理需求、安全需求、爱与归属需求、尊重需求和自我实现需求。前两个层次归属于物质方面的需求，后三个层次归属于精神方面的需求。当人们某一个层次的需求得到了满足，就会向更高一层次发展。

在现代社会，大多数老年人已经实现了温饱，基本的物质生活保障能够得到满足，他们就渴望受到他人和社会的尊重与肯定，不愿意被看作是"弱势群体"，不愿意成为子女的"包袱"，希望通过劳动创造财富，实现人生价值。这样不仅能够减轻家人的负担，还可以提升内心的成就感和满足感。

（二）终身教育理念和学习型社会

1970 年，朗格朗（P. Lengrand）在其著作《终身教育导论》中提出了"终身教育"，从此奠定了终身教育的理论与实践基础，终身教育的浪潮从此席卷全球。各个国家都据此来指导本国的教育改革与实践。"它（终身教育）包括了教育的所有方面、各项内容，从一个人出生的那一刻起一直到生命终结时为止的不断发展，包括了教育各发展阶段各个关头之间的有机联系。"由此可见，老年教育也是终身教育的一部分，理应同普通教育一样受到足够的重视。老年教育是终身教育的最后一个环节，终身教育理念的实现呼吁老年教育的发展，老年教育的地位和作用是不可忽视的，更是不可替代的。

20 世纪 70 年代，赫钦斯（R. M. Hutchins）在《学习化社会》一书中提出"学习型社会"思想。建设学习型社会作为终身教育理念的最终目标，也自然地包含了老年教育。在我们倡导"人人学习、时时学习、处处学习"的今天，老年教育是大势所趋，势在必行。终身教育和学习型社会理念要求人的一生，整个社会都要学习，老年人也是如此，他们的受教育权利不能被剥夺。

(三)社会调适理论

调适是社会学的一个概念。它指人们为了适应某种环境的变化，避免、减少或消除对立冲突，以达到共同生活的目的，从而部分改变自己的生活方式和行为模式的过程。发生调适的原因有：由冲突引起的调适；由社会变迁引起的调适；由交流或迁移引起的调适。调适具有积极的作用，它可以避免、减少或消除不必要的冲突，有助于不同阶层社会关系的调整，有助于家庭的稳定和社会的和谐。

由于老年人社会角色和家庭角色定位的边缘化，引发了一系列冲突，必须加以调适。调适的方法主要有：顺从、和解、妥协、容忍、融入、学习等。研究表明，学习是老年人的一种最有效的调适方法。老年人的调适首先是身体和心理健康调适，其次是老年人合法权益的保障，最后是老年人的社会融入。只有通过学习，接受老年教育，老年人才能更好地采用针对性的调适方法；只有通过学习，提高法律水平，老年人才能更好地保障自己的合法权益。

(四)社会互动理论

社会互动是指个人与个人、群体与群体、个人与群体通过接触、沟通等方式而发生的相互作用的过程。生活在社会各个阶层的人，几乎随时随地都要与他人发生接触和交往，相互沟通信息，交流思想感情，从而更好地融入社会。老年人时常保持与家庭成员的互动，可以促进家庭关系，更好地融入家庭生活。老年人与社会成员及社会群体的互动，也为老年人更好地融入社会提供了一个便利的平台。

老年群体参加学习，是一种有效的互动方法。老年人参加老年大学的教学互动，是融入社会、发挥"老有所为"的很好的方式。只有真正融入社会，根据自身的特点和优势，将学到的东西应用在实践中，发挥个人潜能，才能达到老年教育所要达成的目标。

二、老年教育的积极老龄化价值

(一)必要性

人口老龄化的持续显著增长呼吁全社会给予老年群体更加密切的关注，以及针对老年群体的实际需求提供更多投入。在积极行动的决定因素之中，追求教育是最重要的因素之一：不仅因为教育是人们就业和提高社会经济地位的关键，而且因为教育和终身教育影响健康。近年来，老年教育、终身教育、学习型社会、终身学习等受到教育界、老龄界的重视，各类学习活动和实际工作都蓬勃开展起来。

教育是一种人类社会的文化传承活动，有自上而下施教的一方，也有接受教育学习和培训的一方，终身教育、终身学习和学习型社会等都要求社会成员活到老学到老，以适应社会良性持续发展的要求。为了实现积极老龄化，就需要更多关注和重视老年教育。老年人参加继续教育，是一种有效的互动方法，更是发挥个人潜能，融入社会的重要平台；有利于老年人将学习到的东西应用在实践中，从而促进积极老龄化。因此，老年教育具有必要性。

(二)可行性

长期以来，"年龄会造成学习能力下降"的偏见导致了"为老年人提供学习机会不划算"的认知。其实，诸多的心理学研究成果表明，年龄虽然会导致记忆力、思维敏捷度、反应速度等的下降，但是分析力、理解力、判断力、自我控制力会缓慢增长。

20世纪初期，一些研究者在给定时间的条件下，给年长的成人与年轻的成人做了对比试验，结果显示越年轻就越是一个好的学习者。此后，有学者指出，成人测验的分数与他们先前所受的教育和具有的应试技巧有关，本质上与年龄无关。当研究者把测验重点放在成人的学习能力上而不是学习的速度上时，发现70岁的老年人与年轻人的学习能力差异不明显。随后心理学家进行的大量实验研究证明，成人的学习能力并不因为生理的成熟而停止增长，也不因为年龄的增长而明显下降，而学习与训练是保持成人学习能力的重要因素。

三、积极老龄化视野下老年教育的发展趋势

对老年教育的必要性及老年人学习能力的研究，推动了老年教育的快速发展。20世纪60年代，为了应对经济、社会和技术变革的日益增长的速度，以及以平等为基础的信念，即每个人不分年龄都可以获得教育机会，提出终身教育、终身学习的理念。伴随着这种观念的深入人心，学习成为全社会和终身性的活动。

联合国教科文组织率先推行终身学习，其他国际组织和国家政府紧随其后。1996年是欧洲共同体终身学习年，它强调了经济增长和提高生产力，采用可行的就业制度来应对工作模式的不稳定。在英国，关于高等教育未来的高等教育国家问题咨询委员会以及关于"继续教育和终身学习"的报告也推动了这一观念。教育提倡终身学习，不仅可以延长工作生活（有偿和自愿），而且有助于帮助老年人度过退休适应期，消除退休老年人消极思想，促进积极老龄化。

在此背景下，更多研究探讨老年人独特的学习需求和学习方式，并把这

些研究与不同的老龄化理论紧密联系。在成功老龄化和健康老龄化的理念下，老年教育侧重于促进老年人身心健康，改变了以往盲目注重个人学习而忽视了学习发生的社会历史情境，忽视老年人进行社会参与的必要性，限制老年人体现其应有的价值、发挥其应有的作用的教学理念。在积极老龄化理论的视野下，老年教育需要被重新定位和认识。

帮助老年人保持身心健康、延年益寿，只是老年教育的一项基础性内容。老年教育也不只是满足老年人的兴趣爱好、促进老年人的身心健康发展，而且向"参与、健康、保障"拓展。老年教育的目的在于满足老年人的学习需求，使老年人通过提高身心健康水平、更新知识，从而达到健康长寿，并且积极参与社会，发挥余热，为经济社会的发展继续做贡献。老年教育内容应有利于提高老年人社会参与意识，开拓老年人社会参与的渠道，挖掘老年人的发展潜力，提升老年人资源的价值，扩大老年人社会交往网络，满足老年人归属、社交和情感等社会参与的需求等。

对个人和国家而言，拥有一个鼓励人们获得更多技能和知识的素质提升体系至关重要。随着技术和经济条件的变化，个体需要不断学习新技能。目前，发达国家政府和相关机构普遍认为拥有能够学习和适应的劳动力至关重要，并支持延长劳动力退休、参与终身教育的举措。部分行业及退休人员也认为继续进行教育和再培训是必需的，过早退休是浪费人力资源。调查结果显示，澳大利亚的老年学员利用老年大学的学习获取新的工作知识，延长和改变职业发展路径，并获得他们希望在就业市场上获得优势的素质。

四、积极老龄化视野下，跨国老年教育经验比较

(一)法国

法国《高等教育改革指导法案》于1968年颁布，它规定：大学有义务协助国家所属的教育机构。该法律的颁布实施，促成了"第三年龄大学"的成

立，这是世界上第一所此类的大学。

第三年龄大学的设想最初是由法国的维勒斯(P. Vellas)教授提出的。他发现在法国有一个普遍的现象，老年人很长寿，而且非常有活力，他们不断追求时尚，有着不服老的精神。于是他提议法国大学应该成立一个促进老年教育的联合机构，以此加强老年学的理论研究，提高老年人的生活质量，为更多的老年人提供服务。1973年，维勒斯在法国图卢兹大学创办了第三年龄大学，开了此类大学建立的先河，具有重要的历史标杆意义，它标志着老年教育的兴起。

此后，第三年龄大学在法国逐步推行，并在欧洲和北美洲(因为欧美发达国家较早进入了老龄化社会)迅速发展起来。在美国、瑞典、法国、日本等国家，老年人进入老年大学学习已经成为老年人的一种潮流与时尚。

法国的老年教育主要包括以下三种形式。

第一，第三年龄大学。第三年龄大学面对50岁以上的人群开放，以学分制为运作模式，不仅讲授书法、插画、摄影等课程，为退休后的休闲生活提供服务，而且开设各种专业技术课程，为继续就业提供获得资格证书的帮助。丰富老人退休生活，提高老人的认知能力，帮助老人适应快速变化的社会环境，是第三年龄大学的办学目标。

第二，社区退休协会和俱乐部。在法国中央和地方政府的财政支持下，社区内的退休人群组成协会或俱乐部，自发设置活动内容和运作机制。协会和俱乐部主要为会员提供各种信息和法律帮助，如退休人群的权利和义务、养老保障体系变动信息、财产继承和赠予的法律规定、遭受不公正待遇和虐待时的法律帮助等。另外，协会和俱乐部还应会员要求设置兴趣爱好课程，提供义工和支援服务机会。

第三，养老院教育。法国许多养老院内都定期开设老年讲座，帮助老人养成健康的生活习惯和积极乐观的养老心态。

(二)德国

德国在老年教育上的许多经验来自法国，特别是深受法国终身教育和第三年龄大学的影响，如法兰克福第三年龄大学即属此类。除此之外，德国在老年教育上也走出了许多自己的特色。德国政府将老年教育看作是终身教育的一环，提倡开放性和自主性。

开放性是指老年教育并非由固定机构来执行，教育内容也不应限定在某一范围。大学对包括老年人群在内的全体国民开放，老年人可以选择原本为全体学生开设的一般课程，也可以选择为老年人开设的特殊课程，还可以选择与不同年龄群体共同修习的时代沟通课程。自主性是指有意开设老年教育的机构可以根据自身特点设置开课模式、内容和授课方式，既可以是学位型教学模式，也可以是休闲型教学模式，还可以是职业培训型教学模式。

德国老年教育的机构主要有一般大学、民众高等学校、高级技术学校、工会、教会和老年俱乐部。一般大学的老年教育具有综合性的优势，学校所有的课程都对老年人开放，老年人可以根据自身需要和年轻学生一起选修课程，既可以参与考试获得学分，也可以旁听扩展知识。另外，德国大学不收学费的优势更是给老人学习提供了便利。民众高等学校是德国政府为实践终身教育设立的特别学校，主要开设为期6周左右的短期讲座和资格证考试辅导课程，学费低廉、课程实用是它最大的特点。

高级技术学校有明确的办学目标，即为失业人群和转业人群提供职业技术培训。选择在高级技术学校学习的老年人大都是高龄失业人群或提前退休人群，他们希望能够在规划第二职业生涯时得到教育帮助。

工会提供的老年人教育是以本工会老龄会员为对象的，是劳、资、政谈判妥协的产物。政府希望企业延迟员工的退休年龄，有效利用老年劳动力；企业以提高生产率为借口，希望老龄员工提前退休；工会以老龄员工健康和福祉为由，希望改善老年员工工作环境、降低劳动强度。劳、资、政三方谈判妥协后，达成在延迟退休年龄的同时加强对老龄员工的培训，并改善工作环境、灵活设置薪酬制度的共识。以此为基础，工会主张，在薪酬不变的情况下缩短老龄员工工作时间，用以开展针对性培训。

教会和老年俱乐部的老年教育具有随意性，它们以丰富老年会员的精神世界为目标，艺术和休闲的特征明显，以解决老年生活的孤独、单调和闭塞。

(三)日本

日本老年教育分两个年龄段展开，政府是实施和推进老年教育的主体。首先，是针对有劳动能力的高龄就业人群或再就业人群。此类人群的教育是日本终身教育的一部分，由文部科学省具体制订教育计划、资金预算，国立教育政策研究所为文部科学省的决策提供理论支持和数据搜集。政策出台后，各地的终身教育促进中心负责具体实施，提供教育信息，组织教育咨询，开发教育课程。

其中，最为重要的是为老龄人群设立老龄大学和老龄专业技术学校。其次是针对无劳动能力的退出就业市场的老人。老人全托中心是承担这类老年教育的主体，教育内容主要是保健知识和手工艺，如给老人教授折纸、插花、拼图等只需动手的安全活动，以及讲授饮食、睡眠、心理等保健课程。

虽然老龄教育的这两个阶段并无明确的年龄界限，但是一般以 75 岁为界限。这是由社会参与意愿和身体状况决定的。在 75 岁以前，大部分老人有继续工作的愿望，通过教育培训进入白发人力资源中心从事时间灵活的工作，既获取报酬，又参与社会。在 75 岁以后，丧失劳动能力的老人进入人生的最后阶段，身体和心理保健成为生活的重心，适当的学习是为了预防痴呆和陶冶情操。

五、我国老年教育发展现状

1983 年 9 月山东省红十字会老年大学成立，这是我国历史上的第一所老年大学。1988 年 12 月，我国老年大学协会成立，成为我国老年教育事业迈入一个新阶段的标志。此后各地区县政府开始积极开办老年大学，部分高校、企业、科研机构都踊跃加入老年教育事业的队伍中来。截至 2005 年 5

月 13 日西藏老年大学成立，我国全部省、直辖市、自治区和港澳台均已建立老年大学。老龄办发布的《2016 年度中国老龄事业发展统计公报》显示，截至 2016 年年底，全国各类老年大学、老年学校已有 49289 所。公报还显示，2016 年年底，全国共有各级老年人协会 401100 个，参加人数 4389 万人。共有各类老年社团组织（不包括老年人协会）37193 个，参加人数 456 万人。

学校规模的扩大也带来了教学手段的多样化，远程教育在其发展中发挥了重要的作用。老年教育开始注重和多个部门的配合，最大限度地利用各种社会资源。除了实践方面，在理论方面，我国老年教育也有不少成果，很多学者开始投入老年问题研究中，发表成果，总结经验，为老年教育的实践提供参考。

我国老年教育工作自 20 世纪 80 年代初开展至今，经历了快速蓬勃发展。全国老年大学采取多样化办学，多种渠道支持，全方位发展，取得了瞩目的成就。国家对老年教育的重视程度不断提高，并逐步把老年教育纳入全国正规的教育规划体系，把办好老年教育当成头等大事来抓，体现了党和国家政府对老年人群体的重视、关怀。可以预见，在不远的未来，我国老年教育体系将获得更全面的社会支持，并产生更广泛的社会影响。

然而，我国目前的老年教育远未满足积极老龄化的要求。老年大学和老年活动中心是我国两种较为普遍的老年教育模式。老年大学集中在城市中心，课程正规有序；老年活动中心分散在居民社区，形式灵活多样。然而，无论老年大学还是老年活动中心，教育内容都以文体休闲类为主，目的在于陶冶老年人的精神生活，对提升老年人社会参与的实际问题针对性不强。特别是在延迟退休政策出台后，那些未满领取退休金最低年龄却被迫下岗的准老年群体，更需要的是职业技术培训。另外，老年教育中缺少针对全年龄层的生命周期规划和代际沟通内容，仍未达到营造积极老龄化社会环境的目标。

第三节　完善多元化的老年教育

　　我国老年教育相对于青少年教育、成人教育而言，发展时间相对较短，目前的发展模式仍比较单一。因此需要借鉴世界各国老年教育先进理念及经验，并依据当下中国老年人学习需求及教育政策的期望，完善多元化老年教育体系。

一、尊重老年人的学习意愿，保障和重视老年人接受教育的基本权利

　　随着我国人口老龄化进程的不断推进，老年人的教育问题越来越受到各级政府的重视。2010年将老年教育纳入《国家中长期教育改革和发展规划纲要（2010—2020年）》，提出"重视老年教育"。2012年修订的《中华人民共和国老年人权益保障法》明确规定"老年人有继续受教育的权利"。这种权利不仅体现在能否接受教育上，而且还包括了是否具有选择教育的权利，即学习权。2016年，国务院办公厅正式颁布《老年教育发展规划（2016—2020年）》，提出"发展老年教育，是积极应对人口老龄化、实现教育现代化、建设学习型社会的重要举措，是满足老年人多样化学习需求、提升老年人生活品质、促进社会和谐的必然要求"，并对发展老年教育做出总体部署，以在2020年前达到经常性参与教育活动的老年人占老年人口总数20%以上的目标。

　　据统计，在我国只有700多万老年人在老年大学等机构学习，尚不足老年人总人口的4%，同时还有相当一部分老年人缺乏继续学习的意识和意愿。因此，我们不仅要面临如何最大限度、最大范围来保障老年人的学习权利，同时还面临着如何唤醒老年人学习欲望的重任。后者绝不比前者轻松。

从老年人学习需求的现状来看，已呈现出多层次、多样化发展的特征。它既受年龄、职业、性别、文化程度、身体状况、兴趣爱好等自身因素的影响，又受居住环境、社会交往、教育发展水平等外在因素的制约。如何在教育资源有限的情况下，满足老年人个性化的学习需求，是我们当前亟待解决的一个难题。让老年人能够上他们喜欢的学校，以他们喜欢的方式学习他们想学的内容，是保障老年人接受教育和享有学习的基本权利的根本目标。

因此，除了政府法律法规的保障，还应充分发挥家庭和社会、相关教育机构以及老年人自身的作用。首先，应加大宣传，普及老年教育知识，倡导终身学习，推介优质学习资源，营造老年人继续教育的社会氛围，形成老年人继续学习的社会风气。然后，高等院校可开设相应的老年教育专业，开展和完善老年教育方面的学术研究并为老年教育的发展提出参考建议；充分利用高等院校的教育资源，为老年大学提供专业教育教学服务。而老年人自身则需要重视自身权益，争取受教育权，通过终身教育完善自身、服务社会。

二、完善以学习需求为中心的老年教育内容

由于老年人性别、年龄、文化教育、性格特征、家庭背景的不同，老年人的学习需求存在显著的个体差异。《城市老年人学习需求调查》研究显示，老年人对理财、生活常识、家庭照顾与抚育、激励关怀与社会互助、老年志愿组织及运行、专业培训、自我学习技能、如何面对死亡、休闲益智等知识同样具有强烈的学习需求。目前社区或者老年大学的教育内容以绘画、书法、文学、英语、篆刻、摄影等课程为主，还有些学校开设烹饪、老年心理、老年保健、养生等课程，但仍不能满足老年人实际学习需要。

因此，要想提高老年人继续学习的热情，就必须完善以老年人学习需求为中心的老年教育内容，开设更多个性化、时代性的课程。当前时代，计算机网络、人生意义、如何面对死亡等知识，越来越受到重视，老年教育内容应紧跟时代步伐，增添关于社会发展动态的课程内容，注重生命观教育，让

生命教育唤回老年人的本真。此外，根据老年个体的实际学习需求，教学内容应适当调整，教学形式亦应灵活变通。

由于老年个体的身体和学习需求等因素，其不必集中在教室以课堂学习方式为主，也不需要以某专业书本学习内容为主。再有，加大对老年人网络课程的开发和利用，弥补老年人因学习时间零散、身体状况差等原因造成的学习不便，使老年人可以突破时间和地点的限制，让老年人在需要的时候可以足不出户，帮助老年人更便捷地学习。此外，电视、广播、网络等媒体呈现形式多样，课件储备丰富，有利于激发老年人的学习兴趣。对于一些实践性强的课程，还可以将课堂搬出教室，让老年人融入校园，融入社区。由于老年人记忆力衰退、注意力容易不集中，老年大学应尽量做到教学内容开放多样，教学形式自由灵活，激发老年人学习的主动性和积极性。

三、开发立足老年人学习需求的多元教育资源

由于老年人学习地点具有不固定性，其学习的目的多种多样，因此对学习渠道的要求也不尽相同，需要在办好各类老年大学的基础上，开发立足于其学习需求的多元教育资源。

开发多元教育资源，首先要充分利用大众传媒的优势。2015 年，国内首创的老年护理节目《银龄宝典》在上海教育电视台开播，节目以老年人"看得懂、学得会、用得上"的方式为老年人普及健康基础知识，颇受老年人喜爱。在新媒体时代，相对于人际传播，报刊、广播、电视、网络等大众传媒对老年健康知识的传播要更为高效、迅速和广泛，其中网络传媒对老年健康教育的影响越来越大。例如，随着 QQ、微信、微博等网络用户中老年群体的壮大，当前不少老年人热衷于对微信公众号中养生知识进行关注和分享。因此老年大学可以吸取经验，充分利用微信公众号、微博等，在社交平台中进行知识的传播。

其次，要充分发挥家庭和社区在老年教育中的作用。家庭与社区是老年

人最重要的活动场所，子女对父母知识的文化反哺、社区对老年人知识的普及教育，是当代中国老年教育的重要形式。如在社区中举办老年知识讲座，在社区大讲堂、老年大学中开设知识课程等，都是推动老年人树立积极的知识观的有效形式。然而由于目前社区制度不完善，社区管理人员不正规，社区资金不充足，致使社区在老年教育方面的作用十分有限。另外，目前许多院校有与老年教育相关的课题研究，如果可以加强高校与老年大学之间的合作，使学术研究和教学实践相结合，促进老年教育事业的发展。

四、配置和建设一支高素质的教师队伍

瑞士心理学家皮亚杰曾说过："如果得不到足够多合格的教师，任何最使人钦佩的改革也势必要在实践中失败。"由此可见，老年教育教师的素质直接影响老年教育的教学质量，直接关系到老年教育的命脉与发展。我国老年教育教师队伍方面还存在不少问题：第一，在数量上，老年教育教师和工作者都比较少，专职教师则更少；第二，老年教育具有一定的特殊性，他们上课时间具有弹性，规律性不强，因此聘请专职教师的难度很大，这就在一定程度上制约着老年教育事业的发展。

老年教育教师的选聘应该包含以下几个标准。

第一，对老年教育事业要热心，具有为老年事业无私奉献的精神。老年人行动迟缓，说话语速慢，这些任职者需要有足够的耐心，并且关心这些老年人。无论是专职教师还是兼职教师，都需要做好"打持久战"的准备，有跟老年人成为好伙伴、好朋友的热情，有恒心，不放弃。

第二，要有较高的科学文化素养和能力。老年教育课程设置较为广泛，涉及面较大，这就要求每一位教师必须具备基本的科学文化素养。另外，除了专业的业务能力、教育学、心理学等基础外，老年教育教师还应该掌握一定的人口学、老年学、老年医学等方面的知识和技能，对学员具有高超的指导能力，对现代化教学媒体工具具有娴熟的使用能力和对学员的适应与协调能力等。这些较为全面的能力素养在工作中要更加得到重视。

第三，队伍来源广泛，以更有利于适应老年人多样化的需求。在聘请老年教育教师时，高校退休人员具有高超的教学能力和丰富的教学经验，可以作为专职教师的首选。退休干部可以成为老年教育管理队伍的中坚力量，他们有几十年的工作经验，一般都有较强的组织管理能力，可以为老年教育的干部队伍增添实力。企事业单位的管理人员、各行业的精英、技术人员、高校与老年教育相关联的研究者也可以作为兼职老师，为老年教育贡献力量。

另外，需要加强对老年教育教师进行在岗专业培训，为其提供更多接受继续教育的机会，不断提升其工作能力。形式上可以采取定期或不定期相结合，举办培训班、交流会、外出学习考察，提供国内外老年教育的新动态等。

五、提升老年人社会参与的意识

在老年教育中，要特别关注老年人作为一个独立的生命体的价值和意义，帮助老年人认识到自己所处的年龄阶段的独特性，调整和建立积极的、健康的心态，催生老年人新的人生价值和目标，要通过教育使老年人不断接受新信息，汲取新营养，以科学理智和乐观大度的态度看待社会、看待人生、看待自己；通过教育发展老年人的兴趣爱好，增加生活情趣，保持宁静平衡的情绪状态；通过教育增强老年人的知识、技能，提高他们应对瞬息万变的现代社会的适应能力和服务社会的能力。

积极老龄化鼓励老年人在身心健康状态下，积极主动地改变传统社会下被动、消极的生存状态，转而认可自我，实现自我，树立"老有所为"的参与观。邬沧萍和王高论（1991）提出"老有所为"的概念，认为老有所为是"老年人自愿参与社会发展，为社会做力所能及的有益贡献"，强调老年人主动性的发挥，是积极应对人口老龄化的重要策略。这意味着老年人既可以通过努力，在维持自我身心健康状态下，参与社会交往活动，实现自身价值；也可以在社会交往中参与公共志愿服务，充分发挥自身在知识、经验、技能等方面的优势。

老年人的社会参与是以其知识、技能和经验为前提条件的，不同兴趣、能力、经验的老年人可以用不同的方式参与社会。通过老年教育，老年人可以发展自身兴趣爱好，发掘自身潜在能力，使得老年人更有能力参与社区、机构和其他组织的各种活动，从而服务于社会，为我国的发展进步做贡献。

六、构建学习共同体，拓展老年人人际网络

进入老年期后，老年人的人际关系发生了变化，从原来的以工作为中心转变为以配偶和孩子为中心并向其他家庭成员、邻居、朋友等的关系网络扩散。社会参与将进一步拓展老年人的人际网络，形成以社区和老年组织为核心的新的人际圈，这有利于老年人获得更多的自我效能感、自豪感以及成就感。

学习与教育不仅使老年人获得更多的知识、技能，改变其观念和人生的态度，而且也为老年人创设了人际交往的新舞台。在现实中我们经常发现许多老年人带着强烈的"交友"动机参与学习，在老年学校里，他们找到了朋友，找到了友谊，找到了情感的落脚点，从而摆脱了孤独和无助。教育的价值已不再局限于知识的获得，发挥教育的隐性价值与发挥教育的显性价值同样重要。

此外，从老年人学习的特点来看，他们更需要小组合作学习。在这样的学习组织里，老年学员常受到来自同伴的鼓励。对他们来说，这种来自同伴的影响力往往比来自教师的影响力更大，因为他们之间有着相似的经历，可以彼此挑战。老年人在学习上碰到复杂的概念、技能和态度时，同伴能为其提供更加安全的环境。通过小组的合作，学习成为真正意义上的"自己的学习"。由此可见，构建老年人学习共同体，不仅有利于老年人的学习，而且有利于拓展老年人的人际网络。

综上，构筑多元化老年教育模式，满足中国老年人口日益增长的教育需求，促进老年教育的长效发展，应该做到以下几点：第一，政府需要用法律法规保障老年人的学习权益，推广和普及老年教育，营造终身学习的社会氛围，并借助高等院校资源优势，推动老年教育向专业化、科学化发展；第二，中国老年教育需与时俱进，努力实现教育内容和形式的多样化，建立涵盖面较为完善的老年教育课程体系；第三，应充分利用大众传媒优势，开发立足于老年人学习需求的多元教育资源，增加老年人参与教育的机会和选择；第四，多方面选用和培养素质良好的师资队伍，注重对教师技能的培训，吸收国内外先进教育经验，从而适应老年人多样化的需求；第五，把"促进老年人社会参与"作为未来老年教育发展的理论取向和价值定位，从而有效实现老年人自身发展以及积极老龄化社会的构建；第六，构建老年人学习共同体，发挥教育的价值，拓展老年人的人际网络。

本章主要参考文献：

[1]李双玲，周志毅. 试析积极老龄化视野下老年教育的转变[J]. 中国成人教育，2011(1)：12-15.

[2]焦佩. 从积极老龄化看终身教育中的老年教育转型[J]. 中国成人教育，2016(4)：130-133.

[3]施祖美. 老年教育策论[M]. 北京：社会科学文献出版社，2011.

[4]邬沧萍，王高论. "老有所为"问题及其研究方法[J]. 老龄问题研究，1991，(6).

[5] Baltes，P. B.，& Baltes，M. M. Psychological perspectives on successful aging：the model of selective optimization with compensation[M]. Successful aging：perspectives from the behavioural sciences. Victoria：Cambridge University Press，1990.

[6] Bowling，A. Perceptions of active ageing in Britain：divergences between minority ethnic and whole population samples[J]. Age & Ageing，2009，38(6)：703-710.

[7]Davey，A. J. Active Ageing and education in mid and later life[J]. Ageing & Society，2002，22(22)：95-113.

[8] Fernández-Ballesteros，R.，Molina，M. A.，Schettini，R.，& Rey，A. L. Promoting active aging through university programs for older adults [J]. GeroPsych the Journal of Gerontopsychology & Geriatric Psychiatry，2013，25(3)：145.

[9]Jarvis，P. Ethics and Education for Adults in a Late Modern Society [M]. National Institute for Adult and Continuing Education，1994.

[10]Laslett，P. A fresh map of life：The emergence of the third age[J]. Cambridge Massachusetts Harvard University Press，1991，16(2)：363.

[11] Rowe，J. W.，& Kahn，R. L. Human aging：Usual and successful [J]. Science，1987，237(4811)：143.